G. K. Chesterton

*Der Mann, der Donnerstag war*

GILBERT KEITH CHESTERTON

# *Der Mann, der Donnerstag war*

Eine Nachtmahr

*Aus dem Englischen von*
*Heinrich Lautensack*

Verlag Klaus Wagenbach Berlin

Die englische Originalausgabe erschien 1908 unter dem Titel
*The Man Who Was Thursday. A Nightmare* bei Arrowsmith in Bristol.
Die erste deutsche Übersetzung von Heinrich Lautensack erschien 1910
im Hyperion Verlag in München.

Wagenbachs Taschenbuch 455


Umschlaggestaltung Julie August, Berlin unter Verwendung eines Photos
von Anthony Pardines © 2002 Photonica
Das Karnickel auf Seite 1 zeichnete Horst Rudolph
Gesetzt aus der Italian Old Style von der Offizin Gorrisen, Berlin
Gedruckt und gebunden bei Pustet, Regensburg


ISBN 3 8031 2445 7

INHALT

DAS ERSTE KAPITEL

# *Die beiden Dichter von Saffron Park*

Der Vorort Saffron Park, der lag da hinaus, wo über London die Sonne unterzugehen pflegt. Und schaute auch grad so rot und genau so zerschlissen aus wie eine Wolke bei Sonnenuntergang. Durchweg aus knallrotem Backstein erbaut; von einer ganz schrullenhaften Silhouette und gleicherweise von einem überaus ungebärdigen Grundriß. Die Emanation eines spekulativen Baumeisters; eine dilettantische Vorspiegelung von Kunst; in einem Stil, der sich am liebsten – bald gotisch aus der Zeit der Königin Elizabeth und bald nach Queen Anne – nennen hörte ... unter der Impression offenbar, daß diese beiden Herrscherinnen identisch wären ... Saffron Park war mit einigem Recht als eine Künstlerkolonie verschrieen, obschon hier niemals nach irgendeiner Richtung hin irgendwie Kunst produziert wurde. Jedennoch: waren Saffron Parks Prätentionen, ein geistig Zentrum darzustellen, auch ein wenig vage, so war seine Anwartschaft, als ein ulkiger Platz zu gelten, unbestreitbar. Der Fremde, der diese affektiert roten Häuser zum erstenmal sah, der dachte nur dieses: daß es schon ziemlich närrische Leut sein müßten, die es fertig brächten, da drinnen zu wohnen. Aber selbst wenn er das Völkchen dann kennenlernte, selbst dann brauchte er in diesem seinem vorgefaßten Respekt um nichts herunterzugehen. Der Ort war nicht nur ulkig, er war sogar vollendet, sobald du dich entschließen konntest, ihn nicht als eine Täuschung und einen Betrug, sondern als einen Traum anzusehen. Gleichwie, wenn die Leutchen auch keine »Künstler« waren, das ganze dessenungeachtet künstlerisch war ... Jener junge Mann, mit dem langen, mehr roten als kastanienbraunen Haar und dem ausverschämten Gesicht – jener junge Mann war nicht so sehr und in der Tat ein Dichter: aber gewißlich war er ein Gedicht. Jener alte Gentleman, mit dem dollen weißen Bart und dem dollen weißen Hut – jener altehrwürdige Humbug war nicht so sehr und in der Tat ein Philosoph: aber wenigstens und nicht zuletzt gab er seinen Nebenmenschen Grund zu philosophieren. Und jener gelehrte

Gentleman, mit dem kahlen eiähnlichen Schädel und dem nackten vogelähnlichen Hals, der hatte nicht das leiseste Recht auf das wissenschaftliche Gebaren, mit dem er großtat; nie noch hatte er in der Biologie irgend Neues dargestellt, aber welch eine biologische Ausgeburt stellte er selber dar! ... So also und nur so wollte der ganze Ort genommen werden. Nicht als eine Werkstatt für Künstler als ein vergängliches, aber vollendetes Kunstwerk vielmehr. Wer immer in diese Gesellschaft geriet, der glaubte, in eine geschriebene Komödie geraten zu sein.

Vorzüglich ums Abendwerden und den Einbruch der Nacht überfiel Saffron Park diese reizende Unwirklichkeit: wenn die Extravaganz der Dächer verschwamm im Nachtglühen und das ganze verrückte Dorf wie eine einsam treibende Wolke wurde. Und noch vorzüglicher war das der Fall in jenen Nächten, da man irgendwie Feste feierte im Ort: wenn die kleinen Gärten illuminiert waren und die mächtigen chinesischen Laternen in den zwerghaften Bäumen erglühten wie viel manche wilde monströse Frucht. Oh und aber am allervorzüglichsten war das der Fall an jenem außergewöhnlichen Abend, an den etliche hierorts zurückdenken mögen wohl bis auf den heutigen Tag, an jenem außergewöhnlichen Abend, an dem der Dichter mit dem mehr roten als kastanienbraunen Haar der Held war. Nicht daß das etwa der einzige Abend gewesen wäre, an dem er der Held war. Wie denn? Gar in manchen Nächten mochten solche, die grad an seinem Hintergärtchen vorbeigingen, seine laute, lehrhafte Stimme gehört haben, wie sie in hohen, selbstbewußten Tönen zu Männlein und insonderheit zu Weiblein sang. Wobei die Attitüde der weiblichen Hörerschaft allemal und in der Tat eine der paradoxesten Paradoxien des Platzes war. Nämlich die meisten dieser Weiblein waren von jenen, so man ein wenig in Bausch und Bogen Emanzipierte nennt, und deren Bestimmung auf Erden gewissermaßen diese war: gegen die Suprematie des Mannes Protest zu erheben. Und gleichwohl zollten diese neuen Weiber dem Manne jene unerhörte Artigkeit, die kein gewöhnliches Weib je einem Manne gezollt: fein still zuzuhören, derweilen er spricht ... Und Mr. Lucian Gregory, der rothaarige Poet, war in der Tat (in vielem Betracht) ein Mann, dem zuzuhören sichs wohl verlohnte, auch wenn einem letzten Endes nur ein Lachen blieb. Er sang die alte Leier wohl von der Gesetzlosigkeit der Kunst und der Kunst der Gesetzlosigkeit mit einer gewissen ausverschämten Neuheit, so daß du schließlich einen Augenblick Gefallen daran finden konntest. Und bis zu einem gewissen Grade kam ihm dabei die fesselnde Seltsamkeit seines Äußeren zugute – staffierte ihn quasi dazu heraus. Sein wie nachgedunkeltes rotes und in der Mitte gescheiteltes Haar war buchstäblich wie das einer Frau und war so sterbenslangweilig gelockt, wie nur das einer Jungfrau auf einem präraffaelitischen Sonett in Wasserfarben. Und war sein Oval auch ein noch so heiligenmäßiges – dieses Gesicht fuhr mit einem Male breit und brutal heraus und das Kinn schoß hervor und war plötzlich eitel Hochmut und echter Londoner Großstadtdünkel. Dies beides in einem, dieses kitzelte die Nerven eines neurotischen Publikums angenehm und peitschte sie im selbigen Augenblick schrecklich auf. Er war die menschgewordene Blasphemie – eine Mischung aus Engel und Aff.

Dieser außergewöhnliche Abend also, der wird, wenn um weiter nichts, so doch um seines seltsamlichen Sonnenuntergangs willen in der Erinnerung so mancher des Ortes haften bleiben. Jener Sonnenuntergang, der sah sich grad an – als ob die Welt unterginge. Der ganze Himmel schien von einem wahren – handgreiflichen Federkleid bedeckt; du konntest es nicht anders sagen als: der Himmel war voller Federn und die Federn streiften dir fast das Gesicht. Über dem Dom waren sie grau, mit den absonderlichsten Schattierungen in Violett und Malvenfarben und einem widernatürlichen Hellrot oder Blaßgrün. Aber gegen Westen zu wurde alles über alle Beschreibung transparent und über alle Maßen wild und feurig, und die letzten rotglühenden Federn verhüllten die Sonne wie etwas, das nicht zum Anschauen taugt. Das Ganze war so nah an aller Erde – als wollte es ein unendliches Geheimnis ausreden. Der ganze Feuerhimmel schien ein Geheimnis zu sein. Er explizierte jene glänzende Niedrigkeit, die die Seele des Lokalpatriotismus ist. Aller Himmel schien sehr sehr niedrig.

Sagte ich nicht, daß da welche sein mögen, die sich dieses Abends nur um eines überwältigenden Himmels willen erinnern werden? Es sind aber auch andere, die sich erinnern, weil an diesem Abend erstmalig der zweite Dichter von Saffron Park auftrat. Eine lange Zeit hatte der rothaarige Revolutionär ohne einen Rivalen geherrscht. Aber in der Nacht jenes Sonnenuntergangs war es, daß seine Alleinherrschaft jählings endete. Der neue Poet, der sich selber einführte und als Gabriel Syme vorstellte, war ein sehr mild dreinschauender Sterblicher, mit lieblichem und zugespitztem Bart und wenigem und gelbem Haar. Aber es half ihm etwas, daß er weniger sanftmütig erschien, als er mit den Augen dreinsah. Er machte sein Eintreten merkwürdig, indem er über die Dichtkunst überhaupt gerade der entgegengesetzten Meinung war wie der eingesessene Poet Gregory. Er sagte, daß er (Syme) ein Dichter von Gesetz sei, ein Dichter von Ordnung; ja sogar, er sagte, er wäre ein respektierlicher Dichter. Also daß ihn die Saffron Parker all anstarrten, als ob er eben diesen Moment aus jenem unmöglichen Himmel herabgefallen sei.

Und richtig, Mr. Lucian Gregory, der anarchistische Poet, brachte die beiden Geschehnisse sofort in einen Konnex.

»Es mag wohl sein«, sagte er in seiner unvermutet lyrischen Manier, »es mag wohl sein in einer solchen Nacht der Wolken und himmelschreienden Farben, daß da plötzlich solch ein ahnungsvoller respektierlicher Poet uns zur Welt gekommen ist. Sie sagen, Sie seien ein Dichter von Gesetz. Ich sage – Sie sind eine *contradictio in adjecto.* Wundere mich nur, daß nicht gleich auch Kometen schweiften und die Erde erbebte in der Nacht, da Sie in diesem Garten erschienen.«

Der Mann mit den himmelblauen Augen und dem blassen gespitzten Bart ertrug dies Donnerwetter mit einer gewissen submissen Feierlichkeit. Die dritte Person von der Gruppe, Gregorys Schwester Rosamond, mit roten Haarflechten wie ihr Bruder, aber einem kindlich-liebenswürdigeren Antlitz darunter, die lachte ihr Lachen halb voller Bewunderung und halb voller Mißbilligung, das sie stets lachte zu ihrem Familienorakel.

Gregory resumierte hoch oratorisch und bei guter Laune.

»Ein Artist ist identisch mit einem Anarchisten«, schrie er. »Transponieren Sie das Wort wie Sie nur wollen. Ein Anarchist ist ein Artist. Der Mann, der eine Bombe wirft, ist ein Artist, weil er einen großen Moment allem andern vorzieht. Er erkennt, um wieviel kostbarer ein Strahl des Feuerleuchtens einer Explosion, ein Ohrvoll vom Krach eines richtigen Donners wiegt als ein Korps von krüppeligen Policemen. Ein Artist ignoriert alle Regierung, bricht mit aller Konvention. Der Poet entflammt sich einzig am Chaos. Wenn dem nicht so wäre, dann wäre das poetischste Ding von der Welt die Untergrundbahn.«

»Dem ist so«, sagte Mr. Syme.

»Blödsinn!« sagte Gregory, der sehr vernunftgemäß tat, sowie ein anderer etwas Paradoxes versuchte. »Warum schauen all die Schreiber und Kanalarbeiter in den Eisenbahnen so verdrießlich und ermüdet, so sehr verdrossen und ermattet aus – warum? Ich wills Ihnen sagen. Darum, weil sie wissen, daß der Zug richtig fährt. Darum, weil sie wissen, daß, für was für eine Station sie immer ein Billett gelöst haben mögen... daß sie diese Station erreichen werden. Darum, weil... nachdem sie Sloan Square passiert haben... weil sie wissen, daß die nächste Station Viktoria sein muß – und nichts und nichts und nichts als Viktoria. Oh, oh, denken Sie sich nur mal diese tolle Verzückung! Wie ihre Augen zu Sternen würden und ihre Seelen neu im Paradiese wandelten, wenn die nächste Station auf ganz unerklärliche Weise mit einem Mal Baker Street wäre!«

»Sie sind es, Sie, die unpoetisch sind«, erwiderte der Poet Syme. »Wenn das wahr ist, was Sie von jenen Bureauangestellten sagen, so sind diese nur ebenso prosaisch wie Ihre Poesie. Das Feine, Unerhörte, das triff; – das Rohe, Alltägliche, das fehl! Wir fühlen, es ist heroisch, wenn der Mensch mit einem kühnen Pfeil einen weit entfernten Vogel trifft. Ja, ist es denn nicht ebenso heroisch, wenn ein Mensch mit Hilfe eines kühnen Dampfrosses eine weit entfernte Bahnstation nicht verfehlt? Alles Chaos ist trostlos; weil ja im Chaos der Zug in der Tat ganz und gar irgendwo hinfahren würde, nach Baker Street oder nach Bagdad. Aber der Mensch ist ein Magier; und all seine Magie ist diese: er sagt Viktoria und sieh da, sieh da! es ist Viktoria. Nein, nein, nein, nein, behalten Sie fein Ihre Bücher von all Ihrer Poesie und Prosa – und lassen Sie mir meinen Eisenbahnfahrplan, lassen Sie mich ihn lesen unter Tränen der Rührung und des Stolzes. Behalten Sie man bloß Ihren Byron, der die Schlappen der Menschheit feiert; und geben Sie mir das Kursbuch, darin auf Stunde und Minute der Menschheit Siege verzeichnet stehen. Geben Sie mir das Kursbuch, bitte, so geben Sie es doch her!«

»Fahren Sie fort?« fragte Gregory sarkastisch.

»Ich sage Ihnen, ich sage Ihnen«, fuhr Syme mit Eifer fort, »daß ich allemal, sowie ein Zug ankommt, fühle, fühle: daß er Breschen schlug in die Belagerer – fühle, fühle: der Mensch erfocht einen neuen Sieg über das Chaos. Sie schätzen es gering, Sie halten es für mehr als selbstverständlich, daß einer, wenn einer Sloan Square verlassen hat, nach Viktoria kommen muß. Ich aber sage Ihnen: daß einer statt dessen tausend andere Dinge tun könnte ... und daß ich allemal, wenn ich wirklich dahin gelange, das Gefühl habe: ich bin mit knapper Not davongekommen. Und wenn ich den Schaffner sodann ›Viktoria‹ schreien höre, so klingt das absolut nicht so mir nichts dir nichts. Da schreit für mich, da schreit für mein Gefühl ein Herold: Sieg. Das klingt für mich in der Tat: ›Viktoria, Viktoria!‹ Da siegt Adam, Adam!«

Gregory schüttelte sein schweres rotes Haupt und lächelte verdrossen und kläglich.

»Und dann«, sagte er, »dann fragen wir Poeten immer die Frage: ›Ja was ist denn dieses Viktoria nun, das wir da haben? Hm?‹ Sie meinen, Viktoria, das sei Neu-Jerusalem. Wir aber wissen, daß Neu-Jerusalem nur wieder – Viktoria sein wird. Der Poet wird sogar auf den Wegen im Himmel noch der Mißvergnügte sein. Der Poet ist ewig in Revolte.«

»Dorten wieder«, sagte Syme, »was ist dorten poetisch, um in Revolte zu sein? Da könnten Sie ebensogut behaupten, es sei poetisch, seekrank zu sein. Krank sein, das ist eine Revolte. Beides: krank sein und rebellisch sein, das mag in gewissen desparaten Lebenslagen gesund sein. Aber ich will gehängt sein, wenn ich einsehen soll, warum sie poetisch sein sollen. Empörung – abstrakt – ist einfach – empörend. Es ist rein zum Kotzen.«

Das Mädchen fuhr leicht zusammen bei diesem gemeinen Ausdruck. Aber Syme war zu sehr in der Hitze, um sich vor ihr zusammenzunehmen.

»Das Richtiggehende«, schrie er, »das – das ist das Poetische! Unsere Verdauung – zum Beispiel – daß die fein still und wie fromm vor sich geht: das ist die Grundlage aller Poesie. Ei ja, die poetischste Sache, poetischer als alle Blumen sind und poetischer als alle Sterne, die poetischste Sache von der Welt ist: ... nicht krank sein.«

»Wahrhaftig«, sprach Gregory da hochnasig, »die Beispiele, so Sie zu wählen belieb –«

»Bitt um Verzeihung«, tat Syme grimmig, »aber ich vergaß ganz, daß wir alle und jede Konvention perhorresziert hatten.«

Und da wardst du einen brennroten Fleck gewahr auf Gregorys Stirn ...

»Sie scheinen mir demnach nicht zu glauben«, sagte er, »daß ich, diesem Gesetz zufolge, die bürgerliche Gesellschaft umwälze?«

Syme schaute ihm dreist ins Gesicht und lächelte süß:

»Nein«, sagte er, »absolut nicht«, sagte er, »außer ... ich meine ... außer es wäre Ihnen ernst um Ihren Anarchismus: dann ja ... dann ...«

Gregorys ungeheure Glotzaugen leuchteten plötzlich wie bei einem zornigen Löwen auf – und dir mochte beinah scheinen, als ob seine rote Mähne sich sträubte.

»Sie glauben also nicht«, fuhr ein Drohen und Dräuen in seine Stimme, »daß es mir ernst um meinen Anarchismus ist?«

»Bitte?« sagte Syme.

»Mir nicht ernst um meinen Anarchismus?« schrie Gregory und ballte seine knotigen Fäuste.

»Lieber, verehrter Kollege!« sagte Syme – und verließ ihn.

Überrascht, aber auch voller Neugierde und Vergnügen bemerkte er da, daß Rosamond Gregory mit ihm ging.

»Mr. Syme«, sprach sie, »meinen die Leute, die so wie Sie und mein Bruder reden, meinen die oft auch wirklich, was sie sagen? Meinen Sie denn, was Sie jetzt sagen?«

Syme lächelte:

»Wie meinen Sie?«

»Was meinen Sie?« fragte das Mädchen ... und ihre Augen waren tief ...

»Meine teuere Miß Gregory«, sagte Syme verbindlich, »es gibt Aufrichtigkeit und es gibt Unaufrichtigkeit. Es gibt aber auch solche Aufrichtigkeit und solche – und solche Unaufrichtigkeit und andere. Wenn Sie für das Salzfaß etwa ›danke‹ sagen: meinen Sie da auch, was Sie sagen? Nein. Wenn Sie sagen: ›die Welt ist rund‹: meinen Sie da auch, was Sie sagen? Nein. Es ist allemal etwas Wahres; – aber Sie meinen es nicht. Nun denn: ein Mann wie Ihr Bruder findet zuweilen in der Tat ein Ding, das er meint. Es braucht nur ein halbwahr, viertelwahr, zehntelwahr Ding zu sein; aber dann sagt er mehr als er meint – vor lauter Meinenmüssen.«

Sie sah ihn, unter waagrecht eingestellten Brauen hervor, an. Tief und offen lag ihr Antlitz da, überschattet von dem Schatten jenes vernunftlosen Verantwortlichkeitsgefühls, das die Seele selbst des leichtfertigsten Frauenzimmers noch ausmacht: jenes Bemuttern-müssen um jeden Preis, das so alt ist wie die Welt selber.

»Ist er also wahrhaftig ein Anarchist?« fragte sie.

»Nur in jenem Sinn, von dem ich Ihnen sprach«, antwortete Syme, »oder wenn Sie lieber wollen in jenem Unsinn.«

Sie zog die breiten Augenbrauen zusammen und sagte abrupt:

»Er würde nie wirklich Bomben schmeißen oder so was –«

Brach Syme in ein groß Lachen aus, das viel zu groß war für sein kleines einigermaßen stutzerhaftes Gesicht.

»Herr Jesus, nein!« sagte er, »es müßten denn Fruchtbonbons sein.«

Danach formte sich in den Winkeln ihres Mundes gleichfalls ein Lächeln ... und sie erinnerte sich mit einem zwiefachen Vergnügen teils an Gregorys Ungereimtheiten, teils an sein Wohlergehen ...

Und dann steuerte Syme mit ihr auf eine Sitzgelegenheit los, in einer Ecke des Gartens, und hub neu an, von seinen Meinungen zu verbreiten. Denn er war ein aufrichtiger Bursche, und ohngeachtet seines oberflächlichen Gebarens und Kokettierens im Grunde ein bescheidener Junge. Und es ist immer der Bescheidene, der zuviel redet; der Hoffärtige, der überwacht sich selber viel zu sehr. Also verteidigte er die Respektabilität mit Ungestüm und manniger Übertreibung. Und wurde hitzig im Rühmen von Nettigkeit und Anstand. Und all die Zeit schwamm Fliederduft um ihn ... Mit einmal hörte er sehr schwach von fernher aus einer Straße, daß eine Drehorgel zu singen anhub, und es war ihm, als ob seine heroische Rede eine liebliche Weise gebar von unter oder außer der Welt her ...

Und er sah sie an und er sang zu ihr: zu ihrem roten Haar und zu ihrem amüsierten Gesicht – minutenlang wohl. Aber dann, wie ihm einfiel, daß es doch nicht schicklich wäre an einem solchen Ort, ein Plaudergrüppchen auf so lange auszudehnen – da sprang er auf. Und er sah zu seinem Erstaunen: der ganze Garten leer. Ein jeder war längst schon gegangen, und so ging er nun selber auch – mit einer ziemlich übereilten Entschuldigung. Ging – – wie mit Champagnerwein im Kopf, ein Gefühl, für das er nie eine Erklärung fand ... An all den wilden Geschehnissen, die jetzt folgen werden, hatte das Mädchen nicht den geringsten Anteil. Er sah sie auch nimmermehr wieder, ganz bis zu allem Ende all dieser seiner Erlebnisse. Und dennoch, dennoch: – auf irgendeine unbeschreibliche Weise kehrte sie ihm immer wieder, tauchte sie ihm immer und immer wieder auf, wie ein musikalisches Leitmotiv durch all die folgenden wahnsinnigen Aventuren, und die Glorie ihres seltsamlichen Haares spann sich leuchtend so wie ein roter Faden durch all den geheimnisvollen und unheimlichen Gobelin dieser Nacht. Alles was von nun an geschah, oh das war all so unwahrscheinlich, daß es gar wohl nur ein Traum hätte sein können.

Als Syme auf die sternhelle Straße heraustrat, fand er sie erst leer. Dann vergegenwärtigte er sich (auf eine gewisse absonderliche Manier), daß die Stille weit eher eine lebendige Stille war denn eine tote. Unmittelbar vor dem Tor, da stand eine Straßenlaterne, und ihr Strahl vergoldete das Blattwerk des Baumes, der über den Zaun hinter ihm sich herüberneigte und herausverbeugte. Und einen Schritt weit von dem Laternenpfahl, da hielt eine Gestalt, so steif und starr wie der Laternenpfahl selber. Der kühne Hut und der zweireihige Gehrock mit Schößen, die waren schwarz. Das Gesicht, steil überschattet, nicht minder dunkel. Nur eine Franse brennroten Haars in der Helle und etwas Aggressives in der Haltung, das verriet: es war der Dichter Gregory. Und hatte etwas von einem Bravo mit einer Maske über dem Gesicht, wie er mit einem Mordstahl in der Hand auf seinen Feind wartet.

Und grüßte einen immerhin bedenklichen Gruß. Worauf Syme um etliches förmlicher zurückgrüßte.

»Ich hab auf Sie gewartet«, sagte Gregory, »könnte ich Sie in einer Angelegenheit sprechen?«

»Gewiß ... In welcher?« fragte Syme ein wenig erstaunt.

Gregory schlug mit seinem Spazierstock erst gegen den Laternenpfosten und dann gegen den Baum.

»In *dieser* und in *dieser* da«, schrie er; »über Gesellschaftsordnung und über Anarchismus. Das da, das ist Ihre unschätzbare Ordnung: diese schiefe eiserne Funzel, diese ekelhafte blöde Latichte*. Und das da, das ist die Anarchie: reich, strotzend von Leben, die sich selbst erzeugt – das ist die Anarchie, strahlend in Grün und Gold.«

»Genau so ist es«, antwortete Syme geruhig, »genau wie jetzt –: Sie sehen den Baum nur durch das Licht der Laterne. Und ich müßte mich sehr wundern, wenn Sie jemals die Laterne durch das Licht des Baumes sehen würden.« Und nach einer Pause sagte er noch: »Aber darf ich fragen, ob Sie hier draußen im Dunkeln einzig gestanden haben, um unsere kleine Auseinandersetzung wieder aufzunehmen?«

* *Latichte:* Berliner Ausdruck für *Laterne* (aus: *Laterne* und *Lichte*)

»Nein!« rief Gregory aus – und seine Stimme läutete die halbe Straße hinab, »ich hab weiß Gott nicht hier gestanden, nur um unsere Auseinandersetzung wieder aufzunehmen – sondern um sie für alle Zeit und in Ewigkeit zu enden!«

Stille fiel wieder ein. Und obschon Syme nichts von allem begreifen konnte, witterte er doch instinktiv etwas Ernsthaftes. Gregory hub nun an in sanftmütigen Tönen und mit einem beinahe verführerischen Lächeln.

»Mr. Syme«, sagte er, »Ihnen glückte heute abend bei mir etwas ziemlich ... Merkwürdiges. Etwas ... das bislang noch keinem aus einem Weibe Geborenen mit mir glückte.«

»Wahrhaftig!«

»Doch! Nun erinnere ich mich«, resümierte Gregory nachdenklich, »einem vor Ihnen, dem glückte es gleichfalls schon. Und das war ... und das war der Kapitän eines Sechserfährbootes (wenn ich mich recht erinnere) in Südend. Sie haben mich, Sie haben mich ... gereizt.«

»Tut mir ungemein leid«, erwiderte Syme würdig.

»Und ich fürchte und ich muß sehr fürchten, daß ich viel zu schwer beleidigt bin, als daß eine bloße Entschuldigung die Sache abzuwaschen vermöchte«, sprach Gregory geruhig. »Und auch kein Zweikampf wäre da Genugtuung genug. Es ist nur ein Weg, den Insult auszutilgen, und diesen Weg wähle ich. Ich werde ... und werde dabei womöglich mein Leben und meine Ehre zu Opfern bringen müssen ... ich werde Ihnen *beweisen*, daß Sie unrecht hatten mit dem, was Sie sagten!«

»Was sagte ich?«

»Sie sagten, daß es mir nicht ernst um meinen Anarchismus wäre.«

»Es kann einem so und so ernst um etwas sein. Es gibt verschiedene Grade. Es gibt Nuancen«, erwiderte Syme. »Ich habe niemals gezweifelt, daß Sie es restlos ehrlich meinten, insofern als Sie dachten: was Sie sagten, das sei wohl wert, daß Sie es sagten ... daß Sie dachten: ein Paradoxon vermag einen Menschen aufzurütteln zu neuer Erkenntnis einer längst geringgeschätzten, verachteten Wahrheit.«

Gregory blickte ihn fest und schmerzlich an.

»Und aber anders als so«, fragte er, »halten Sie mich nicht für ernst? Sie glauben also, ich wäre der Flaneur, der gelegentliche

Wahrheiten fallen läßt? Sie glauben absolut nicht, daß ich es in einem tieferen, in einem tödlicheren Sinn ernst meinen könnte?«

Syme stieß hart mit dem Spazierstock auf die Pflastersteine.

»Ernst – ernst!« schrie er. »Herr Jesus, Herr Jesus! ist am Ende diese Straße ernst? Sind am Ende diese verdammten chinesischen Papierlaternen ernst? Ja, ist denn der ganze Klimbim ernst? Da kommt man hierher und redet seinen Stiefel zusammen – und das so gut, als man es eben vermag – – – aber das muß ich denn doch sagen, daß ich verflucht wenig von einem Menschen halten würde, der als Bodensatz seiner Seele nicht etwas Ernsteres zurückbehielte als all den Quatsch – etwas Ernsteres, sei es nun Religion oder ein guter Tropfen.«

»Ausgezeichnet«, sagte Gregory, und sein Antlitz verfinsterte sich, »so sollen Sie denn etwas Ernsteres erleben, Ernsteres als ein guter Tropfen oder Religion!«

Und Syme stand wartend – mild dreinschauend wie gewöhnlich – bis daß Gregory neu den Mund auftat.

»Sie sprachen gradeben von Religion. Ist es tatsächlich wahr, daß Sie Religion haben?«

»Oh«, sagte Syme und lächelte strahlend, »wir sind heutzutage alle gute Katholiken.«

»Dann frage ich, ob Sie mir bei was immer für Göttern oder Heiligenmännern Ihrer Religion schwören wollen: daß Sie das, was ich Ihnen nun anvertrauen werde, *keiner* Menschenseele und *insonders nicht* der Polizei verraten? Wollen Sie mir schwören? Wenn Sie zu solcher entsetzlicher Selbstverleugnung imstande sind, wenn Sie bereit sind, Ihre Seele mit einem Schwur zu belasten, den Sie nimmer schwören sollten, und mit einem Wissen, das Sie sich nicht hätten träumen lassen: dann versprech ich Ihnen meinerseits – –«

»Sie mir Ihrerseits?« forschte Syme, als der andere innehielt.

»– – dann versprech ich Ihnen meinerseits einen ungemein unterhaltlichen Abend.«

Da zog Syme eilends seinen Hut.

»Ihre Einladung«, sagte er, »ist viel zu wahnsinnig, als daß man sie ablehnen könnte. Sie sagen, ein Dichter sei alleweil ein Anarchist. Ich widerspreche dem; aber ich hoffe zumindest, daß er ein sportsman ist. Gestatten Sie also, hier und jetzt, daß ich Ihnen als Christ zuschwöre und als guter Kamerad und als Dichterkollege feierlich verspreche: von all diesem, was es auch sein möge, niemals etwas ... nie, nie irgendetwas der Polizei zu verraten. Und nun, sagen Sie mir in drei Teufels Namen, was ist es?«

»Ich denke«, sagte Gregory mit liebenswürdiger Selbstverständlichkeit, »daß wir einen Fiaker rufen werden.«

Er pfiff zwei lange Pfiffe, und ein Kabriolett kam ratternd den Weg daher. Die zwei stiegen stillschweigend ein. Gregory gab durch die Wagenklappe die Adresse an: einer obskuren Kneipe am Chiswickdammufer. Das Kabriolett rollte eilends dahin – – und somit verließen zwei Phantasten ihre phantastische Vorstadt.

DAS ZWEITE KAPITEL

## *Das Geheimnis des Gabriel Syme*

Das Gefährt hielt vor einer besonders trostlosen und schmierigen Kaschemme, und Gregory lotste seinen Kumpan auffallend eilfertig da hinein. Man nahm Platz in etwas wie einem engen finstern Gastzimmer, an einem dreckigen Holztisch mit nur einem hölzernen Bein. Und so eng und finster war der Raum, daß man von der herbeigerufenen Aufwartung nur eine vage und unheimliche Impression bekam: von etwas sehr Großem und sehr Bebartetem.

»Nehmen Sie vielleicht ein kleines Abendbrot?« fragte Gregory zuvorkommend. »Pâté de foie gras ist weniger ausgezeichnet hier. Aber Wildfleisch könnte ich Ihnen sehr empfehlen.«

Syme nahm solche Bemerkung dumm hin, indem er sich einbildete, daß das ein Schabernack sei. Und wollte auf den Humor eingehen und sagte mit wohlerzogener Indifferenz:

»Oh – bringen Sie mir etwas Hummermayonnaise.«

Da sagte aber, zu seinem unbeschreiblichen Erstaunen, der Mensch nur: »Sehr wohl, mein Herr!« und ging anscheinend fort, die Bestellung auszuführen.

»Was wünschen Sie zu trinken?« fing da Gregory wieder an – mit seiner alten dreisten und dennoch wie entschuldigenden Miene. »Ich für mich will nichts als etwas crème de menthe; ich habe diniert. Aber dem Champagner ist total zu trauen. Darf ich Sie wenigstens mit einer halben Flasche Pommery in Gang bringen?«

»Danke!« sagte der erstarrte Syme. »Sie sind sehr liebenswürdig.«

All seine ferneren Anläufe zu einer Konversation, die indes diesmal, sozusagen von Haus aus, sich gar ungeschickt anließen, waren wie mit einem Donnerschlag zu Ende – als plötzlich der Hummer angeschwirrt kam. Syme kostete ihn; und fand ihn ... besonders ausgezeichnet. Dann begann er plötzlich mit großer Hast und großem Appetit zu essen.

»Entschuldigen Sie mich, bitte, daß ich mich ziemlich rückhaltslos amüsiere!« sagte er zu Gregory und lächelte. »Ich hatte noch nicht oft das Glück, einen Traum zu träumen wie diesen. Das ist mir neu an einer Nachtmahr, daß man dabei zu Hummer eingeladen wird. Gewöhnlich ist das Gegenteil der Fall.«

»Wenn ich Sie aber versichere, daß Sie nicht träumen!« sagte Gregory. »Sie stehen im Gegenteil vor dem wirklichsten und ungeheuerlichsten Augenblick Ihres Lebens. Ah, da kommt Ihr Champagner! Ich gebe zu, es ist ein kleines Mißverhältnis, sagen wir ein kleines Mißverhältnis zwischen den inneren Arrangements dieses exzellenten Hotels und seinem simpeln und unprätentiösen Exterieur. Aber das kommt all von unserer Bescheidenheit. Wir sind die bescheidensten Kerle, so je auf diesem Planeten gelebt.«

»Und wer – wer sind diese *wir*?« fragte Syme und trank sein Champagnerglas aus.

»Das ist doch sehr einfach«, versetzte Gregory. »*Wir* sind die durchaus ernsthaften Anarchisten, die Sie durchaus nicht ernst nehmen wollen.«

»Oh!« sagte Syme kurz. »Sie wissen einen guten Tropfen nicht schlecht zu würdigen, Sie!«

»Jahah«, meinte Gregory, »wir meinen es mit allem und jedem ernst!«

Und nach einer Pause setzte er hinzu:

»Sollte, in einigen wenigen Augenblicken, dieser Tisch da anfangen, sich ein bißchen herummerzudrehen, so schieben Sie das bitte durchaus nicht dem Champagner in die Schuhe. Ich möchte nicht gerne, daß Sie etwa ungerecht gegen sich würden.«

»Gut, gut, ich bin nicht besoffen: ich bin wahnsinnig«, versetzte Syme vollkommen kalt; »aber ich verlasse mich darauf, ich kann mich darauf verlassen, daß ich mich in jeder Situation wie ein Gentleman benehmen werde … Darf ich rauchen?«

»Aber gewiß doch!« sagte Gregory und zog ein Zigarrenetui. »Versuchen Sie eine von den meinigen.«

Syme griff zu, knipste die Spitze ab mit einem Zigarrenabschneider aus seiner Westentasche, steckte sich den Glimmstengel ins Gesicht, brachte ihn bedächtig in Brand und ließ eine langgestreckte Wolke Rauches ausfahren. Es kann ihm nicht hoch genug angerechnet werden, daß er all die Praktiken mit so sehr viel Fassung vollführte, denn fast bevor er noch dazu kam, sie alle zu tun, hatte der Tisch, an dem er saß, sich zu drehen angefangen – wie behutsam zuerst und dann rapid – ganz und gar als wärs eine verrückte Seance.

»Sie müssen nicht – – lassen Sie ihn nur machen!« sagte Gregory. »Das ist nämlich – gewissermaßen eine Schraube.«

»Treffend bemerkt«, sagte Syme gelassen, »eine Schraube – gewissermaßen! Wie unkompliziert!«

Denselbigen Augenblick stieg der Rauch seiner Zigarre, der bislang waberte und wie durchsichtige Schlangenleiber über ihnen lagerte, kerzengerade auf wie aus einer Fabrikesse – und die zwei fuhren mit Stühlen und Tisch hinab, hinunter, hinein, durch den Fußboden durch, als ob die Erde sie verschlänge. Sanken unter Rasseln ein Ding wie einen pfauchenden Schacht hinab, so rapid als wie in einem Lift, hinein, hinunter, und plumpsten plötzlich auf den Boden auf. Aber während Gregory zwei Türflügel aufstieß und eine rote unterirdische Helle einließ, saß Syme, immer drauflos schmauchend, das eine Bein faul übers andere geschlagen, ohne daß auch nur ein einziges Härchen seines Gelbhaars Farbe gelassen hätte.

Geleitete ihn Gregory alsdann eine niedrige gewölbte Passage hinab, von deren Ausgang das rote Leuchten heraufleuchtete. Und das kam von einer enormen hochroten Laterne, die so riesige Dimensionen hatte wie ein ganzer brennender Herd, über einem schmalen, aber schwereisernen Tor. Und in dem Tor, da war eine Luke oder ein Gatter – und an das Tor, da schlug Gregory wohl fünfmal. Ein mächtiges Organ mit einem fremdländischen Akzent fragte heraus: »Wer da?« Und diesem Koloß antwortete Gregory sodann mehr oder weniger unvermutet: »Mr. Joseph Chamberlain.« Und die schweren Türangeln kreischten ... und vermutlich war das eine Passeparole gewesen ...

Vom Tor an erstrahlte die Passage auf den ersten Blick wie über und über ein Stahlnetzwerk. Aber beim zweiten Zusehen ersah Syme: dieses glitzernde Muster war in Wirklichkeit: Reihe um Reihe um Reihe – eine Armee von Gewehren und Revolvern, in Reih und Glied aufeinandergeschlossen, gerad wie Mann an Mann, Schulter an Schulter.

»Entschuldigen Sie vielmals, bitte, all diese Formalitäten«, sagte Gregory, »aber wir haben äußerst strikt zu sein hier.«

»Keine Entschuldigung, bitte«, sagte Syme. »Ich kenne doch Ihre Passion für Gesetz und Ordnung« – und er marschierte die stahlstarrende Passage fürbaß. Mit seinem langen gelblichten Haar und seinem ziemlich stutzerhaften Überrock gab er eine besonders fragile und schwärmerische Figur ab, die da diese schimmernde Avenue des Todes hinabstapfte.

Sie gingen durch mehrere solche Passagen hindurch und gelangten zuletzt in einen wunderlich gepanzerten Raum, ein Zimmer mit gekrümmten Wänden, fast kugelförmig von Gestalt ... und das aber dann doch wieder, durch seine vielen, vielen Bankreihen, eher nach einem wissenschaftlichen Hörsaal aussah ... Und da waren keine Gewehre und da waren keine Pistolen in diesem Appartement ... aber rundum an den Wänden hingen noch viel dubiosere, viel schrecklichere Dinge, Dinge, die aussahen so wie Knollen von Pflanzen aus Eisen oder so wie Eier von Vögeln aus Stahl. Und das waren Bomben. Und der Raum selber, der war wie das Innere einer Bombe ... Syme streifte die Asche seiner Zigarre an der Wand ab und trat ein.

»Und nun, mein vielwerter Mr. Syme«, sagte Gregory und warf sich mit einer expansiven Manier auf die Bank gerad unter der größten Bombe, »nun wir absolut kosig beieinander sind, nun lassen Sie uns so recht im eigentlichen Sinne miteinander plaudern. Nun ... kein menschlicher Mund vermöchte irgendwie auszusagen: warum denn ich Sie hierher gelotst habe. Es geschah rein aus einer von jenen total willkürlichen Emotionen, so wie man einen Abhang erklettert oder sich Hals über Kopf in Verliebtheit stürzt. Es genüge zu erwähnen, daß Sie ein unaussprechlich geriebener Bursche waren, und – um gerecht zu sein – es noch sind. Ich wäre imstand und bräch zwanzig Eide auf Geheimnisse – für das eine Vergnügen, Ihnen etwas gelindere Saiten aufzuziehen. Ihre Art und Weise bis hierher zu gehen mit Ihrer brennenden Zigarre – das hätte dazu ausgereicht, bei einem Erzpfaffen die sieben Siegel des Beichtgeheimnisses zu lockern. Also gut – Sie behaupteten, Sie wüßten gewiß, ich sei kein seriöser Anarchist. Wollen Sie diese Ihre Behauptung auch noch angesichts dieses Ortes – seriös aufrechterhalten?«

»Der Ort sieht aus, als verberge sich hinter all seiner Lustigkeit eine Moral«, gab Syme zu. »Aber ... dürfte ich an Sie nun zwei Fragen stellen? Ja? Sie brauchen bei Ihren Antworten keine Angst zu haben, (denn wie Sie sich erinnern werden) – Sie haben mir vorher schlau genug das Versprechen abgenommen, daß ich nichts der Polizei anzeige ... ein Versprechen, das ich mit tödlicher Sicherheit halten werde. Es ist aus bloßer Neugierde, daß ich die zwei Fragen stellen will. Zu allererst … was ist dieses alles? Was bezwecken Sie damit? Wollen Sie die Regierung abschaffen?«

»Wir wollen Gott abschaffen!« sagte Gregory, und seine Augen weiteten sich fanatisch. »Wir wollen nicht nur die paar Despotismen und Polizeireglements umstürzen; diese Sorte Anarchismus existiert ja wohl, aber die ist nichts als ein Zweig der Nonkonformisten. Wir wühlen tiefer um, wir sprengen auch höher in die Luft. Wir verneinen all jene arbiträren Distinktionen wie Laster und Tugend, Treue und Verräterei, Phrasen, wie sie die bloßen Rebellen allzeit im Munde führen. Jene albernen, übergeschnappten Sentimentalisten der französischen Revolution pappelten von Menschenrechten! Wir hassen Recht und hassen Unrecht. Wir haben Recht und Unrecht abgeschafft.«

»Und Rechts und Links«, sagte Syme mit einer heftigen Begierde. »Ich hoffe, daß Sie diese beiden auch abschaffen. Die stören mich fortwährend viel zu sehr.«

»Sie sprachen von einer zweiten Frage«, schnappte Gregory da ein.

»Gern, sehr gern«, fuhr Syme fort. »Aus all Ihren gegenwärtigen Handlungen und aus dieser ganzen Umgebung da spricht ein wissenschaftliches Streben nach Heimlichkeit. Ich hatte wohl einst eine Tante, die wohnte über einem Kaufladen. Aber nun treffe ich zum erstenmal Leute, die es vorziehen, unter einer Kaschemme zu wohnen. Sie haben da ein schweres eisernes Tor. Und Sie gelangen nicht anders durch dieses Tor – außer Sie erniedrigen sich so weit, daß Sie sich Mr. Chamberlain nennen. Sie umgeben sich mit stählernen Instrumenten, die den Ort, sagen wir, ergreifender machen wie gemütlich. Darf ich fragen, wieso Sie – nachdem Sie sich so unendlich viel Mühe gemacht haben, sich derart in den Eingeweiden der Erde zu verbarrikadieren – wie Sie dann mit Ihrem ganzen Geheimnis so paradieren können, daß Sie mit jedem blödsinnigen Frauenzimmer von Saffron Park über Anarchismus reden?«

Gregory lächelte.

»Die Antwort ist eine äußerst einfache«, sagte er. »Ich sagte Ihnen, ich wäre ein seriöser Anarchist, und Sie glauben mir's nicht. Auf ganz dieselbe Weise glauben's *alle* und auch *jene* nicht. Glauben es einfach nicht und glauben es nicht … es sei denn, ich führe sie hierher an diesen infernalischen Ort.«

Syme rauchte nachdenklich und sah ihn interessiert an. Gregory fuhr fort zu reden:

»Könnt sein, daß Sie die Geschichte amüsiert«, sagte er. »Ganz zu Anfang, als ich einer von den Unsrigen, als ich ein Neo-Anarchist wurde, da versuchte ich es mit allen Arten von respektablen Vermummungen und Maskierungen. Ich gerierte mich wie ein Bischof. Ich ochste und büffelte alles in mich hinein, was ich über Bischöfe in unsern anarchistischen Pamphleten, in *Die Wahrheit über die Vampire* und *Die Blutsauger im Ornat*, nur finden konnte. Und wollte mit Bestimmtheit aus alldem herausgelesen haben: wie daß Bischöfe unerhört scheußliche alte Herren seien, die der Menschheit ein fürchterliches Geheimnis vorenthielten. Ich war total falsch unterrichtet. Sowie ich bei meinem ersten Auftreten in bischöflichen Schnallenschuhen in einem Salon mit Donnerstimme ausrief: »Nieder! nieder! nieder mit dir, töricht vermessenes Menschenwissen!« fand man irgendwie heraus, daß ich nichts weniger als ein Bischof war. Ich war auf der Stelle entlarvt. Dann spielte ich mich als ein Millionär auf. Allein ich verteidigte das Kapital mit so viel Spitzfindigkeit, daß ein Narr einsehen mochte: ich war der fleischgewordene Dalles. Dann mimte ich ... versuchte ich einen Major zu mimen. Dabei bin ich das Humanitätsprinzip selbst; doch hoff ich, daß ich genug an intellektuellem Freisinn aufbringe, die Anschauung jener zu begreifen, so gleich Nietzsche die Gewalttätigkeit bewundern, den verwegenen rasenden Kampf der Natur und so – na, Sie wissen schon. Ich stürzte mich also in die Rolle des Majors. Zog mein Schwert und schwang es in einem fort. Schrie ›Blut!‹ und ›Blut!‹ und ›Blut!‹ – aber wie einer, der Himbeerlimonade bestellt. Und kommandierte oft: ›Laßt die Schlappen und Feigen untergehen; das ist das Gesetz.‹ Aber ... aber ... es scheint, Majore gehaben sich anders ... und ich war wieder einmal entlarvt. Zuletzt lief ich in meiner Verzweiflung zum Präsidenten des Zentral-Anarchistenrates, zum größten Mann von ganz Europa.«

»Wie heißt der?« fragte Syme.

»Das werden Sie nicht in Erfahrung bringen«, antwortete Gregory. »Das ist seine Größe. Cäsar und Napoleon, die setzten all ihren Genius ein, gehört zu werden – und sie *wurden* gehört. Er, er aber setzt all seinen Genius ein, nicht gehört zu werden, und er wird nicht gehört. Aber Sie können nicht fünf Minuten lang in ein und demselbigen Raum mit ihm zusammen sein, ohne daß Sie fühlen: Cäsar? Napoleon? – die wären Kinder gewesen in seiner Hand.«

Er war verstummt und war sogar ganz blaß für einen Augenblick; dann begann er aufs neue:

»Wenn immer aber eine Kunde oder ein Rat von ihm gehört wird, so ist das allemal so sensationell wie ein Epigramm und so praktikabel als wie die Bank von England. Ich sprach zu ihm: ›Welche Vermummung kaschiert mich recht vor aller Welt? Was find ich, das respektabler ist als Bischöfe und Majore?‹ Sah er mich an aus seinem großen, aber unentzifferbaren Gesicht: ›Sie wünschen eine sichere Maske, nicht wahr? Sie wollen eine Rolle, die Ihre Unschuld und Harmlosigkeit garantieren – eine Rolle, in der Ihnen niemand jemals die Bombe anmerken soll?‹ Ich nickte. Da erhub er sein Löwenorgan: ›Ei, so spielen Sie sich denn als *Anarchist* auf, Sie Schafskopf!‹ brüllte er, daß die Wände erbebten. ›Dann wird keiner von Ihnen mehr befürchten, daß Sie so gefährliche Dinge treiben.‹ Und wandte mir seine breite Kehrseite zu – sonst nichts. Ich aber befolgte seinen Rat, und habs nie noch bereut seither. Ich predigte Blut und Mord jenen Weibsleuten Tag und Nacht und – bei Gott! – sie würden mir ihre Kinderwagen anvertrauen.«

Syme saß da und starrte ihn an – mit etwas wie Respekt aus seinen großen blauen Augen.

»Sie schleiften mich mit hierher«, sagte er. »Das ist wirklich ein patenter Witz.«

Und nach einer Pause dann fügte er hinzu:

»Und wie heißen Sie diesen Ihren gewaltigen Präsidenten?«

»Er heißt für gewöhnlich Sonntag«, versetzte Gregory schlicht. »Sie müssen wissen: der Zentral-Anarchistenrat, der setzt sich aus sieben Mitgliedern zusammen, und die haben als Namen die Namen der sieben Tage der Woche. Er – er heißt Sonntag; manche seine Bewunderer, die nennen ihn den Blutsonntag. Es ist kurios, und das sollte Ihnen unvergeßlich sein: in dieser heutigen Nacht, in der Sie hier hereingeschneit wurden (wenn ich mich so ausdrücken darf) – diese heutige Nacht ist ausgerechnet jene Nacht, in der unsere Filiale London, die in diesem Raume tagt, ihren Deputierten zu wählen hat, um eine Vakanz im Rat auszufüllen. Jener Herr, der so manche Zeit mit Geschick und unter allgemeinem Beifall das schwierige Amt des Donnerstag versehen hat, – der ist ganz plötzlich gestorben.

Infolgedessen haben wir eine Versammlung auf diesen heutigen Abend einberufen, um einen Nachfolger zu wählen.«

Er sprang auf seine Füße und strolchte umher, mit einem halb verlegenen Lächeln.

»Mir ist irgendwie, als ob Sie meine Mutter wären, Syme«, fuhr er zögernd fort. »Mir ist, als könnt ich Ihnen da etwas anvertrauen ... und Sie haben mir ja auch versprochen, niemandem etwas zu erzählen. De facto, ich will Ihnen etwas anvertrauen, das ich mit soviel Worten nicht zu den Anarchisten sagen möchte, die in ungefähr zehn Minuten hier sein werden. Das soll alles natürlich durch ein Art Abstimmung gehen; aber ich will Ihnen gern gestehen, daß es tatsächlich jetzt schon feststeht, welches das Resultat sein wird.« Er blickte für einen Augenblick bescheiden zur Erde – »Es ist nahezu entschieden, daß ich der Donnerstag werden soll.«

»Mein teurer Kollege«, sagte Syme herzlich, »ich gratuliere. Eine große Karriere!«

Gregory lächelte deprezierend und lief herum und stieß eilends hervor:

»Tatsache, Tatsache ... an diesem Tisch ist alles für mich schon fix und fertig ...«, sagte er, »und die Zeremonie wird wahrscheinlich so kurz wie möglich währen.«

Nun trieb es Syme gleichfalls um den Tisch herum, und er sah einen Spazierstock darauf liegen (der sich indes bei eingehenderer Prüfung als ein Stockdegen entpuppte), – ferner einen mächtigen Totschläger-Revolver, ein Tablett mit Sandwiches und eine ungeheuerliche Flasche Brandy. Über dem Präsidentenstuhl, dicht bei dem Tisch, hing ein allem Anschein nach schwerer Mantelkragen oder so etwas ...

»Ich brauch nur noch der Form nach gewählt zu werden«, fuhr's lebhafter aus Gregory heraus, »dann reiße ich diesen Mantelkragen und diesen Stockdegen an mich, praktizier diese anderen Dinge in meine Tasche, schreite durch ein Tor hindurch in jene Höhle, die auf den Fluß hinausgeht, allda ein Schleppdampfer mich bereits erwartet, und dann – und dann – und dann – und dann – oh, oh, die wonnige Wonne: der Donnerstag zu sein!« (Die Hände faltete er.)

Syme, der sich neuerdings – unmanierlich schlapp, wie er sich gewöhnlich benahm – gesetzt hatte, sprang wieder auf die Beine und stand – unüblich unentschlossen und zögernd.

»Wieso kommt es«, fragte er unsicher, »daß ich denken muß, Sie seien ein durch und durch anständiger Kerl? Warum ergehts mir nun genau so wie Ihnen, Gregory?« Er hielt einen Moment inne, und dann setzte er mit einem Ton munterster Neugierde hinzu: »Ist es vielleicht, weil Sie ein derartiger Esel sind?«

Und da war wieder eine ängstliche Stille, und Syme rief aus:

»Wohlan, mög alles der Teufel holen! Dieses ist die komischste Situation, in der ich mich jemals in meinem Leben befunden habe – und ich will ganz demgemäß handeln. Gregory, Gregory – ich mußte Ihnen etwas heilig versprechen, bevor ich hierherkam. Und ich würde dieses mein Versprechen selbst unter rotglühenden Kneipzangen noch halten. Wollen Sie mir nun, zu meiner eigenen Sicherheit, ein kleines Versprechen von einer ähnlichen Art geben?«

»Ein Versprechen?« fragte Gregory – verwundert.

»Ja«, sagte Syme mit tiefem Ernst, »ein Versprechen. Ich schwur zu Gott, daß ich Ihr Geheimnis nicht bei der Polizei anzeigen würde. Wollen Sie mir bei aller Humanität schwören, oder an was immer für ein Viehzeug Sie glauben, daß Sie mein Geheimnis nie irgendeinem Anarchisten offenbaren werden?«

»Ihr Geheimnis?« fragte der über alle Maßen baffe und starre Gregory, »haben Sie ein Geheimnis?«

»Ja«, sagte Syme, »ich habe ein Geheimnis.« Und nach einer Pause – »Wollen Sie schwören?«

Gregory sah ihn sekundenlang wild und durchdringend an und dann sagte er schnell:

»Sie müssen mich behext haben, aber ich bin wütend neugierig auf Sie. Ja ja ja ja, ich schwöre Ihnen, daß ich nichts von allem, was Sie mir sagen werden, den Anarchisten sagen werde. Aber sputen Sie sich, denn sie werden in ein paar Minuten hier sein.«

Syme stand faul auf und schob seine langen weißen Hände in seine langen grauen Hosentaschen. Und kaum hatte er dies getan, so pochte es draußen an der Luke fünfmal – ein Zeichen, daß die ersten Verschwörer anlangten.

»Also ...«, sagte Syme faul, »ich weiß nicht, wie ich Ihnen all das Wahre kürzer mitteilen sollte als mit den drei Worten: daß Ihr Trick, sich als einen meschuggenen Dichter aufzuspielen, sich nicht auf Sie oder Ihren Präsidenten beschränkt. Wir kennen diesen Trick seit einiger Zeit schon – bei uns – auf der Londoner Kriminalpolizei.«

Gregory versuchte aufzuspringen, aber etwas drückte ihn dreimal wieder nieder.

»Was ... sagen ... Sie?« fragte er – und das schien von keiner Menschenstimme mehr –

»Ja«, sagte Syme wie selbstverständlich, »ich bin ein Polizeidetektiv. Aber ich denke, ich höre Ihre Freunde kommen.«

Den Torweg her, da kam ein Murmeln: »Mr. Joseph Chamberlain ...« Und wiederholte sich – zweimal – dreimal – und dann dreißigmal ... und der Haufen der Joseph Chamberlainisten (ein ehrfurchteinflößender Gedanke) meldete trampelnd sich den Korridor herab.

DAS DRITTE KAPITEL

# *Der Mann, der Donnerstag war*

Bevor eins der neuen Gesichter im Torweg auftauchte, hatte Gregory sich aus seiner Betäubung befreit: stand mit einem Satz am Tisch, aus seinem Halse rasselnd wie ein wildes Tier: ergriff den Totschläger-Revolver und zielte auf Syme. Der aber, der muckste nicht – und erhob nur eine bleiche und galante Hand.

»Seien Sie doch nicht so albern«, sagte er mit der verweichlichten Würde eines Kuratus. »Sehen Sie denn nicht, daß das ganz überflüssig ist? Sehen Sie denn nicht, daß wir dasselbe Schicksal teilen – daß wir beide in einem Boote treiben? Ja … und beide hübsch seekrank?«

Gregory war keines Wortes fähig und auch nicht imstande, abzudrücken … er fragte nur noch mit den Augen.

»Wollen Sie denn nicht einsehen, daß wir eins das andere schachmatt gemacht haben?« rief Syme. »Ich – ich kann der Polizei nicht erzählen, daß Sie Anarchist sind, Sie – Sie können den Anarchisten nicht erzählen, daß ich Polizei bin. Ich kann nichts als Ihnen gegenüber auf meinem Posten sein, indem ich ganz genau weiß, wer Sie sind. Und Sie können nichts als mir gegenüber auf dem Ihrigen sein, indem Sie ganz genau wissen, wer ich bin. Kurz, es ist ein gänzlich abseitiges und verborgenes intellektuelles Duell zwischen uns beiden, total ohne Zeugen, meinen Kopf gegen den Ihrigen gesetzt. Ich bin Polizeimensch, ganz von aller Hilfe aller Polizei verlassen. Und Sie, mein armer Bester, Sie sind Anarchist, ganz außer allem Gesetz und aller Organisation, ganz ohne diese beiden, die selbst die Anarchie doch so nötig hat … Der einzige Unterschied zwischen uns beiden liegt darin, ob Sie mir Ihren Schutz angedeihen lassen wollen. Sie sind nicht von inquisitorischen Schutzleuten umgeben. Wohl aber ich von inquisitorischen Anarchisten. Ich kann Sie nicht ausliefern, aber es könnte sein, daß ich mich selber ausliefere. Kommen Sie, so kommen Sie doch! und warten Sies ab und sehen Sie zu, wie ich mich selber ausliefere! Ich werde es auf das Unterhaltlichste tun.«

Gregory ließ das Schießeisen langsam sinken und starrte aber Syme immer noch an, als sei der ein Meerwunder.

»Ich glaube nicht daran, ich glaube in alle Ewigkeit nicht daran«, sagte er endlich, »aber sollten Sie nach alldem dennoch Ihr Wort brechen, so würde unser Herrgott gewiß eigens für Sie eine eigene Hölle erschaffen, darin Sie in alle Ewigkeit heulen und zähneklappern müßten.«

»Ich werde mein Wort schon nicht brechen«, sprach Syme unnachgiebig, »aber auch Sie werden das Ihrige nicht brechen ... Da sind Ihre Freunde.«

Der Haufen Anarchisten brach schwer herein – schwerfällig, schleppend und wie müde und beschwerlich. Und nur ein kleiner Mann, ein Männeken, schwarz bebartet und mit Augengläsern – ein Männeken vom Typ des Mr. Tim Healy – wand sich aus dem Knäuel heraus und zappelte voran – die Hände voller Papiere.

»Kamerad Gregory«, sagte er, »ein Delegierter vermutlich?«

Gregory, aufs neue überrannt, sah zu Boden und nuschelte etwas, das Syme heißen sollte; aber Syme versetzte – fast naseweis:

»Bin erfreut zu sehen, daß Ihr Zugang genügend genug bewacht ist ... also daß es einem andern, der nicht Delegierter wäre, ziemlich schwer gemacht würde, hier hereinzukommen.«

Um die Brauen des schwarz bebarteten Männekens zog es sich immer noch schwarz-argwöhnisch zusammen.

»Welchen Zweig repräsentieren Sie?«

»Es wäre fast Dreistigkeit, da viel von einem Zweig zu reden«, sagte Syme und lachte, »wir sollten es viel lieber gleich die Wurzel nennen.«

»Wie belieben?«

»Tatsache ist«, sagte Syme heiter, »die Wahrheit ist – ich bin ein ... Sonntagskind. Ich bin speziell ausgeschickt, um nachzusehen, daß Sie ... den Sonntag heiligen.«

Der kleine Mann ließ eins seiner Papiere fallen, – und eine Flamme der Scheu leckte über die Gesichter der Gruppe hin. Es war einleuchtend, daß der hehre Präsident, der Sonntag hieß, zuweilen solch einen irregulären Abgesandten zu solchen Zweigversammlungen absandte.

»Nun wohl, Kamerad«, sprach der Mann mit den Papieren nach einer Pause, »da tun wir vielleicht gut – da tun wir sogar noch besser, wenn wir Ihnen Sitz und Stimme in unserer Versammlung einräumen?«

»Wenn ich Ihnen als Freund raten soll«, sagte Syme mit Nachdruck und Wohlwollen zugleich, »so tun Sie damit vielleicht gut – ja, tun Sie sogar noch besser.«

Wie Gregory dies gefahrenreiche Frage- und Antwortspiel mit einer ungeahnten Garantie für die Sicherheit seines Rivalen ausgehen hörte, triebs ihn jäh empor – und er durchmaß den Raum im Geschwindschritt und unter schrecklichen Gedanken. Er befand sich in der Tat da in einer tödlichen Zwickmühle. Wie nur heraus? Was anstellen? Klar war dieses: daß Syme durch seine improvisierte maßlose Dreistigkeit wahrscheinlich aus allen nur möglichen Klemmen entkommen würde. Und das barg wenigstens etwas – wenigstens etwas Hoffnung für ihn. Konnte er selber Syme verraten? Das ging doch nicht. Und ging nicht nur nicht aus Ehrensache. Denn wenn er selber Syme verriet und denselbigen Syme (wie mit einigem Grund anzunehmen war) nicht gleich ganz und gar unschädlich machen konnte – ja dann entwischte und entkam ja ein Syme (ein ganz anderer Syme), der ledig war aller Schweigepflicht, ein Syme mit einem Wort, der getrost zur nächsten Polizeistation gehen konnte. Zudem – es war ja nur die Diskussion einer Nacht – und überdem wars ja nur ein einziger Detektiv, der darum wußte. So war also noch das Gescheiteste von allem: heut nacht soviel wie möglich von allen Plänen unter den Tisch fallen – und Syme sodann gehen – und alles eben darauf ankommen zu lassen ...

Er schob sich durch die Menge der Anarchisten, die im Begriff waren, sich in die Bänke zu verteilen, und sagte:

»Ich denke, es ist Zeit zum Anfangen. Der Schleppdampfer auf dem Fluß – der wartet bereits. Ich schlage vor, daß Kamerad Buttons den Präsidentenstuhl einnimmt.«

Und nachdem dies durch Händeaufheben genehmigt war, schlüpfte das Männeken mit den Papieren in den Präsidentenstuhl.

»Kameraden«, knatterte es aus ihm so wie Pistolenschüsse, »unsere Versammlung von heute Nacht ist wichtig, wenn sie auch nicht lang zu sein braucht. Dieser unserer Filiale ward von jeher die hohe Ehre zuteil, die ... Donnerstage für den Zentraleuropäischen Rat zu wählen. Und wir haben manche und hervorragende Donnerstage gewählt. Wir beklagen alle den beklagenswerten Hintritt des heldenmütigen Wirkers und Walters am Werk, der dieses Amt bis vorige Woche ausübte. Wie wir wissen, waren seine Dienste für die gute Sache hochansehnliche. Er organisierte den großartigen Dynamitanschlag zu Brighton, der unter gesegneteren Umständen jedermann auf der Mole hätte ausrotten müssen mit Stumpf und Stiel. Wie wir gleichfalls wissen, war sein Sterben so selbstverleugnend wie sein ganzes Leben, denn er starb durch seinen Glauben an eine hygienische Mischung von Kalk und Wasser als ein Substitut von – als ein Ersatz für Milch, welches Getränk er für ebenso barbarisch hielt wie die unerhörte, daraus folgernde oder rückzuschließende Barbarei und Grausamkeit an jenem armen Tier – der Kuh. Grausamkeit, auch nur ein Schatten von Grausamkeit empörte ihn allemal. Aber … wir sind hier nicht versammelt, seine Tugenden zu preisen, sondern wir haben hier ein schweres Geschäft. Mags an und für sich schon schwer sein, all seinen hohen Qualitäten rühmend gerecht zu werden, um wieviel schwerer ist es, solchen Ruhm zu ersetzen. Ihnen, Kameraden, obliegt es heute Abend, aus unsern Reihen den zu erkennen und zu erwählen, der der Donnerstag sein soll. Wer immer von Ihnen, Kameraden, einen Namen vorschlägt – über denselbigen Namen laß ich abstimmen. Und falls kein Kamerad einen Namen vorschlägt, so muß ich annehmen, daß jener Dynamitheros, der von uns gegangen ist, mit sich nahm in die unergründliche Versenkung: das letzte, das größte Geheimnis seiner Tugend und seines reinen Kinderherzens …«

Da erhob sich einer jener fast unhörbaren Beifallsstürme, wie du sie zuweilen in Kirchen hören kannst. Und dann, dann stand ein großer alter Mann mit einem langen altehrwürdigen weißen Bart (vielleicht der einzige wirkliche Arbeiter von allen) vierschrötig auf und sagte: »Ich beantrage, Kameraden Gregory zum Donnerstag zu wählen« – und setzte sich vierschrötig wieder nieder.

»Unterstützt wer diesen Antrag?« fragte das Präsidium.

Ein kleiner Mensch in einem samtenen Rock, ein spitzbärtiger, unterstützte den Antrag.

»Ehe wir zur Abstimmung schreiten«, sagte das Präsidium, »fordere ich unseren Kameraden Gregory auf, eine Kandidatenbeichte quasi abzulegen.«

Gregory erhob sich. Unter donnerndem Applaus. Sein Gesicht von einer Leichenblässe. So daß sein seltsam rotes Haar durch den

Kontrast scharlachfarben erschimmerte. Aber lächeln tat er. Ganz und gar ungeniert. Und war entschlossen und sah seinen ganzen Weg klar vor sich liegen. Seine beste Chance war: eine einschmeichelnde, eine doppelsinnige Rede vom Stapel zu lassen, daß dem Detektiv dabei werden mußte, als ob die Anarchistenbrüderschaft letzten Endes eine Dampferlustfahrt oder ein Knabenvergnügen wäre. Dabei verließ er sich sehr auf seine literarischen Fähigkeiten, auf sein Talent, fein zu nuancieren und durch Pointen zu wirken. Er glaubte, mit einiger Vorsicht – trotz all der Leute um ihn, reüssieren zu können, indem er die Institution in glatten, spitzfindigen, gleißnerischen, delikaten – bis nah an die Grenze der Entstellung und Verfälschung delikaten Worten schilderte und Tönen sang. Hatte Syme nicht einstmals gemeint: Anarchisten seien, bei all ihrer Prahlerei und Herausforderung, im Grunde doch nur Narren und Hanswürste? Nun also. So ging's bei Gregory in diesem kitzligen Augenblick um nichts anderes, um nicht viel mehr, wie Syme jenes Alte – neu glauben zu machen!

»Kameraden!« hub Gregory an, »ich hab wohl nicht nötig, Ihnen lange von meiner Politik zu erzählen: ist doch meine Politik auch die Ihrige!

Unser Glaubensbekenntnis ist geschmäht, verlästert und verleumdet worden, es ist verunstaltet, verhäßlicht und entstellt worden, es ist über die Maßen verwirrt und verheimlicht worden – und dennoch ward es im geringsten nicht anderen Sinnes und blieb noch im kleinsten treu – sich selber. Die, die über den Anarchismus und seine Gefahren reden, gehen zu irgendwem und irgendwohin um Information – nur nicht zu uns, nur nicht zu Quell und Ursprung. Sie saugen ihre Weisheit über Anarchisten aus Schund- und Schauerromanen; aus Kramladen-Wischblättern; sie fressen die Weisheit über Anarchisten mit den Löffeln aus *»Wochen«* und *»Gartenlauben«*, ja aus der *»Sportzeitung«*. Sie erfahren über Anarchisten nie von Anarchisten selber. Wir haben keine Gelegenheit, den Schimpf und Schmutz, den man von einem Ende Europas zum andern bergehoch über unsere Häupter türmt, – wir haben keine Gelegenheit, ihn von uns abzuwälzen. Der – der beständig davon hört, daß wir wie die Pest seien, der hat noch nie unsere Antwort darauf gehört. Ich weiß, daß er sie auch nicht hören wird, obgleich meine Leidenschaft wäre, diesen Lügentempel niederzureißen. Denn es ist tief,

tief unter der Erde, daß die Verfolgten sich versammeln müssen, so wie die ersten Christen sich in den Katakomben versammelten. Aber wenn, durch einen unglaublichen Zufall, heute nacht ein Mann hier unter uns wäre, der all sein Leben lang uns unermeßbar mißverstanden hätte, würde ich ihn fragen: Als jene ersten Christen in jenen Katakombennächten tagten, was für einen moralischen Ruf genossen sie denn über ihnen in den Straßen? Was für Abscheulichkeiten erzählte von ihnen ein hochkultivierter Römer dem andern? Setzen Sie nur einmal den Fall (würde ich ihm sagen), setzen Sie nur einmal den Fall: wir seien nichts als die Wiederkehr jener heute noch mysteriösen Paradoxie der Weltgeschichte. Setzen Sie nur einmal den Fall: man hält uns für eben denselbigen Auswurf und Abschaum wie jene frühen Christen, weil wir in der Tat ebenso kinderrein sind wie jene frühen Christen. Ja, setzen Sie nur einmal den Fall: man hält uns für ebenso wild und reißend wie jene Christen, weil wir in der Tat und wahrhaftig ebenso sanftmütig sind – –«

Der Beifall, der seine einleitenden Worte so rauschend begrüßte, und wohl gewillt war, ihm bis ans Ziel seiner Rede zu folgen und sich auf dem Wege dahin noch immerfort zu vermehren, – der Beifall flaute fast von Silbe zu Silbe ab und blieb zurück und verlief sich und war bei seinem letzten Worte all verstummt. Und aus der Stille, die so jäh eintrat, erstand die laute quiekende Stimme des kleinen Mannes in der samtenen Jacke.

»Ich bin nicht sanftmütig!«

»Kamerad Witherspoon behauptet«, fuhr Gregory fort, »er sei nicht sanftmütig. Ah, wie so wenig er sich doch selber kennt! Seine Worte sind in der Tat – übertrieben. Seine äußere Erscheinung ist grimmig und sogar, nach alltäglichem Geschmacke, reizlos. Aber nur ein Freundesauge, so tiefblickend und zartfühlend wie das meinige, vermag die Tiefe und die lautere Sanftmut zu ergründen, die auf dem Grunde seiner Seele wohnt, so abgründig tief, daß er selbst nicht hinabzudringen vermag. Ich wiederhole es, ich wiederhole – wir sind die wahren frühen Christen und wir kommen nicht zu spät. Wir sind einfältig, wie sie einfältig waren – sehen Sie sich Kamerad Witherspoon an. Wir sind bescheiden, wie sie bescheiden waren – sehen Sie mich an. Wir sind barmherzig – –«

»Nee, nee!« schrie Mr. Witherspoon mit der samtenen Jacke.

»Ich sage, wir sind barmherzig«, wiederholte Gregory wütend,

»wie die frühen Christen barmherzig waren. Sie verteidigten sich nicht einmal, als man sie anklagte, daß sie Menschenfleisch äßen. Wir essen kein Menschenfleisch – –«

»Pfui, pfui!« schrie Witherspoon. »Warum nicht?«

»Kamerad Witherspoon«, sprach Gregory mit fiebernder Lustigkeit, »möchte gar zu gerne wissen, warum ihn noch niemand aß (Heiterkeit). In unserem Verein auf jeden Fall, darin ihn jeder aufrichtig liebt, und der auf Liebe aufgebaut ist – –

»Nee, nee!« meinte Witherspoon, »nieder mit der Liebe!«

»– – und der auf Liebe aufgebaut ist«, wiederholte Gregory und knirschte mit den Zähnen, »hats keine Not mit den Zielen, die wir als Körperschaft verfolgen und die ich verfolgen werde, sollte ich zum Repräsentanten dieser Gemeinschaft ausersehen sein. Unerschütterlich gleichgültig gegen all den Schimpf, der uns Mörder heißt und Feinde der menschlichen Gesellschaft, wollen wir mit Seelenmut und Ruhe, Adelige und Helden des Geistes, die bleibenden Ideale unserer Bruderschaft und unserer Einfalt hochhalten.«

Und Gregory saß nieder und fuhr sich mit der Hand über die Stirn. Die Stille war bleiern, war tödlich – – aber der Herre Präsidente schnellten wie ein Uhrwerk empor und ratterten farb- und seelenlos –

»Hat noch irgendwer was gegen die Wahl des Kameraden Gregory einzuwenden?«

Die Versammlung schien schwankend, enttäuscht-unvorbereitet, und Kamerad Witherspoon rutschte auf seinem Sitze hin und her und nuschelte etwas in seinen dichten Bart. Und bei dem üblichen rasenden Tempo wäre gleichwohl die Wahl beschlossen und gültig gewesen. Aber in dem Augenblick, als der Präsident den Mund aufmachte, um die Wahl zu bestätigen, sprang Syme auf und sprach mit dünner und stiller Stimme:

»Ja, Herr Vorsitzender, ich stimme dagegen.«

Der größte Effekt bei einer oratorischen Leistung besteht in unvermutetem Wechsel der Stimme. Und Mr. Gabriel Syme verstand sich offenbar auf oratorische Künste. Hatte er diese ersten formellen Worte in einem gemäßigten Ton und mit einer knappen Deutlichkeit gesagt, so war seine nächste Rede sturmläutend – und ein Krachen war gegen das Gewölbe, als ob eine der Feuerwaffen losgegangen wäre.

»Kameraden!« schrie er – daß die Kerle beinah von den Bänken fielen, »sind wir dazu da – wir dazu hergekommen? Leben wir unter der Erde wie Ratzen, nur um uns solche Rede anzuhören? Solchem lauschten wir wohl einst, an unsern Semmeln knabbernd, bei einer Sonntagsschulpredigt. Machten wir diese unsere Wände von Waffen starren und versicherten wir unser Tor mit Verderben und Tod, damit nur ja kein Unberufener hier hereinkäme und Kamerad Gregory zu uns sagen hörte: ›Kindlein, liebet einander, dann ist das Himmelreich euer,‹ ›Rechtschaffenheit ist die beste Politik‹ und ›Untugend bringt Strafe, Tugend bringt Lohn‹? In der Rede des Kameraden Gregory, da war beileibe keine Silbe, der nicht ein Kurator mit Wollust zugehört hätte (hört, hört!). Aber ich bin kein Kurator (lauter Beifall), und ich habe keineswegs mit Wollust zugehört (erneuter Beifall). Der Mann, der das Zeug zu einem guten Kuratus hat, hat absolut nicht das Zeug zu einem kühnen, gewaltigen und furchtbaren Donnerstag (hört, hört!).

»Kamerad Gregory erzählte uns, in leider nur allzu abbittenden Tönen, wir seien gar nicht die Feinde der bestehenden Gesellschaftsordnung. Ich aber behaupte: wir sinds! – wir sind die Feinde der herrschenden Gesellschaftswillkür ... um so schlimmer für sie. Wir sind die Feinde der heutigen Gesellschaftstyrannei, weil die heutige Gesellschaftstyrannei der Feind der Menschheit ist ... und das ihr ältester, ihr erbarmungslosester Feind (hört, hört!). Kamerad Gregory erzählte uns, mit eben jener Armesündermiene, wir wären keine Mörder. Wir sind auch keine Mörder, ... wir sind Scharfrichter (mächtiger Beifall).«

Derweilen Syme stand und sprach, saß Gregory da und konnte nichts als ihn anstieren – nichts als ihn blödsinnig anstieren. Jetzt aber in der Pause rang es sich aus seinem wie verstopften und geknebelten Munde – automatisch, tot:

»Sie verfluchter Heuchler Sie!«

Syme suchte stracks den entsetzlichen Blick dieser Augen und hielt ihm furchtlos stand mit seinen eigenen himmelblauen Äugelein und sagte würdig:

»Kamerad Gregory hat mich soeben einen Heuchler genannt. Er weiß so genau wie ich, daß ich mir meines Eides bewußt bin und nichts als meine Pflicht tue. Ich nehme kein Blatt vor den Mund. Ich nicht, ich nicht. Ich sage: Kamerad Gregory eignet sich nicht zum

Donnerstag – um all seiner liebenswürdigen Eigenschaften willen. Wir wollen einen Erhabensten Anarchistenrat nicht mit sentimentalem Mitleiden infizieren (hört, hört!). Es ist wahrlich keine Zeit zu zeremoniöser Höflichkeit, und es ist wahrlich keine Zeit zu zeremoniöser Bescheidenheit. Ich lehne mich auf wider Kamerad Gregory, wie ich mich auflehnen würde wider alle Regierungen Europas, denn ein Anarchist, der sich der Anarchie ergeben, hat alle Bescheidenheit aufgegeben, ebensosehr wie er alle Eitelkeit aufgegeben hat (lauter Beifall). Ich bin durchaus nicht Mensch, nicht Person hier; ich bin eine Sache, ein Prinzip (erneuter Beifall). Ich stehe hier gegen Kamerad Gregory so unpersönlich und gerad so gelassen, wie ich aus jenem Gestell dort an der Wand die eine Pistole lieber herausnehmen würde als die andere; und ich erkläre, ehe Gregory und seine Milchpanschmethode in den Erhabensten Rat gelangen sollen – eher würd ich mich selber für die Wahl anbieten – –«

Diese letzten Sätze ertranken fast in dem tosenden Meer des Beifalls. Die Gesichter all, die in dem Maße leidenschaftlicher erglühten wie seine Tiraden unnachgiebiger erklangen, entstellten sich bald vor grinsender Erwartung oder spalteten sich vor entzücktem Schreien. Und als er sich gar selbst als Donnerstag vorschlug, da brach ein Sturm der Erregung und Einwilligung aus – ein unerhörter –, und denselbigen Augenblick schoß Gregory empor und jauchzte, Schaum vorm Munde, gegen die Jauchzenden an.

»Halt, halt, Verdammte – Wahnsinnige!« schrie er aus voller, schier platzender Kehle, »halt, halt, ihr – –« ,

Aber lauter noch als Gregory und lauter als all das Gebrüll im Raum kam nun die Stimme Symes, alles niederdonnernd:

»Ich will nicht in den Rat, um den Schimpf: Mörder, Mörder! zu widerlegen; ich will ihn *ernten* (nichtendenwollender Beifall). Zu den Pfaffen, die da predigen: diese Männer sind die Feinde der Religion ... zu dem Richter, der da verurteilt: diese Männer sind die Feinde des Gesetzes ... zu den feisten Parlamentariern, die da quasseln: diese Männer seien die Feinde der Ordnung und der Sitte ... all denen will ich erwidern: ›Ihr seid falsche Könige, aber ihr seid wahre Propheten. Ich komme, euch auszutilgen und eure Prophezeiungen zu erfüllen‹.«

Der ungeheure Tumult erstarb nach und nach, aber noch ehe all die Lungen ganz ausgepumpt waren, war Witherspoon aufgesprungen, und sein Haar sprühte und sein Bart flammte –

»Ich stelle den Verbesserungsantrag, Kameraden Syme zum Donnerstag zu wählen.«

»Hört auf, hört auf, ich sag euch was!« schrie Gregory außer sich, »hört auf, hört auf, es ist ja alles – alles – –«

Da kam die Stimme des Präsidenten daher, kalt schneidend wie immer –

»Unterstützt wer diesen Verbesserungsantrag?«

Und da konntest du einen baumlangen, schiefen Menschen mit melancholischen Augen und einem amerikanischen Kinnbart, in der hintersten Bank, schwankend aufstehen sehen. Aber Gregory, der eine ganze Zeitlang sinnlos geschrien, änderte den Ton nun und schleuderte heraus, daß es wie ein Steinwurf war:

»Ich mach dem allen ein Ende! Der Mann kann nicht gewählt werden! Er ist ein –«

»Nun«, sagte Syme, auf das ruhigste von der Welt, »was ist er?«

Gregorys Mund arbeitete zweimal schwer, ohne daß ein Ton aus ihm ausging. Dann kroch ihm das Blut langsam in sein Geisterantlitz zurück –

»Er ist ein in unserer Sache ganz und gar unbewanderter Mann!« sagte er, und setzte sich unvermittelt nieder.

Ehe er aber ganz so tat, war der baumlange, dürre Mensch aufs neue aufgestanden und wiederholte in seinem hohen monotonen Amerikanisch:

»Ich bitte ... ich unterstütze die Wahl des Kameraden Syme.«

»Über den Verbesserungsantrag wird, wie üblich, zuerst abgestimmt werden«, sagte Mr. Buttons, der Präsident, mit mechanischer Schnelligkeit. »Es ist also, daß Kamerad Syme – –«

Aber da sprang Gregory noch einmal auf und keuchte und tobte:

»Kameraden! Ich bin nicht wahnsinnig!«

»Na, na!« sprach Mr. Witherspoon.

»Ich bin nicht wahnsinnig«, bekannte Gregory in einem so fürchterlich von Herzen gehendem Ton, daß die ganze Versammlung einen Augenblick stutzte. »Aber ich gebe Ihnen einen Rat, den Sie meinetwegen wahnsinnig nennen können. Nein, nein – ich will das keinen Rat heißen, denn ich kann Ihnen keine Gründe dafür angeben. Nennen Sies meinetwegen einen hirnverbrannten, total verrückten Befehl – aber handeln Sie danach. Schlagen Sie mich – aber hören Sie auf mich! Töten Sie mich, aber folgen Sie mir! Wählen Sie ... wählen Sie den Menschen nicht – –«

Um die Aufrichtigkeit ist es eine Sache. Die siegt, noch in Fesseln. So kam es, daß für einen Augenblick Symes unzulänglicher und durch und durch kranker Sieg wie ein Riedrohr schwankte. Nur in Symes blaßblauen Augen konntest du nichts von all solchem lesen. Der sagte bloß:

»Kamerad Gregory befiehlt –«

Und da war der Zauber auch schon wieder gebrochen und ein Anarchist schrie zu Gregory hinüber:

»Wer sind Sie denn? Sie sind nicht der Sonntag!« Und ein anderer fügte noch schwerer hinzu: »Und Sie sind auch nicht der Donnerstag!«

»Kameraden!« schrie Gregory da, und in seiner Stimme war etwas von der Stimme eines Märtyrers, der in der Ekstase der Qual weit über alle Qual hinaus ist, »es gilt mir nichts, ob ihr mich nun als einen Tyrannen oder als einen Sklaven verabscheuen wollt. Wenn ihr meinen Befehl nicht annehmen wollt, so akzeptiert wenigstens meine Degradation. Ich liege auf den Knien vor euch. Ich werfe mich zu euren Füßen. Ich beschwöre euch: wählt doch diesen Menschen nicht –«

»Kamerad Gregory«, sprach der Präsident nach einer peinvollen Pause, »das vereint sich nicht sehr mit aller Würde –«

Im folgenden ... da war erst für ein paar Sekunden absolute Stille. Dann sank Gregory auf seinen Sitz zurück – »ein toter Mann« – und der Präsident wiederholte, wie ein Uhrwerk wiederholt:

»Es ist also, daß Kamerad Syme zum Donnerstag im Generalrat erwählt werden soll.«

Ein Gebrüll stand auf wie das Meer, und die Hände schossen hoch wie ein Wald – – und drei Minuten später war Mr. Gabriel Syme – von der Geheimpolizei – zum Donnerstag des Generalrats der Anarchisten Europas erwählt – –

Jedermann im Raum schien zu fühlen: wie der Schleppdampfer draußen wartete auf dem Fluß ... und wie der Stockdegen und der Revolver hier warteten auf dem Tisch. Die Wahl war vollzogen, war unwiderruflich, und Syme ergriff das Papier, das seine Wahlurkunde war – und alle sprangen auf und schoben und drängten sich und wirbelten durcheinander. Da fand sich Syme mit einem Mal, Mann gegen Mann, Gregory gegenüber – und der stierte ihn immer noch in ohnmächtiger Wut an. Minutenlang schwiegen sie.

»Sie sind ein Teufel!« stieß Gregory schließlich hervor.

»Und Sie ein Gentleman«, sprach Syme mit Bedeutung.

»Sie waren es – Sie, Sie, Sie!« fuhr Gregory fort, und zitterte an allen Gliedern, »Sie führten mich in diese Falle – –«

»Reden Sie wie ein vernünftiger Mensch«, sagte Syme kurz. »In was für eine höllische Versammlung haben Sie mich hereinfallen lassen, wenn es darauf ankommt? Sie ließen mich schwören, bevor ich Sie schwören ließ. Mag sein, jeder von uns tat das, was er für recht fand. Aber was jeder von uns für recht findet, das ist so verflucht verschieden, daß es keine Brücke von einem zum andern gibt. Zwischen uns ist keine Möglichkeit als Ehrensache oder Tod.« Und er warf sich den schweren Mantelkragen um und nahm die Flasche vom Tisch.

»Das Schiff ist absolut bereit«, kam Mr. Buttons geschäftig an. »Belieben Sie bitte diesen Weg zu gehen.«

Mit einer Geste, die den Aufseher verriet, führte er Syme durch einen kurzen, eisengepanzerten Gang – und der immer noch betäubte Gregory folgte ihnen fiebrisch auf den Fersen. Am Ende des Ganges war ein Tor, das Buttons aufriß, und du standst jäh vor einem Bild in Blau und Silber, vor einem Fluß im Mondschein, gerad wie aus einem Theaterstück. Und unmittelbar vor dem Ausgang hielt eine schwarze, winzige Dampfbarkasse, wie ein Drachenbaby mit einem roten Auge.

Und wie er an Bord stieg, wandte sich Gabriel Syme an Gregory, der Mund und Augen und Ohren und Nase aufsperrte.

»Sie haben Ihr Wort gehalten«, sagte er artig und sein Gesicht war im Schatten. »Sie sind ein Ehrenmann – und ich danke Ihnen. Sie haben es gehalten, sogar bis auf eine kleine besondere Kleinigkeit, die Sie mir zu Anfang der Affäre versprachen – und die Sie durch das Ende von allem eingelöst haben.«

»Wie meinen Sie?« rief der total übertölpelte Gregory. »Was hab ich Ihnen versprochen?«

»Einen ungemein unterhaltlichen Abend«, sprach Syme, und er grüßte militärisch mit dem Stockdegen, und das Schiff war fort.

## DAS VIERTE KAPITEL

# *Die Geschichte eines Detektivs*

Gabriel Syme war nicht bloß ein Detektiv, der ein Dichter zu sein vorgab; er war tatsächlich ein Dichter, der ein Detektiv geworden war. Auch haßte er den Anarchismus nicht aus reiner Heuchelei. Er war einer von denen, die früh im Leben allzu konservativ werden: durch das wahnsinnige Gehaben der meisten Revolutionäre. Und er war es absolut nicht durch irgendeine geistlose, erstarrte Tradition geworden. Seine Respektabilität war eine spontane und eine plötzliche gewesen, eine Rebellion gegen eine Rebellion. Er stammte aus einer verdrehten Familie, in der die ältesten Leute die jüngsten Kindereien an sich hatten. Einer seiner Onkel ging stets ohne Hut herum; und ein anderer hatte sogar den nicht sehr glücklich ausgefallenen Versuch unternommen, mit einem Hut wohl, aber mit sonst gar nichts anderem herumzugehen. Sein Vater, der übte sich in der Kunst und in dem Gebot: »Hilf dir selber und aus dir selber.« Seine Mutter, die trat ein für alle Schmucklosigkeit und Hygiene. So kam es, daß das Kind durch all seine zarteren Jahre an kein Getränk gewöhnt war zwischen den beiden Extremen Absinth und Kakao, die er beide zu seinem Heile verabscheute. Je mehr seine Mutter eine mehr als puritanische Abstinenz predigte, desto mehr artete sein Vater in eine mehr als heidnische Lebensführung aus. Und als die erstere so weit gekommen war, daß sie den Vegetarismus einführte, war der letztere ziemlich an dem Punkt angelangt, wo er den Kannibalismus verteidigte.

Von jeder nur denkbaren Art von Revolte von Kindheit an umgeben, wollte auch Gabriel in etwas revoltieren, und so revoltierte er in dem einzigen Ding, das ihm blieb – in gesundem Menschenverstand. Aber da war gerade genug von dem Blut jener Fanatiker in ihm: daß sein Protest, vernünftigerweise, ein bißchen allzu sensibel und ungestüm ausfiel. Und dann setzte seinem Abscheu vor aller moderner Gesetzlosigkeit noch ein unglückliches Erlebnis, das er hatte, die Krone auf. Es geschah nämlich, daß er in einer Seitenstraße ging – in dem Augenblick eines Dynamitverbrechens. Den ersten Augenblick war er blind und taub gewesen, und dann ersah er, durch verwehenden Rauch, zertrümmerte Fenster und blutige Gesichter. Nach diesem kam er daher – ganz der alte: ruhig, freundlich, ja sanft sogar; und doch war seitdem ein Flecken auf seinem Gemüt, der nichts Gesundes sein konnte. Ihm waren die Anarchisten nicht, wie den meisten von uns, eine Handvoll pathologischer Burschen, die hübsch viel Ignoranz und Intellekt in sich vereinigen; sondern er sah sie vielmehr als eine ungeheure und unerbittliche – als eine Gelbe Gefahr schlechthin an …

Er übergoß die Zeitungen und Redaktionspapierkörbe mit wahren Sturzbächen von Geschichten, Versen und heftigsten Artikeln, darinnen er die Menschheit vor dieser neuen Sintflut zittern machte. Aber er schien seinen Feind nie richtig vor die Büchse zu bekommen – wenigstens, was noch weit schlimmer war, nie einen lebendigen … Wenn er, weh an seiner wohlfeilen Zigarre kauend und schmerzlicher noch über den guten Fortgang alles Anarchismus brütend, so den Londoner Themse-Quai hinabschlenderte, da war kein Anarchist, mit einer Bombe in der Tasche, so wild, so weltverlassen wie er. Da fühlte er so recht, da fühlte ers zum Greifen, daß die Regierung allein und hoffnungslos stand, – vor ihm nach hinten heraus und gerad wie an die Wand gedrückt. Er war übrigens zu sehr Don Quichotte, als daß er noch anders für sie gefürchtet hätte …

So ging er wieder einmal den Themse-Quai hin … und da war ein böser, bös-roter Sonnenuntergang. Der rote Fluß warf den roten Himmel zurück, und beide spiegelten seinen unmeßbaren Kummer. Der Himmel, der war in der Tat so dunkelfarben und das Licht auf den Wassern dagegen von einer so geisterhaften Blässe, daß das Wasser in wilderen Tinten zu flammen schien als der Sonnenuntergang sich abspiegelte. Wie ein Feuerstrom wars, der durch gewaltige Höhlen einer unterirdischen Landschaft dahinbraust.

Syme war zerlumpt und elend schäbig in jenen Tagen. Er trug eine altmodische, schwarze Angströhre; und er ging in einem noch altmodischeren, schwarzen, zerschlissenen Dallesmantel, so daß er aussah wie ein Bösewicht aus Dickens oder Bulwer Lytton. Auch waren sein gelber Bart und sein gelbes Haar viel ungekämmter und löwenhafter als sie es später in den Gefilden Saffron Parks waren. Denn da waren sie ja geordnet und geschnitten … Ein langer, dünner, schwarzer Glimmstengel, in Soho erhandelt und im Freien zu rauchen, stak aus seinem Gezähne, und alles in allem sah er eben hinlänglich so aus wie einer jener Anarchisten, denen er einen Heiligen Krieg erklärt hatte. Und vielleicht gerade deswegen wars, daß auf demselbigen Themsequai ein Policeman zu ihm sprach und sagte: »Guten Abend.«

Syme, in einer Krisis gerade seiner morbiden Ängste um die Menschheit, schien ungeheuer schmerzlich berührt von der Dummheit des automatischen Beamten, der eine tüchtige Tube Blau war in all der Zwielichtsauce rundum.

»Einen guten Abend nennen Sie das?« sagte er gereizt. »Ihr Kerle würdet den Untergang der Welt noch einen guten Abend nennen. Sehen Sie sich bloß mal diese blutrote Sonne und diesen blutigen Fluß da an! Ich kann Ihnen sagen, daß Sie, wenn das alles vergossenes und flammendes Menschenblut wär, trotzdem und grad noch so solide hier aufgepflanzt stehen würden und nach irgendeinem harmlosen Wanderer auslugen und ihn vorwärts! oder auseinandergehn! heißen. Ihr Blauen, ihr seid nur zu den Elenden grausam, aber selbst diese eure Grausamkeit würde ich euch noch hingehen lassen und nachsehen, wenn ihrs nicht rein aus dem Bedürfnis nach absoluter Gemütsruhe wäret.«

»Unsere Ruhe«, erwiderte der Schutzmann, »ist die Ruhe der organisierten Resistenz.«

»Hä?« sagte Syme und war baff.

»Der Soldat hat seine eiserne Ruhe im dicksten Dickicht des Gefechts zu bewahren«, fuhr der Polizist fort. »Die Gemütsruhe der Armee ist die Angst der Nation.«

»Himmlischer Vater – die öffentlichen Elementarschulen!« sprach Syme. »Haben Sie das aus einem Katechismus auswendig lernen müssen?«

»Nein«, sagte der Polizeimensch düster, »ich hab keine so günstige Gelegenheit gehabt. Die öffentlichen Elementarschulen kamen erst nach meiner Zeit. Die Erziehung, die ich genoß, war so klobig und ganz und gar altmodisch, daß ich mich geniere, es zu sagen.«

»Wo war das?« fragte Syme verwundert.

»Oh! zu Narrow«, sagte der Blaue.

Wa-wa-wa-was! Das war ja eine berühmte höhere Lehranstalt, – auf der auch Syme gewesen! ... Und die Schulkameraden-Sympathien, die, so falsch sie auch sind, die wahrsten Dinge in so manchen Menschen ausmachen, – die kamen bei Syme zum Durchbruch, noch ehe er sie kontrollieren konnte.

»Aber – aber – himmlischer Vater …«, sprach er, »Mensch! – da hätten Sie doch kein Blauer werden sollen!«

Und der Blaue seufzte sehr und neigte sein Haupt –

»Ich weiß«, sagte er feierlich, »ich weiß, daß ich unwürdig war – –«

»Aber warum gingen Sie denn dann zur Polizei?« fragte Syme mit mächtiger Neugier.

»Vielleicht aus demselben Grunde, aus dem Sie unsere Institution schmähen«, sprach der andere. »Ich fand, daß da eine besonders gute Aussicht bestand für solche, deren Ängste um die Menschheit sich mehr um die Verirrungen des wissenschaftlichen Intellekts als um die normalen und entschuldbaren wenn auch exzessiven Ausbrüche des menschlichen Willens drehten. Ich hoffe, daß ich mich klar ausdrückte.«

»Wenn Sie damit meinen, daß Sie damit Ihre Meinung klar ausdrückten«, sprach Syme, »hoffe ich – ja. Aber es sich selber einmal klar machen, das wär die Hauptsache. Wie kommt ein Mann wie Sie dazu, in einem blauen Helm am Themsestrand Philosophie zu verzapfen?«

»Sie haben sicher nichts von der letzten Entwicklung in unserm Polizeisystem gehört«, versetzte der andere. »Was mich übrigens gar nicht überrascht. Wir haben die Instruktion, es vor den gebildeteren Klassen soviel wie möglich zu verbergen, weil diese Klassen die meisten unserer Feinde enthalten. Sie dahingegen – Sie scheinen sich genau in der richtigen Gemütsverfassung zu befinden. Sie sollten fast zu uns kommen.«

»Zu Ihnen?« fragte Syme. »Zu was?«

»Das will ich Ihnen sagen«, sagte der Polizeidiener langsam. »Die Lage ist nämlich diese: das Haupt eines unserer Departements, einer der berühmtesten Detektive Europas, war seit langem schon der Meinung, daß eine rein intellektuelle Verschwörung bald unsere ganze Zivilisation bedrohen würde. Er ist sich vollkommen klar, daß die wissenschaftlichen und künstlerischen Kreise sich zu einem Kreuzzug zusammentun würden – wohl gegen Familie und Staat. Und er hat, dessentwegen, ein Spezialkorps von Polizeileuten gebildet, – von Polizeileuten, die Philosophen sind. Deren Geschäft ist es nun, die Anfänge der Verschwörung zu überwachen, und das nicht nur in einem kriminellen, sondern in einem kontroversen Sinn. Ich selbst bin Demokrat und bin hauptsächlich auf den Wert des Durchschnittsmannes in bezug auf durchschnittliche Tapferkeit und Kühnheit bedacht. Aber es ist in die Augen springend, daß es unratsam wäre, den Durchschnittspolizeimenschen zu einem Aufklärungsdienst zu verwenden, der einer Ketzerverfolgung gleichkommt.«

Symes Augen steckten helle Lichter der Sympathie sowie als der Wißbegierde aus.

»Und wie machen Sie das?« sagte er.

»Die Leistung des philosophischen Schutzmanns«, versetzte der Mann in Blau, »ist eine verwegenere und erfinderischere zugleich als die eines gewöhnlichen Detektivs. Der gewöhnliche Detektiv geht in die Kaschemmen, um Diebe zu arretieren. Wir gehen zu artistischen Teegesellschaften, um Pessimisten zu überwachen. Der gewöhnliche Detektiv ersieht aus dem Hauptbuch oder Journal, daß ein Verbrechen begangen worden ist. Wir indes lesen aus einem Sonettbande, daß ein Verbrechen begangen werden wird. Wir haben die Quellen aufzuspüren jener furchtbaren Gedanken, die die Mühlsteine des geistigen Fanatismus und des geistigen Verbrechens treiben. Wir verhinderten beispielsweise den Meuchelmord zu Hartlepool, und das verdanken wir ganz und gar der Tatsache, daß unser Mr. Wilks, ein smarter, junger Bursche, sich durchaus und gründlich auf das Triolet verstand.«

»Ja, meinen Sie denn wirklich«, fragte Syme, »daß zwischen Verbrechen und modernem Geist ein so großer Konnex besteht?«

»Sie sind nicht genug Demokrat«, antwortete der Polizist, »aber Sie hatten absolut recht vorhin, als Sie sagten, daß unsere gewöhnliche Behandlung des Armen-Verbrechens ein ziemlich brutales Geschäft sei. Ich kann Ihnen sagen, daß mich mein Amt oft ganz krank macht, wenn ich sehen muß, wie es fort und fort nur den Krieg meint mit den Ignoranten und den Desperaten. Aber unser neues System nun, das ist ein höchst verschiedenes. Wir wissen nichts und wollen nichts mehr wissen von der snobistischen englischen Anmaßung: daß nur die Ungebildeten die gefährlichen Verbrecher seien. Wir erinnern nur an die Römischen Kaiser. Wir erinnern nur an die vielen großen fürstlichen Giftmischer der Renaissance. Wir sagen: der Gebildete ist der Schwerverbrecher. Wir behaupten: das gefährlichste Verbrechen von heute ist der absolut gesetzlose moderne Philosoph. Gegen ihn sind – gegen ihn sind Einbrecher und Bigamisten moralische Menschen; mein Herz ist ganz mit auf ihrer Seite. Die glauben an das höchste Ideal der Menschen; nur suchen sie es auf der verkehrten Seite. Diebe? Die respektieren das Eigentum. Sie wünschen vom Eigentum nur, daß es sich ihnen aneignen möchte, auf daß sie es dann um so vollkommener respektieren könnten. Aber Philosophen? Die verwerfen das Eigentum als Eigentum an sich. Die wollen gleich den ganzen Begriff Personalbesitz ausmerzen. Bigamisten? Die respektieren die Ehe. Sonst würden sie nicht durch die so hochzeremonielle und sogar ritualistische Formalität der Bigamie gehen. Aber Philosophen? Die verabscheuen die Ehe als Ehe an sich. Der Mörder respektiert das Menschenleben. Er wünscht nur, eine größere Fülle menschlichen Lebens in sich zu erlangen – durch die Opferung von etwas, das ihm weniger lebenswert scheint. Aber der Philosoph? Der haßt das Leben an sich. Sein eigenes sowohl als das aller andern.«

Syme schlug die Hände zusammen.

»Wie so wahr – wie so wahr das alles!« rief er aus. »Ich habs gefühlt, seit meiner Knabenzeit, nur konnt ich nie die verbalische Antithese statuieren. Der gewöhnliche Verbrecher ist ein schlechter Mensch, aber wenigstens ist er, gleichsam, ein – bedingungsweise – guter Mensch. Er sagt, wenn nur ein gewisses Hindernis beseitigt wäre – ein Erbonkel etwa – dann wär er total bereit, an das Weltall zu glauben und Gott zu preisen. Er ist ein Reformator, aber noch lange kein Anarchist. Er will den Tempel gereinigt sehen, aber noch lange nicht niedergerissen. Nur der Schädling: der Philosoph, versucht nicht, die Dinge zu wandeln, sondern sie auszurotten – zu nihilisieren. Ja, die moderne Welt hat all jene Sparten des Polizeidienstes zurückbehalten, die tyrannisch und über die Maßen greulich sind, die Ausplünderung der Armen, das Ausspionieren der Unglücklichen. Und hat ihre würdigste Tat aufgegeben: die Bestrafung der großen Staatsverräter und der großen Kirchenketzer. Ich zweifle immer wieder nur daran, daß wir ein Recht haben sollen, wenn die nicht – dann irgendeinen andern zu bestrafen.«

»Aber das ist doch absurd!« rief der Blaue und rang die Hände – gar nicht wie ein Blauer, »aber das ist doch unausstehlich! Ich weiß nicht, was Sie treiben im Leben, aber sicher vergeuden Sie Ihr

Leben. Sie müssen – Sie müßten unserer Spezialarmee gegen die Anarchie beitreten! Ihre Truppen stehen vor unseren Grenzen. Der Pfeil schwirrt von der Sehne. Wenn Sie noch einen Augenblick länger verziehen, ist der Ruhm für Sie verloren, als einer der Unsrigen zu streiten – und damit vielleicht der Heldentod zusammen mit den letzten Heroen dieser Welt.«

»Das ist eine Chance – sicherlich –«, pflichtete Syme bei, »die ich mir nicht entgehen lassen sollte. Aber ich kenn mich da immer noch nicht recht aus. Ich weiß wohl so gut wie einer, daß die moderne Welt angefüllt ist von den gesetzlosen kleinen Menschen und von total verdrehten kleinen Emotionen. Aber, so verbiestert das alles auch sein mag, bleibt immer noch das eine Gute – dieses, daß sie miserabel untereinander auskommen. Wie kommen Sie also dazu, von einem Oberkommando an der Spitze einer Armee und vom ersten abschwirrenden Bolzen zu reden? Wie – wie – wie verhält es sich denn nun eigentlich mit dieser Anarchisterei?«

»Verwechseln Sies beileibe nicht«, versetzte der Konstabler, »mit jenen ungefähren Dynamitattentaten in Rußland oder Irland: die sind weiter nichts als Expansionen, Expektorationen und Explosionen unterdrückter – irrender Menschen. Das andere aber, das ist eine ungeheure philosophische Bewegung, die aus einem äußeren und in einem inneren Ring besteht. Sie können den äußeren Ring getrost den Laienstand und den inneren Ring die Priesterschaft nennen. Ich aber heiße mir den äußeren lieber: das harmlose Lager – und den innern: das im höchsten Grade schuldige. Der äußere Ring – der größte Teil der Anhänger – sind *bloße* Anarchisten. Das heißt: Leute, die da glauben, die Regeln all und die Formeln hätten das menschliche Glück untergraben. Leute, die da glauben, daß alles Menschenverbrechen aus dem System resultiert, das es eben – Verbrechen getauft hat. Leute, die da nicht glauben wollen, daß das Verbrechen die Strafe erzeugt. Sondern Leute, die da glauben, daß die Strafe das Verbrechen erzeugt hätte. Die glauben, daß, wenn ein Mensch sieben Frauen verführt, der natürlich so schuldlos daraus hervorginge wie eine Blume im Lenz. Glauben, daß, wenn ein Mensch maust, er von den exquisitesten Gefühlen beseelt ist ... Diese alle nenne ich das harmlose Lager.«

»Oho!« sagte Syme.

»Natürlich faselt diese Sorte Volks dann von ›einer glücklichen Zeit, die anbrechen wird‹, vom ›Paradies der Zukunft‹ und einer

›Menschheit jenseits von Gut und Böse‹ und so weiter und so fort. Und gerad so faseln die Leute des inneren Zirkels – die geweihte Priesterschaft. Und faseln so: damit ihnen der Pöbel Beifall schreit – zur glücklicheren Zukunft, zur Befreiung der Menschheit. Aber in ihren Mündern (und der Konstabler sprach leiser), in ihren Mündern verkehren sich diese Phrasen vom Glück heimlich in ein furchtbares Gegenteil. Die wissen von keinen Illusionen, die; die sind viel zu gescheit, als daß sie dächten, der Mensch könne sich jemals ganz von der Erbsünde befreien und über alle finstern Mächte Sieger sein. Wenn sie so reden, so meinen sie damit den Tod. Und wenn sie da sagen, daß die Menschheit dereinst frei werden würde, so meinen sie damit, die Menschheit soll Selbstmord begehen. Wenn sie vom Paradies und Jenseits von Gut und Böse daherreden, so meinen sie damit das Grab. Sie kennen nur zwei Ziele: erst die Humanität auszurotten und dann sich selber. Und darum auch ist es, daß sie Bomben werfen, statt mit Pistolen zu schießen. Die Laien, die sind immer enttäuscht, daß die Bombe den König unversehrt ließ; die hohe Priesterschaft aber jubelt, daß nur irgendwer dabei umkam.«

»Wie kann ich Ihnen beitreten?« fragte Syme, in dem eine heftige Neigung erwachte.

»Ich weiß ganz bestimmt, daß momentan eine Vakanz ist«, sprach der Blaue. »Indem ich nämlich die Ehre habe, bei meinem Chef, von dem ich Ihnen sprach, einigermaßen in Konfidenz zu stehen. Sie brauchen nur zu kommen und ihn zu sehen. Das heißt... vielmehr... ich wollte sagen ...: nicht sehen, denn niemand sieht ihn. Aber Sie können mit ihm sprechen, wenn Sie wollen.«

»Telephonisch also?« inquirierte Syme voller Interesse.

»Nein«, sagte der Blaue voller Gelassenheit, »er sitzt nur mit etwas wunderlicher Vorliebe alleweil in einem – zappendusteren Raum. Das macht ihn heller im Kopf, wie er behauptet. Kommen Sie mit.«

Denn doch etwas verwirrt, und ziemlich aufgeregt, wie du dir denken magst, ließ Syme es geschehen, daß er durch ein Seitentor in die lange Zeile der Londoner Kriminalpolizei-Gebäulichkeit nun verschleppt wurde. Und schier eh er wußte, was er tat, war er durch die Hände von ungefähr vier Intermediatbeamten gelaufen und fand sich auch schon – hast du nicht gesehen – in einem Raum, dessen abrupte Schwärze ihm wie ein jäher Brand aufflammte. Das war keine gewöhnliche Dunkelheit, darin man noch irgendwie hätte irgend etwas unterscheiden können: das war – wie wenn du plötzlich mit Stockblindheit geschlagen wärest.

»Sind Sie der neue Rekrut?« kam eine schwere Stimme her.

Auf eine seltsame Weise, obschon in dem Duster nicht der Schatten eines Schattens zu unterscheiden war, konstatierte Syme diese zwei Tatsachen: erstens, daß die Stimme aus einem Menschen von massiver Statur kommen mußte – und zweitens, daß der Mensch mit dem Rücken zu ihm stand.

»Sind Sie der neue Rekrut?« sagte der unsichtbare Chef, der von allem bereits zu wissen schien. »Dann ist alles in Ordnung. Sie sind engagiert.«

Syme, den's beinah umschmiß, suchte ein wenig gegen diesen unwiderruflichen Satz aufzukommen.

»Mir fehlt absolut jede Erfahrung«, fing er an. »Ich habe absolut keine Ahnung –«

»Kein Mensch«, sprach der andere, »hat eine Ahnung von der Schlacht bei Harmageddon.«

»Aber ich bin ganz und gar untauglich – –«

»Sie sind willens – und das genügt«, sprach der Unbekannte.

»Ja ja, das schon, aber –«, sprach Syme, »ich kenne kein Amt, zu dem man durch bloße Bereitwilligkeit schon befähigt wäre.«

»Aber ich«, sprach der andere – »Das Martyrium. Den Märtyrertod. Ich verurteile Sie hiermit zum Tode. Guten Tag.«

So geschah es, daß, als Gabriel Syme wieder in das Karmesinrot des Abends heraustrat, er es in seinem schäbigen schwarzen Hut und mehr als schäbigen Mantel tat: als Mitglied des Neuen Detektivkorps zur Vereitelung der Großen Verschwörung. Auf Anraten seines Freundes, des Polizisten, (der aus Beruf zur Nettigkeit hinneigte) kämmte und wichste er Haar und Bart, kaufte sich einen anständigen Hut, kleidete sich in einen exquisiten lichtblaugrauen Sommeranzug, steckte eine blaßgelbe Blume ins Knopfloch und ward mit einem Wort zu jenem eleganten und ziemlich unausstehlichen Menschen, mit dem Gregory in dem kleinen Garten zu Saffron Park allsogleich in Konflikt geriet. Ehe denn er den polizeilichen Boden endgültig verließ, stattete ihn sein Freund noch mit einer kleinen blauen Karte aus, darauf stand: »Der Letzte Kreuzzug« sowie eine Nummer – das Zeichen seiner Beamtenwürde. Solches steckte er sorgfältig in seine obere Westentasche, zündete sich eine Zigarette an und zog aus: aus wider den Feind in allen Salons von London. Wohin sein Unternehmen ihn zuletzt verschlug, das haben wir bereits gesehen. Und ungefähr um halb zwei Uhr in einer Februarnacht fand er sich mit einem Mal auf einem kleinen Dampfer auf der schweigenden Themse, mit Stockdegen und Revolver bewaffnet, als statutenmäßig erwählter Donnerstag des Zentral-Anarchistenrats.

Wie Syme in die Barkasse einstieg, war ihm gerad so absonderlich zumute, als ob er in etwas ganz und gar Neues hineinstiege. Nicht nur in die Landschaft eines neuen Landes; sondern wie in die Landschaft eines neuen Planeten. Und das war wohl hauptsächlich aus dem toll-unerschütterlichen Entschluß dieses Abends heraus – immerhin aber auch trug die gänzliche Veränderung der Witterung und des Himmels (in den zwei Stunden, seit er in die kleine Kneipe hineingeraten war) etwas dazu bei. Keine Spur mehr von dem wilden Wolkengefieder um die Zeit des Sonnenuntergangs ... ein nackichter Mond stand in einem nackichten Himmel. Der Mond war so hell und voll, daß er (eine Paradoxie, die schon oft wahrgenommen wurde) wie eine trübere und schmächtigere Sonne aussah. Da war nichts von einem lebendigen Mondschein – da war vielmehr etwas wie ein totes Tageslicht.

Die ganze Landschaft war von einer Helligkeit überstrahlt – und entstellt – gerad wie von jenem unheilvollen Zwielicht (von dem Milton sprach), das die Sonne bei Sonnenfinsternissen um sich verbreitet. Also daß Syme leichtlich auf jenen Gedanken verfallen konnte: er wäre tatsächlich auf einem anderen leereren Planeten, der einen düstereren Stern umkreiste. Aber je ungestümer diese glitzernde, alles Mondlichtland überglitzernde Schwermut auf ihn eindringen wollte, desto schimmernder wölbte sich ihm der Panzer seines wahnsinnigen Heldentums und ward wie ein großes Feuer. Just die prosaischsten Dinge, so er mit sich trug, die Wurststullen, der Brandy und der geladene Revolver, erschienen ihm bald von jener fast mit den Händen zu greifenden Poesie umgeben, wie sie ein Kind fühlt, wenn es sein Gewehr auf die Reise oder ein Stückchen Kuchen ins Bett mitnimmt. Der Stockdegen und die Schnapsbuttel, obschon an sich nichts weiter als das Werkzeug pathologischer Verschwörer, veredelten sich ihm zu Dingen seiner (denn doch um etwas gesünderen) Romantik. Der Stockdegen ward ihm sein Heldenschwert –

und der Fusel zu Wein vom ritterlichen Abschiedstrunk. Denn gerade die unmenschlichsten Phantasien verlassen sich auf ältere und simple Vorbilder. Die Abenteuer mögen verrückt – der Abenteurer aber muß gesund sein. Der Drachen ohne den Ritter Sankt Georg – wäre der grotesk? Gleicherweise war diese unmenschliche – geisternde Landschaft einzig denkbar durch die Anwesenheit eines tatsächlich menschlichen – menschlichen Menschen. Syme, der gern alles übertrieb, erschienen die hellen bleichen Häuser und Terrassen an der Themse so öde wie die Gebirge auf dem Mond ... Selbst der Mond ist nur poetisch, weil da ein Mann im Monde ist ...

Das Schiff, das von zwei Männern bedient wurde, hatte große Plackerei und kam nur verhältnismäßig langsam voran. Der helle Mond, der über Chiswick stand, war untergegangen, als Battersee passiert wurde; und als man durch das enorme Westminster fuhr, begann der Tag anzubrechen. Brach an – so wie ungeheuere Barren Blei bersten mit silbernem Scheinen. Und dieses Scheinen erglomm zu weißen Feuern, als das Dampferchen, den Kurs auf einmal ändernd, auf eine große Landungstelle, etwas oberhalb Charing Cross, zuhielt.

Die großen Quadern des Flußquais kamen Syme so düster als gigantisch vor. Klobig und schwarz gegen den aufflammenden Tag. Er vermeinte gerad, an der Riesensteintreppe eines ägyptischen Palastes zu landen – um dann die trotzigen Throne schrecklicher heidnischer Könige zu erschüttern. Er sprang aus dem Kahn auf eine schaumbedeckte Stufenwehr und stand da, ein düsteres dünnes Männchen, mitten unter himmelan getürmtem Mauerwerk. Die beiden Leute kehrten um und strebten wieder auf den Strom hinaus ... sie hatten nicht ein Sterbenswörtlein all die Zeit mit ihm gesprochen ...

DAS FÜNFTE KAPITEL

# *Das Festmahl unter hundert Ängsten*

Erst war es Syme, als gehörte die Steintreppe einer schier aus aller Welt liegenden Pyramide an. Aber noch bevor er die Spitze erstiegen, war da auf einmal ein Mensch, lehnte sich an ein Geländer und sah geradaus über den Fluß hin. Ein Mensch – ein ganz herkömmlicher, üblicher Mensch, einen Seidenhut auf, in einem zweireihigen Gehrock mit Schößen, der mit der Mode mitlaufen konnte, und eine rote Blume im Knopfloch. Der, wie ihm Syme Schritt vor Schritt näher kam, nicht eine Miene verzog… Wie Syme nah genug war, konnte er durch das trübe, blasse Morgenlicht bemerken, daß dieses Menschengesicht lang war, blaß und gescheit, und nach unten zu, gerad um die Kinnwende, in einen dünnen, dunklen Spitzbart auslief, sonst überall sauber rasiert. Und daß dies Schnitzelchen Haar beinah wie ein Versehen war, so sehr war alles übrige auf das penibelste rasiert – in diesem scharfgeschnittenen, asketischen, auf eigene Weise vornehmen Gesicht … Und dann zogs Syme noch näher – und er sah all dies noch genauer – und die Gestalt rührte sich noch immer und immer nicht.

Zuerst fiel es Syme instinktiv bei, daß dies der Mann sein müsse, den er treffen solle. Dann aber, wie der Kerl sich gar nicht muckste, schloß er: daß er es nicht sein könne. Und aber zuletzt wieder wurde ihm gewiß, daß der doch etwas mit seinem verrückten Abenteuer zu tun haben müsse, denn er verhielt sich regungsloser, als sich jeder x-beliebige Unbekannte und Unbeteiligte verhalten hätte, dem man derart beinah auf die Zehen trat. Er war so reglos wie aus Wachs und schien auch gerad solche Nerven wie eine Wachsfigur zu haben. Syme schaute immer und immer und immer wieder in dies blasse, vornehme, angenehme Gesicht – aber dieses Gesicht – sah je und je und je über den Fluß hinüber. Da nahm Syme das Papier von Buttons aus der Tasche, das seine Wahl beurkundete, und hielt es dem schönen Schwerenöter unter die Nase. Und da lächelte der Mann; und dies Lächeln konnte machen, daß dich der Schlag traf;

denn dieses Lächeln war immer nur auf einer Seite, – es stieg die rechte Backe empor und die linke Backe herunter.

An und für sich würde das einem ja keinen solchen Schrecken einjagen. Es gibt genug Leute, die alle einen solchen nervösen Tic, ein solches verdrehtes Lächeln haben. Und darunter sind welche, denen das sogar reizend ansteht. Aber in den Umständen, in denen Syme sich befand – ums Morgengrauen auf so tödlichem Sendbotenweg über triefende ungeheuere Steinstufen – da konnte einem das schon ein wenig auf die Nerven gehn. Der schweigende Fluß, der schweigende Mensch mit dem klassischen Gesicht, der Totentanz der vergangenen Nacht und dazu dieses krumme Lächeln ... Dieser Lächelkrampf währte übrigens nur einen Moment – und das Gesicht des Mannes verfiel wieder in seine harmonische Melancholie. Und der Mann sprach – frei von jedem Unterton eines Mißtrauens oder Verdachts – gerad wie zu einem alten Kameraden.

»Wenn wir in der Richtung auf Leicester Square gehen«, sprach er, »werden wir just zum Frühstück da sein. Sonntag will immer, daß recht früh gefrühstückt wird ... Haben Sie geschlafen?«

»Nein«, sagte Syme.

»Ich auch nicht«, antwortete der Mann in ganz alltäglichem Ton. »Ich werde versuchen ... und mich nach dem Frühstück ein wenig aufs Bett legen.«

Durchaus gebildet, fein klangs – und doch so tot, daß es auffallend mit seinen fanatischen Gesichtszügen kontrastierte. Es schien fast: als ob all seine freundlichen Worte nur aus lebloser Konvenienz wären – und sein wirkliches Leben der Haß sei. Nach einer Pause sprach der Mann weiter:

»Selbstverständlich sagte Ihnen der Sekretär der Filiale alles, das sich irgend nur sagen ließ. Eines aber konnte er Ihnen nicht sagen: und das ist der letzte Einfall des Präsidenten. Denn seine Einfälle schießen aus ihm heraus, wie ein Wald in den Tropen. Da Sie das also nicht wissen können, so sage ich Ihnen, daß sein neuester Einfall darin besteht: uns zu verbergen, indem wir uns überhaupt nicht mehr verbergen. Ursprünglich tagten wir natürlich ebenso unterirdisch wie Ihre Filiale.

Dann wollte Sonntag, daß wir ein Vereinslokal in einem gewöhnlichen Restaurant mieteten. Wo kein Versteck ist, sagte er, da ist auch keine Jagd. Nun ... er ist ein einziger Mensch auf Erden ... ich weiß;

aber zuweilen ist mir, als ob sein ungeheurer Kopf ein bißchen verdreht würde mit dem Alter. Denn … augenblicklich … tun wir uns direkt vor aller Öffentlichkeit dicke. Wir frühstücken auf einem Balkon – auf einem Balkon, bitte – der direkt auf Leicester Square herausgeht.«

»Und was sagen die Leute dazu?« fragte Syme.

»Das ist furchtbar einfach, was sie sagen«, antwortete sein Führer, »wir seien lauter fidele Häuser, die behaupteten, daß sie Anarchisten seien.«

»Das scheint mir eine sehr nette Idee«, sagte Syme.

»Nett!? Der Teufel hole Ihre Dreistigkeit! Nett!!« schrie da mit einem Male der andere laut auf, und das war ebenso erschreckend und aus allem Zusammenhang heraus wie jenes schiefe Lächeln. »Sowie Sie Sonntag auch nur eine tausendstel Sekunde lang gesehen haben werden, werden Sie sich hüten mit *nett*!«

Unterdem kamen sie aus einer engen Straße heraus, und da lag Leicester Square in vollem frühem Sonnenlicht. Du verstehst es eigentlich nie so recht, wieso dieser Platz so ausländisch, so gar nicht insular, sondern so gar viel kontinental aussehen soll. Du weißt nicht, ob es nun sein fremdes Aussehen ist, das die Fremden anzog, oder obs die Fremden sind, davon er sein fremdes Aussehen erhielt. Heute aber, diesen einen besonderen Morgen, war die Wirkung eine besonders lebendige und unmittelbare. Der offene Platz … die Sonne … die Statue … das Sarazenische des Umrisses der Alhambra …, es war die Kopie eines französischen oder spanischen öffentlichen Platzes. Und diese Wirkung ward in Syme aufs neue zur Sensation, die in so vielerlei Form durch sein ganzes Abenteuer ging, zu der Sensation: ich geriet da in eine neue Welt …! Tatsache war, daß er rund um diesen Leicesterplatz herum seit seinen Knabenjahren überall schlechte Zigarren einkaufen gegangen war – aber als er nun um die Ecke bog und die Bäume und die maurischen Kuppeln sah, hätte er schwören mögen, er bog in einen unbekannten Place de Soundso oder anderswo in irgendeiner fremden Stadt ein.

Aus einem Winkel des Platzes sprang eine Art Ecke eines guten, aber stillen Hotels heraus, das mit seiner Front einer Seitenstraße zugehörte. Und ein breites, bis auf den Boden der Etage herabgehendes Fenster war da ausgehauen – das Fenster eines Kaffeehauses offenbar. Und vor der Fenster-Türe, auf den Platz heraus, ein lebensgefährlich ausgehängter Balkon, groß genug, um einen Speisetisch draufzustellen. Und in der Tat – da stand ein Mittagstisch drauf, oder, um es richtiger zu sagen, ein Frühstückstisch. Und rund um den Frühstückstisch, erschimmernd im Sonnenlicht und geradaus im Freien und über der Straße und über dem Platz, eine Gruppe von lärmenden redseligen Herren, alle auf das neumodischste angezogen, mit weißen Westen und kostspielig gefüllten Knopflöchern. Manche ihrer Späße hörte man schier über den ganzen Platz. Und da lächelte der ernste Sekretär sein unnatürlich Lächeln, und da wußte Syme: diese laute öffentliche Frühstücksgesellschaft war das stille geheime Konklave der Europäischen Diener des Dynamits.

Dann, wie Syme dies Bild weiter anstarrte, sah er etwas, das er erst nicht sehen konnte. Das er erst nicht – übersehen konnte, indem es zu weitläufig war ... Am Balkonende, das Syme zugewendet war, da verbaute gut den halben Teil der Aussicht der Rücken – eines Berges von einem Manne! Als Syme dies Ungetüm gewahrte, war sein erster Gedanke der: jetzt stürzt – vor lauter Gewicht – der steinerne Balkon ein. Und all die Ungeheuerlichkeit bestand nicht etwa ausschließlich in einer unnormalen Länge und ganz und gar unglaublichen Feistigkeit: dieser Mann war von absoluten Proportionen und nur eben meisterlich in Überüberlebensgröße so wie eine Kolossalstatue ausgehauen. Sein Kopf mit dem weißen Scheitel sah von hinten viel dickköpfiger aus, als er für einen Menschen hätte aussehen dürfen. Und die Ohren, die ihm abstanden, waren größer als Menschenohren. Eine ins Riesenhafte gehende Vergrößerung, wie gesagt. Aber diese erweiterten Maße verwirrten, dieser neue Maßstab verführte Syme so sehr, daß ihm all die andern ganz plötzlich wie zusammenschrumpften und kleinwinzig wurden. Sie saßen ja wohl dann immer noch gerad wie zuvor, mit ihren Blumen und in ihren Gehröcken, aber nun sahs aus, als würde der Dickwanst eben fünf Gören mit Tee bewirten ...

Wie Syme und sein Führer sich dem seitlichen Hoteleingang näherten, kam ein Kellner heraus und grinste mit seinen Stockzähnen:

»Die Herren tun oben sein, Herr«, sprach er. »Sie tun reden und tun allemal selber lachen über was sie reden ... Sie tun sagen, daß sie Bomben auf den König schmeißen tun werden.«

Und plattfußte fort – mit seiner Serviette überm Arm – höchlichst erfreut über die ungewöhnliche Frivolität der Herren über einer Treppe.

Schweigend ward die Treppe dann genommen.

Syme dachte nicht im Traum daran, etwa zu fragen, ob der Riesenmensch, der den Balkon fast allein ausfüllte und bis zur nahen Katastrophe belastete, denn der große Präsident wäre, den alle übrigen in Ehrfurcht umstanden. Er wollte wissen, daß es so war und er wußte es – mit einer unsagbaren augenblicklichen Gewißheit. Syme war nämlich in der Tat einer von den Menschen, die all den namenlosen psychologischen Einflüssen in einem dem geistigen Wohlbefinden schon mehr gefährlichen Grade ausgesetzt sind. In physischen Gefahren jedweder Furcht bar, witterte er, was psychisches Unheil anging, entschieden allzu sensitiv. Zweimal schon in dieser Nacht hatten ihn ganz nichtssagende Dinge mächtig gejuckt und ihn immer näher und näher zum Stabsquartier der Hölle gezogen, und dieses Gefühl wurde nun überwältigend, wie er näher und immer näher auf den Präsidenten zukam.

Kindisch war ihm ums Herz – und abscheulich. Wie er das Zimmer zum Balkon durchschritt, wurde das umfangreiche Gesicht des Sonntags immer noch umfangreicher und umfangreicher; und Syme fiel Furcht an, daß es, sowie er nur einmal ganz dran wäre – jetzt? jetzt? – so traumhaft groß würde, daß er laut aufschreien müßte. Und er erinnerte sich, wie er als Kind die Memnonmaske im Britischen Museum nie ansehen konnte, weils ein Gesicht ... und ein *so* großes Gesicht war.

Doch dann nahm er seine ganze Kraft zusammen und vollbrachte mehr als ein Bergsteiger vollbringt: er ging auf einen leeren Platz am Frühstückstisch zu und setzte sich da nieder. Die Herren begrüßten ihn lustig und unter Scherzen gerad als obs ein ganz alter Bekannter wäre. Er rastete ein wenig aus von allem, indem er ihre Röcke und die solide gleißende Kaffeekanne musterte ... und dann sah er wieder auf Sonntag hin. Das Gesicht war ungeheuer, aber es war doch immer noch menschenmöglich.

Die Gesellschaft um den Präsidenten, die sah ziemlich alltäglich aus. Es fiel dir auf den ersten Blick nichts weiter auf, als daß sie alle, weil der Präsident es in seiner Laune so wollte, festlich angetan waren, was dem Mahl das Aussehen eines Hochzeitsmahles gab. Ein einziger doch stach noch einigermaßen ab. Der sah wenigstens etwas nach einem richtiggehenden Dynamithelden aus. Er trug wohl gleichfalls den hohen weißen Kragen und die Atlasbinde, wie vorgeschrieben, aber aus diesem Kragen fuhr ein Schädel heraus, ein unbändiger, ein nicht zu verkennender, mit einem wilden Busch Braunhaar und einem solchen Bart, daß sich die Augen versteckten – fast wie bei einem Skye-Terrier. Aber dann, wie die Augen sich quasi doch noch herausarbeiteten aus diesem Gestrüpp, waren es die melancholischen Augen eines russischen Leibeigenen. Der Mensch wirkte lange nicht so lähmend wie der Präsident, und doch hatte er von jener Diabolik, die von höchster Groteske herkommt. Wenn aus der steifen Binde und dem hohen weißen Kragen plötzlich der Kopf einer Katze oder eines Hundes herausgefahren wäre, wäre der Kontrast auch nicht viel blödsinniger gewesen.

Und dieser Mann, der hieß Gogol, wie es schien. Ein Pole. Und in diesen Tagen der Woche war er der Dienstag. Seine Seele und seine Rede waren unheilbar tragisch. Es wollte und wollte ihm nicht gelingen, seine Rolle so glücklich und frivol zu meistern, wie's Präsident Sonntag von ihm verlangte. Und gerad wie Syme hereinkam, zog der Häuptling, mit seiner ganzen Unbekümmertheit und sich aller Öffentlichkeit und allem Verdacht preisgebend, so wie's seine Politik war, eben jenen Gogol auf – um seiner Unfähigkeit willen, hübsch konventionell zu scheinen.

»Unser Freund Dienstag«, sang es tief, gelassen und voluminös, »unser Freund scheint alles zusammen immer noch nicht begriffen zu haben. Er zieht sich wie ein Kavalier an, aber er scheint eine zu große Seele zu haben, als daß er sich wie ein Kavalier benehmen könnte. Er kanns nicht lassen, immer wieder den Verschwörer herauszubeißen. Wenn ein Kavalier in Zylinderhut und Gehrock durch London geht, braucht kein Mensch zu wissen, daß er ein Anarchist ist. Aber wenn ein Kavalier in Zylinderhut und Gehrock auf Händen und Füßen umherläuft – ja, da muß man doch auf ihn aufmerksam werden. Ja ja ja ja, Bruder Gogol! Der läuft so lange mit einer solch unerschöpflichen Diplomatie auf Händen und Füßen, bis er es unmenschlich findet, aufrecht zu gehen.«

»Ich verrrsteh mich nicht auf Verrrstecken«, sprach Gogol verdrießlich – in einem sehr fremdländischen Akzent; »ich schämme mich auch nicht.«

»Ja ja ja ja, mein Lieber – versteckt sich nicht – und schämt sich nicht – schämt sich nicht, sich nicht zu verstecken –« meinte der Präsident gutmütig. »Sie verheimlichen soviel wie nur irgendeiner. Aber

Sie können es nicht – sehen Sie – so ein Esel sind Sie! Sie versuchen, zwei ganz inkonsistente Methoden zu kombinieren. Wenn ein Familienvater einen Mann unter seinem Bett findet, wird er wissen, was er zu tun hat. Aber wenn er einen Mann mit einem Zylinder unter seinem Bett findet, – das müssen Sie mir zugeben, mein lieber Dienstag – wird er schwerlich vergessen, dies insonders in Erwägung zu ziehn. Nun … wenn Sie unter Admiral Biffins Bett gefunden werden –«

»Ich taugge nicht zu Betrugg«, sagte Dienstag verdrießlich – und errötete.

»Ach ja, mein Lieber, ach ja ja ja«, sprach der Präsident besonders und auffallend herzlich, »Sie taugen zu überhaupt nichts.«

Wie so der Strom der Rede floß, sah sich Syme die Herren um ihn genauer, durchdringender an. Und dabei schwand jene seine unkörperliche Ohnmacht mehr und mehr und kehrte ihm all seine geistige Spannkraft seltsamlich zurück.

Er war zuerst der Meinung gewesen, daß sie alle, mit der alleinigen evidenten Ausnahme des härenen Gogol, von gewöhnlicher Gestalt und Tracht wären. Wie er aber nun einen nach dem andern so ansah, grinste ihm aus jedem von ihnen das entgegen, das ihm heut in aller Früh aus dem Mann am Fluß entgegengegrinst hatte: irgendein höllisch Detail, irgendwie eine Besessenheit. Jenes Lachen immer nur mit der Hälfte des Gesichts, das das feine Gesicht seines Führers von heute morgen von Zeit zu Zeit so sehr entstellte – das war typisch für alle die Typen. Ein jeder hatte bei näherer Beobachtung – früher oder später, was an sich, das gewiß nicht normal, das außer- oder unmenschlich war. Die einzige Metapher, die er aufbrachte, war die: feine Leute – aber durch einen Hohlspiegel gesehen.

Einzelne Beispiele mögen diese halbverborgene Exzentrizität klarlegen. Symes Cicerone, das war derjenige, welcher der Montag war; der Sekretär des Rats; und seine zwei Lächelhälften, die in Trennung von Tisch und Bett lebten, flößten dir ein ärgeres Entsetzen ein als alles sonst – das scheußliche Gewieher des Glücks des Präsidenten ausgenommen. Nun aber Syme mehr Muße und günstigeres Licht hatte, ihn zu beobachten, fielen ihm bald noch andere Dinge auf. Sein feines Gesicht war so abgezehrt, daß Syme glauben mußte, da müßte irgendeine fressende Krankheit dahinterstecken. Von Zeit zu Zeit aber schürte dann wieder eine solche Qual das Feuer seiner Augen, daß man erraten mußte: das konnte keine physische Krankheit sein. Dann flammten seine Augen so sehr Verdammnis, als ob bloßes Denken ihm Hölle wäre.

Und er – er war typisch für jeden von der Sippe; ein jeder aus dieser Gesellschaft war subtil und differenziert – verdreht. Nächst ihm saß der Dienstag, der viehwollige kratzbürstige Gogol, einer der augenscheinlich nahebei verrückt war. Nächst diesem der Mittwoch, ein gewisser Marquis de St. Eustache, eine sattsam charakteristische Figur. Auf den ersten Blick und etwa auf noch zwei Blicke fandst du absolut nichts Ungewöhnliches an ihm; außer, daß er der einzige Mann vom Tisch war, der sich von Haus aus stets nach der Mode getragen hatte. Mit einem schwarzen französischen Bart, wie nach Maß gearbeitet; und einem schwarzen englischen Gehrock, noch mehr wie nach Maß gearbeitet. Aber Syme, der sehr sensitiv in solchen Dingen war, der witterte jene schwüle, schwangere Atmosphäre um ihn, die einen bis zum Ersticken schwängert. Das gemahnte einen unabweislich an schlaftrunken machende Odeurs und Totenlichte in den düstersten Gedicht-Gemälden Byrons und Poes. Er war (das kam dazu) nicht in lichteren Farben, aber von weicheren, sanfteren Stoffen angetan: sein Schwarz war reicher und wärmer als alles Schwarz um ihn, und als wären tiefe Farbtöne hineingebunden und darinnen gefesselt. Sein schwarzer Rock sah nur darum schwarz aus, als wär er zu schwarz, um purpurn zu sein. Und sein schwarzer Bart – als wäre er zu schwarz, um noch tiefblau zu scheinen. Und unter dem glühenden Dickicht seines Bartes erblühte sein dunkelroter Mund voll Sinnlichkeit und voller Hohn. Mochte er sein was er wollte – ein Franzmann war er nicht. Ein Jude – ein Jude mochte er sein. Oder noch von weiter her – vielleicht mitten aus dem dunklen Herzen des Ostens. Hellichte persische Ziegel und Teppiche zeigen jagende Tyrannen – – auf solchen Malereien magst du diese Mandelaugen, diese blauschwarzen Bärte, diese grausamen, dunkelglühenden Lippen schon gesehen haben.

Der nächste war Syme selber; und ihm zunächst dann kam ein sehr alter Mann, Professor de Worms, der immer noch auf dem Freitag-Stuhl saß, obwohl man jeden Tag erwartete, daß ihn sein endlicher Tod unbesetzt lassen würde. Bei dem war nur noch der Geist rege; der Leib befand sich im letzten Stadium der Auflösung, des senilen Verfalls. Sein Antlitz war so grau wie sein langer grauer Bart, seine Stirn furchte stumme Hoffnungslosigkeit. Bei keinem andern, nicht einmal bei Gogol, kontrastierte das hochzeiterhaft Herausgeputzte der Frühstückstoilette so sehr peinlich mit allem wie bei ihm. Die rote Blüte im Knopfloch stand gegen ein Gesicht, das im wahrsten Sinn des Wortes entfärbt war und so matt und tot war wie Blei. Es machte sich so scheußlich, als ob ein paar betrunkene Dandies einem Leichnam von ihrem Staat angezogen hätten. Wenn er aufstand oder niedersaß, was eine lange Arbeit kostete und mit größter Fährnis verbunden schien, drückte sich etwas aus, das schlimmer war als bloße Greisenschwäche, etwas, das mit der Furchtbarkeit der ganzen Szene in einem undefinierbaren Zusammenhang stand. Das war nicht Gebrechlichkeit nur – das war wie Fäulnis. Eine andere abscheuliche Vorstellung fuhr durch Symes Gehirn, er mußte wider Willen denken: wenn der da einen Arm oder ein Bein rührt, fällts ihm aus.

Am rechten Tischende saß der Samstag. Und der war der simpelste – und also auch der verblüffendste von allen. Ein gedrungener, vierschrötiger Mann mit einem finstern, vierschrötigen, aber ganz glatt geschabten Gesicht, ein praktischer Arzt, der auf den Namen Bull hörte. Er vereinigte in sich jenes Savoirfaire mit jener Stallburschengrobheit, wie das bei jungen Doktoren nicht unüblich ist. Und trug seine feine Gewandung mit mehr Dreistigkeit denn Behagen – zumeist ein wohleinstudiertes Lächeln um den Mund. Es war weiter nichts Unheimliches an ihm, es sei denn, daß er ein Paar trübe, fast undurchsichtige Brillen trug. Vielleicht wars nichts als ein Crescendo in der schaurigen Opera, die Symes Nerven aufführten – aber diese blinden Glasscheiben kamen ihm schrecklich vor. Sie erinnerten ihn an halbvergessene ekelhafte Geschichten, da Pfennigstücke auf die Augen von Toten aufgelegt wurden. Symes Augen verirrten sich immer und immer wieder zu jenen trüben Gläsern hin und zu dem blinden Grinsen. Wenn sie der dreivierteltote Professor oder der blasse Sekretär getragen hätte – dann hätten sie eben dazu gehört. Aber bei diesem jüngern gröbern Menschen waren sie ein Rätsel. Da nahmen sie den Schlüssel zum Gesicht weg. Du konntest nie wissen, wie es sein Lächeln oder was sein Ernst eigentlich meinte. Teils dessentwegen, teils weil er von einer pöbelhaften Männlichkeit war, die den meisten andern fehlte, schien es Syme, daß er der Verruchteste von all diesen Verruchten wäre. Ja, Syme meinte sogar, die Augen wären nur bedeckt, weil es zu entsetzlich gewesen wäre, in sie hineinzusehen.

DAS SECHSTE KAPITEL

# *Entlarvt*

Das waren die sechs Männer, die geschworen hatten, die Welt auszurotten. Oft und oft mußte Syme all seinen gesunden Menschenverstand aufbieten, um ihn nicht wohl für ewig zu riskieren. Dann wieder sah er freilich für Augenblicke ein: all seine Wahrnehmungen wären höchst subjektiv – all das waren ganz alltägliche Menschen, von denen der eine steinalt, der andere hypernervös und der dritte schier mit Blindheit geschlagen war. Zuletzt aber symbolisierte er doch wieder auf das unnatürlichste – und konnte gar nicht anders. Jede Gestalt schien ihm zuweilen an die äußerste Grenze des Irdischmöglichen hinausgerückt, so wie ihre Theorie an der äußersten Grenze des möglich Denkbaren stand. Ihm war: ein jeder von diesen Menschen stand am extremen Ende sozusagen eines wilden Weges der Raison. Es war ihm gerad, wie in einem sehr alten Märchen, so sehr wunderlich: daß, wenn einer westlich ging und immer westlicher, wohl bis ans Ende der Welt, er da etwas finden würde – sagen wir einen Baum – der mehr oder weniger denn ein Baum war, ein Baum, besessen von einem Dämon … und daß wenn er östlich ging und immer östlicher, wohl bis ans Ende der Welt, er da etwas anderes finden würde, das nicht ganz es selber wäre – sagen wir einen Turm, einen verruchten Turm … So schienen die Gestalten unsagbar grell gegen einen allerletzten Horizont zu stehen – Visionen allen Raums … Die Enden der Welt drin eingeschlossen …

Die Unterhaltung ging unentwegt weiter – auch nachdem er auf diesem Schauplatz erschienen war. Und von all den Konstrasten dieses unheimlichen Frühstückstisches war der zwischen dem behaglichen gemächlichen Gesprächston und seinem fürchtlichen Inhalt nicht der geringste. Man war tief in der Diskussion eines aktuellen unverzüglichen Komplotts. Der Kellner eine Treppe tiefer hatte ganz und gar recht gehabt, wie er sagte: daß die Herren oben von Bomben und Königen sprächen. Drei Tage später sollte der Zar den Präsidenten der französischen Republik in Paris besuchen, und bei

Schinken mit Ei auf ihrem sonnigen Balkon hatte die fröhliche Kumpanei ausgeknobelt, wie die beiden des Todes sein sollten. Sogar das Werkzeug dazu war schon gewählt: der schwarzbebartete Marquis, schiens, sollte die Bombe werfen.

In jedem andern Fall würde die unmittelbare Nähe dieses positiven und objektiven Verbrechens Syme ernüchtert und von seinen mystischeren Schauern kuriert haben. Und er würde an nichts anderes mehr als an die eine Notwendigkeit gedacht haben: die beiden Menschenleiber zu erretten, eh sie mit Eisen und hundswütigem Dynamitgas in tausend Stücke zerschleudert werden.

Aber das war Tatsache, daß ihn in diesem Augenblick eine nochmal neue – eine dritte Art Furcht ergriff, eine eindringlichere – praktikablere, als seine früheren Moral- und sozialen Fürchte und Ängstlichkeiten. Und das war ganz einfach: er konnte keine Furcht mehr für den französischen Präsidenten oder den Zaren aufsparen – er gebrauchte sie all-alle für ... sich selber. Die meisten der Sprecher nahmen sich ein wenig in acht vor ihm und steckten beim Debattieren ihre Köpfe ein bißchen näher zusammen, und einer nach dem andern setzte eine schier ernsthafte Miene auf mit Ausnahme des Sekretärs, dem alle Augenblick sein Lächeln in zwei Fortsetzungen quer übers Gesicht fuhr so wie das schartige Licht hoch oben über den Himmel hin. Und dann war da eins, das Syme erst verstörte und ihn zuletzt rasend folterte: Der Präsident sah alleweil – sah unausgesetzt zu ihm her, mit einem forschenden Blick, der einen aus der Haut fahren machen konnte. Der ungeheure Mann war ganz ganz ruhig – und nur seine blauen Augen, die staken ihm aus dem Kopfe. Und taten nichts und nichts als Syme fixieren ...

Bis Syme zumute wurde: gerad als müßte er zum Balkon hinabspringen. Ihm war unter des Häuptlings Blicken – als sei er durch und durch aus Glas. Hatte der Häuptling nicht auf irgendeine geheime außerordentliche Weise schon herausgefunden, daß er ein Spion – – – Syme sah weg und sah zum Balkon hinab: und da unten, gerad da unten stand ein Policeman und starrte auf das lichte Geländer und in das sonnenlichterfüllte Laub – – –

Und dann überkam ihn jene große Versuchung, die ihn tagelang martern sollte. Angesichts dieser gewaltigen und schrecklichen Männer, dieser Fürsten des Anarchismus, hatte er sich der phantastischen, schwächlichen Figur des Dichters Gregory, des rein ästhetischen

Anarchisten fast gar nicht mehr erinnert. Gedachte seiner nicht mehr als freundlich und zugeneigt – so als ob sie zusammen gespielt hätten, als sie noch Kinder waren. Aber nun auf einmal fiel ihm ein: daß er ja Gregory verpflichtet war – durch ein heilig Versprechen. Durch das heilige Versprechen: dieses nie zu tun – das er eben im Begriffe war zu tun. Er hatte zugeschworen, niemals über diesen Balkon hinabzuspringen und dann drunten was dem Schutzmann zu sagen. Er nahm seine kalte Hand fort von der kalten Steinbalustrade. Schwindelig war ihm um die Seele vor lauter moralischer Unentschlossenheit. Er brauchte mit einem einzigen Riß nur den Faden eines einer Schurkenbande tollkühn geleisteten Versprechens abzureißen – und sein Leben lag so frei und sonnig vor ihm wie der Platz da unten. Andererseits brauchte er einem veralteten Ehrenstandpunkt nachzuhängen – und er überlieferte sich Zoll für Zoll mit seinem ganzen Leibe der Gewalt dieses großen Feindes der Menschheit, dessen ganzes Gehirn eine einzige Folterkammer war. So oft Syme auf den Platz hinabsah, sah er den trostbietenden Blauen da unten: eine Säule des Gemeinsinns und -wohls. Und so oft er sich nach der Frühstückstafel umdrehte, sah er, wie der Häuptling ihn mit seinen riesigen, unausstehlichen Augen in aller Ruhe visitierte.

Und bei all den widerstreitendsten Gedanken fielen ihm zwei Dinge nie und nimmer ein. Erstlich – es wollte ihm nimmer beifallen, daß der Präsident und seine Räte ihn auslöschen konnten, wenn er sich länger noch so abseits verhielt. Wohl wars ein öffentlicher Platz – wohl schien solches Projekt unausführbar. Aber Sonntag war nicht so leicht der Mann, der nicht irgendwie und irgendwo eine unerbittliche Schlinge gelegt oder eine tödliche Falle aufgestellt hätte. Durch ein geheimes Gift entweder oder einen plötzlichen Straßenunfall, durch Hypnotismus oder höllisch Feuer konnte ihn Sonntag gewißlich zu einem sichern Tod verurteilen. Wenn der Präsident was argwohnte, war Syme ein toter Mann und wurde entweder hier gleich in seinem Stuhl kalt gemacht oder lange nachher wie durch eine selbstverschuldete Krankheit. Wenn er nun eilends die Polizei herbeirief, jedermann verhaftete, alles erzählte und die ganze Energie Englands gegen sie aufbot, dann mochte er entkommen – anders auf keinen Fall. Das war ein Balkon voller Herren, die auf einen lichten geschäftigen Platz hinaussahen; und doch war er seines Lebens nicht sicherer unter ihnen als mitten in einem Boot voll bewaffneter Piraten auf weiter verlassener See ...

Und da war ein zweites Ding, das ihm nicht einfiel. Nämlich: es wollte ihm nie und nimmer beifallen, daß er dem Feind geistig unterlegen sein konnte. Viele Moderne, an blinde Verehrung des Intellekts und der Kraft gewöhnt, wären in ihrer Ergebenheit unter diesem niederschmetternden Eindruck einer großen Persönlichkeit erzittert. Sie hätten Sonntag, mag sein, den Übermenschen genannt. Falls solch Wesen überhaupt zu begreifen ist, dann sah er ja in der Tat nach einem solchen aus – mit seiner erderschütternden Erhebung, wie er gleich einer steinernen Statue einherschritt. Die hätten ihn, mag sein, einen Übermenschen genannt – um seiner Riesenpläne willen, die zu öffentlich waren, als daß man sie geheim überwacht hätte, und um seines Riesengesichts willen, das zu offenbar, als daß man es verstanden hätte. Aber das war eine Art moderner Niedrigkeit, in die Syme eben aus einer extremen Kränklichkeit nicht verfallen konnte. Wie irgendeiner war er feig genug, große Kraft zu fürchten. Aber er war nicht ganz feig genug, sie zu bewundern ...

So wie sie sprachen, die Herren, so aßen sie auch. Und sogar darin waren sie typisch. Dr. Bull und der Marquis, die aßen gelegentlich und wie sies gewöhnt waren, von den besten Dingen der Tafel – kalten Fasan oder Straßburger Pastete. Der Sekretär aber, der war Vegetarier und setzte sich bei einer rohen Tomate und drei Quart lauwarmen Wassers ernstlich über den projektierten Mord auseinander. Der steinalte Professor sabberte derart, daß dir das Ekelhafte seiner zweiten Kinderzeit bis zum Erbrechen klar wurde. Und selbst darin bewährte Präsident Sonntag seine kuriose Vorherrschaft über die Massen. Er aß ... für zwanzig. Er aß unglaublich. Mit einem gräßlich nimmermüden Appetit. Fraß, fraß, fraß, fraß. Aber immer wieder, so nach einem Dutzend Kuchen oder einem halben Liter Kaffee starrte er aus seinem schiefgeneigten Riesenkopf von einer Seite her ... Syme an.

»Ich habe mich oft schon gefragt«, sprach der Marquis und nahm eine große Marmeladenschnitte, »ob es nicht besser wäre, wenn ich es mit einem Messer täte. Die besten Dinge sind mit einem Messer vollbracht worden. Und das müßte ein ganz neues Gefühl sein, einem französischen Präsidenten so etwas wie ein Messer hineinzurennen und das drinnen ein paarmal umzudrehen.«

»Sie sind im Irrtum«, sprach der Sekretär und zog seine schwarzen Brauen zusammen, »das Messer, das drückt altmodisch genug nur einen persönlichen Streit mit einem persönlichen Tyrannen aus. Dynamit aber – das ist nicht bloß unser bestes Instrument: es ist auch unser bestes Symbol. Es ist ein so vollkommenes Symbol unserer selbst wie Weihrauch für die Gebete der Christenheit. Es ist expansiv; es zerstört nur, weil es sich ausbreitet. Genau so wie der Gedanke zerstört, weil er sich ausbreitet. Eines Menschen Gehirn ist eine Bombe«, rief er aus, sein seltsam verhaltenes Wesen plötzlich aufgebend und seinen eigenen Schädel mit wütenden Püffen traktierend, »mein Gehirn fühlt wie eine Bombe, Tag und Nacht! Es muß sich ausbreiten – und wenn das Universum dabei in Stücke geht!«

»Ich möchte nicht, daß das Universum nun eben jetzt in Stücke ginge«, dehnte der Marquis seine Worte. »Ich will noch eine große Menge tierischer – bestialischer Dinge tun, bevor ich sterbe. Ich dachte den gestrigen Tag im Bett noch darüber nach.«

»Nein. Wenn das letzte Ende eines Dings nichts ist«, sagte Dr. Bull mit seinem sphinxgleichen Lächeln, »so scheint es mir kaum wert, daß man es tut.«

Der steinalte Professor starrte mit tollen Augen zum Mauerverputz hinauf und sprach:

»Ein jeder Mensch weiß in seinem Herzen, daß nichts wert ist, daß man es tut.«

Da war ein Schweigen. Und dann sagte der Sekretär:

»Wir sind etwas vom eigentlichen Thema abgekommen Die Frage ist einzig die, wie Mittwoch den Coup ausführen will. Ich denke, wir sollten alle wie bisher für die Bombe sein. Was die Vorbereitungen dazu angeht, möchte ich vorschlagen, daß er morgen früh zu allererst – –«

Da losch die erleuchtete Rede ein ungeheuerer Schatten aus: – Präsident Sonntag war aufgestanden, den Himmel verfinsternd.

»Bevor wir das verhandeln«, sagte er still und gemächlich, »wollen wir uns in ein Extrazimmer verfügen. Ich habe etwas sehr – sehr Wichtiges zu sagen.«

Syme war vor allen andern in der Höhe. Nun war der Augenblick gekommen. Die Pistole auf ihn gespannt. Auf dem Pflaster unten hörte er den Blauen müßig stapfen und stampfen, denn der Morgen, obwohl sonnig, war kalt …

Fing mit einem Mal mit einer heiteren Weise eine Drehorgel auf der Straße zu singen an. Und Syme stand stramm – als wär das ein Signal vor der Schlacht. Er kam sich vor: angefüllt mit einem übernatürlichen Mut, der von nirgendwo kam. Jene klingelnde Musik schien erfüllt von der Lebenskraft und Roheit und sinnlosen Tapferkeit der Armen, die in all jenen schmutzigen Straßen sich all anklammerten an die Güte und die Nächstenliebe der Christenheit. Sein Jungenstreich, ein Polizeimann zu sein, war aus seinem Gedächtnis ausgewischt; er war gar nicht mehr der Vertreter jenes Gentlemenkorps von lauter verdrehten Konstablern, er dachte gar nicht mehr an den alten Verrückten in der Dunkelkammer – – er fühlte sich nur noch als der Ambassadeur all jener armen Werkeltagsleute auf den Straßen, die Tag für Tag zu den Klängen der Drehorgel in den Kampf marschierten. Und dieser edle Stolz, ein Mensch zu sein, erhöhte ihn königlich, erhob ihn in unendliche Höhen – unsagbar hoch über all die monströsen Männer da um ihn herum. Für einen Augenblick einmal geruhte er vom Sternengipfel seines schlichten Menschseins und nichts als Menschseins herabzuschauen auf ihre krampfhaft zuckenden, kriechenden, zappelnden, krabbelnden Exzentrizitäten. Er fühlte sich ihnen gegenüber so unbewußt und elementar überlegen wie ein tapferer Mann gegenüber reißenden Tieren oder ein Weiser wütigen Narren. Er wußte es wohl: er war weder von der geistigen, noch von der Körperkraft des Präsidenten Sonntag; aber in diesen Augenblicken sollte es ihn so wenig bekümmern wie etwa die Tatsache, daß er nicht die Muskeln eines Tigers oder ein Horn auf seiner Nase so wie ein Rhinozeros hatte. Er bestand quasi nur noch aus einer allerletzten Gewißheit, daß der Präsident unrecht hatte und die Drehorgel recht. In seiner Seele sang jene unwiderlegbare alles niedersiegende Wahrheit aus dem Rolandlied – *»Païens ont tort et Chrétiens ont droit«,* die im alten nasalen Französisch das Getöse und Klirren von Eisen hatte. Diese Befreiung seines Geistes von der Last aller Schwachheit löste den unerschütterlichen Entschluß aus ihm aus, den Tod zu umarmen. Wenn die Armeen hinter der Drehorgel standhaft in ihrem uralten Versprechen waren, so wollte auch er es sein. Es beseelte ihn mit ungemeinem Stolz, sein Wort zu halten, weil er es Ungläubigen, Heiden und Schurken und Verbrechern hielt. Sein höchster Trumpf über diese Tollhäusler war, ihnen in ihr dunkelstes Dunkel zu folgen und für etwas den Tod zu leiden, das sie nie begreifen konnten. Sang nicht die Drehorgel den Takt zum Heroenmarsch wie ein ganzes Orchester? Drummte es nicht tief unter all den Trompeten stolz-stolzen Lebens wie die Trommel stolzesten Tods?

Die Verschwörer verfügten sich alle durch das Tür-Fenster in die zurückliegenden Räumlichkeiten. Syme ging als letzter nach – verwegen bis aufs äußerste – aber ein lautes, hörbares Klopfen romantischer Rhythmen durchs ganze Blut hinauf bis ins höchste Gehirn. Der Präsident führte sie eine Nebentreppe, einen Aufgang für Dienstboten, hinab – in einen düsteren, kalten, kahlen Raum, mit einem Tisch und Bänken, wie ein früheres Schulzimmer. Als sie alle darinnen waren, schloß und verschloß er die Tür.

Der erste, der redete, war Gogol. Der Unversöhnliche. Der zu platzen schien vor unartikulierter Not.

»Ssso, ssso, ssso, ssso!« schrie er, derart (du wußtest nicht warum) aufgeregt, daß sein schwerpolnischer Akzent fast unerforschlich wurde. »Ssie sssaggen, Ssie verrrstecken sich nicht. Ssie sssaggen, Ssie zzzeiggen sich. Nn – nichts ist das alles. Wenn Sie wass Wichtigess zu sprrrechen haben, verrrstecken Sie sich in eine Zzigarrenkiste!«

Der Präsident schien des Ausländers inkohärente Satire mit Humor aufzufassen.

»Das können Sie doch nicht gut behaupten, Gogol«, sprach er – väterlich. »Wer immer uns zuhörte, wie wir auf dem Balkon unsern Stuß daherredeten, der schaut uns nicht im geringsten nach, wohin wir jetzt etwa gehen. Wenn wir aber zuerst hierhergekommen wären, hätten wir die ganze Polizei am Schlüsselloch. Sie haben eben keine Ahnung von den Leuten.«

»Ich sterrbe fürrr sie«, schrie der Pole ungeheuer aufgebracht. »Und ich verrnichte ihrre Errrpresser. Ich verrrstecke mich nicht. Ich werrfe auf den Tyrannen auf dem offenen Platz.«

»Ja ja ja ja«, sagte der Präsident und nickte wohlwollend und nahm am Kopfende der Tafel seinen Sitz ein, »erst sterben Sie für die Menschheit und dann vernichten Sie ihre Erpresser. Sehr richtig. Und nun möchte ich Sie bitten, Ihre schönen Sentiments zu kontrollieren und mit den andern Herren an diesem Tische Platz zu nehmen. Es ist das erstemal heute morgen, daß etwas Vernünftiges geredet werden soll.«

Syme setzte sich mit jener voreiligen Bereitwilligkeit, die er schon bei allen früheren Aufforderungen gezeigt – zuerst. Gogol – als Letzter; indem er etwas wie »Ggumbrommiß« in seinen braunen Bart nuschelte. Keiner – Syme ausgenommen – schien auch nur die leiseste Ahnung zu haben von dem, was nun kam. Und Syme selber, der fühlte nicht viel mehr wie ein Mensch, der aufs Gerüst steigt, um eine gute Rede zu reden um jeden Preis ...

»Kameraden«, sprach der Präsident, und war mit einem Male aufgesprungen, »wir haben diese Farce nun lang genug ausgesponnen. Ich habe Sie hierher zusammenberufen, Ihnen etwas so Einfaches – so Ungeheuerliches zu sagen, daß sogar die Kellner oben im Hause (die doch längst gegen unsere Litaneien abgehärtet sind) – daß sogar die etwas Neues, etwas Ernsthafteres aus meiner Stimme heraushören würden. Kameraden! Wir haben da Pläne diskutiert und Plätze mit Namen genannt. Ich beantrage, daß in dieser unserer heutigen Versammlung keine Silbe mehr über all die Pläne und Plätze weiter beraten wird, sondern daß alles dieses in die Gewalt eines zuverlässigen Mitglieds aus uns gegeben wird ... eines zuverlässigen Mitglieds – ich schlage vor: Kamerad Samstag, Dr. Bull – –«

Alle starrten ihn an. Und dann starrten alle von ihren Plätzen aus den nächsten Worten entgegen, die, wenn auch nicht laut, so doch von einer wilden sensationellen Emphase waren. Sonntag schlug mächtig auf den Tisch.

»Keine Silbe mehr über die Pläne und Plätze in dieser unserer heutigen Versammlung! Nicht die einzelste Einzelheit mehr über alles, das wir meinen, daß wir tun müssen! Nicht die einzelste Einzelheit mehr fortab in dieser Gesellschaft!«

Sonntag hatte sein Leben darangesetzt, seine Gefährten bestürzt zu machen. Es war gerad, als ob er sie niemals, nie bis jetzt bis zu einem solchen Grad von Bestürzung hinaufzutreiben vermocht hätte. In Fiebern warfen sie sich alle auf ihren Plätzen hin und her. Nur Syme nicht. Nur der nicht. Der saß vielmehr ganz steif da, die Hand in der Tasche und am Kolben seines geladenen Revolvers. So wie der Handel nun losging, wollte er sein Leben so teuer wie möglich verkaufen. Und nicht zuletzt wollte er ausfindig machen, ob der Präsident – sterblich war.

Sonntag sprach leichthin fließender:

»Sie werden wahrscheinlich alle verstehen, daß da ein guter

Grund sein muß, um zu verbieten, daß in dieser Freiheitsversammlung noch ein freies Wort gesprochen wird. Wenn uns Fremde hören, macht das gar nichts. Die meinen höchstens, wir machen einen Jux. Aber was etwas machen würde, was bis auf den Tod etwas machen würde, das ist: wenn gegenwärtig unter uns hier einer wäre, der keiner von uns wäre, der teil hätte an unsern schweren Plänen und sie aber nicht teilt, der – –«

Da schrie der Sekretär wie ein Weibsstück auf:

»Das kann nicht sein, das kann nicht sein!« schrie er – und hopste und hopste. »Hier kann keiner – –«

Der Präsident schlug mit der flachen Hand auf den Tisch wie mit der Flosse eines Riesenfisches.

»Ja«, sagte er langsam, »es befindet sich ein Spion hier im Zimmer. Es ist ein Verräter hier an diesem Tisch. Ich will gar keine Worte mehr verlieren. Sein Name ist – –«

Syme sprang halb auf, den Finger am Drücker – »Sein Name ist *Gogol*«, sprach der Präsident. »Der haarige Humbug, der vorgibt ein Pole zu sein.«

Gogol sprang auf – eine Pistole in jeder Hand. Im selbigen Augenblick aber hatten ihn drei Männer bei der Gurgel. Sogar der Professor hatte einen Anlauf genommen, aufzuspringen ... Nur Syme sah wenig von der Szene. Der war wie erblindet – von einem barmherzigen Dunkel. Der war schaudernd auf seinen Sitz zurückgesunken. Wie von einem Schlagfluß der Erleichterung getroffen ...

DAS SIEBENTE KAPITEL

# *Professor de Worms führt sich unsagbar auf*

»Niedersetzen!« schrie Sonntag mit einer Stimme wie nur einmal oder zweimal in seinem ganzen Leben – einer Stimme, die gezückte Schwerter sinken machte.

Die drei, die Gogol angepackt hatten, und der sogenannte Gogol selber, saßen wieder nieder.

»Und nun, Mann«, sprach der Präsident scharf, schneidend, und so zu ihm wie zu einem total Fremden, »tun Sie mir den Gefallen und fahren Sie mit der Hand ein bißchen in Ihre obere Westentasche und zeigen, bitte, was Sie da haben? «

Der besagte Pole wurde ein wenig blaß unter dem Tang seines Dunkelhaars und fuhr aber anscheinend ganz kaltblütig mit zwei Fingern in die inkriminierte Tasche und packte eine lange schmale blaue Karte aus. Wie Syme die auf dem Tisch liegen sah, wachte er neu zu allem äußern Leben auf. Denn obschon die Karte am andern Ende des Tisches lag und er nichts vom Aufdruck lesen konnte, hatte sie eine auffallende Ähnlichkeit mit der blauen Karte in seiner eigenen Tasche, mit jener, die er erhalten hatte, als er der anti-anarchistischen Konstablerarmee beigetreten war.

»Pathetischer Slawe«, sprach der Präsident, »tragischer Polensohn, wollen Sie angesichts dieser Karte leugnen, daß Sie in dieser unserer Gesellschaft – sagen wir *de trop* sind?«

»Durchaus nicht!« sprach der ehemalige Gogol. Und das warf dich fast von der Bank: daß du mit einem Mal ein ganz reines, kaufmännisches, ja irgendwie sogar Londoner Idiom hörtest – aus jenem Wald von fremdländischen Haaren. Das war so umwerfend, als ob ein Chinese plötzlich schottischen Dialekt gesprochen hätte.

»Ich vermute, daß Sie sich über Ihre Situation absolut klar sind.«

»Absolut richtig vermutet«, sagte der Pole. »Ich weiß, daß ich in einer vertrackten Klemme bin. Aber alles, was ich zu sagen habe, ist: ich glaube nicht, daß irgendein Pole meinen Akzent so gut gemeistert hätte wie ich.«

»Gebe ich gern zu«, sagte Sonntag. »Ihr Akzent war unübertrefflich – ich versteh mich ein bißchen darauf. Werden Sie mit Ihrer Karte da Ihren Bart weiter belassen?«

»Nicht im geringsten«, versetzte Gogol, und riß mit einem Finger die ganze zottige Maskerade herab – und dahinter kam ein dünnes rotes Haar und eine blasse impertinente Visage zum Vorschein. »Das war heiß«, fügte er hinzu.

»Das Recht muß man Ihnen lassen«, sagte Sonntag und sagte es mit etwas wie einer brutalen Bewunderung im Ton, »daß Sie hübsch kalt darunter waren ... Aber nun hören Sie mich an. Sie gefallen mir – ich habe Sie gern. Das heißt: es würde mich dritthalbe Minuten lang sehr verdrießen, wenn ich erfahren würde, daß Sie eines scheußlichen Todes gestorben sind. Nun also ... wenn Sie jemals der Polizei oder sonst einer Menschenseele von uns erzählen, werd ich die dritthalb Minuten Verdruß erleiden. Von dem Herzeleid, das Ihnen daraus entsteht, nicht zu reden ... Guten Tag. Gehen Sie.«

Der rothaarige Detektiv, der sich als Gogol maskiert hatte, stand stumm auf und ging ganz nonchalant aus dem Zimmer. Jedoch der bestürzte Syme war imstande, sich zu vergegenwärtigen, daß die Unbekümmertheit erheuchelt war; denn da vernahm man schwach ein Straucheln außerhalb der Türe, das bezeigte, daß der Detektiv, der ging, nichts weniger als ging.

»Die Zeit fliegt nur so dahin«, sagte der Präsident dann auf die heiterste Weise, nachdem er einen Blick auf seine Taschenuhr geworfen, die wie jedes Ding an ihm, von dreifacher natürlicher Größe war. »Ich muß fort. Ich muß in eine Humanitarierversammlung.«

Da wandte sich der Sekretär gegen ihn – und seine Augenbrauen arbeiteten.

»Wärs nicht besser«, fragte er ein bißchen schneidend, »wir würden erst die Details unseres Projektes noch weiter verhandeln, nun der Spitzel fort ist?«

»Nein. Ich denke nein«, sagte der Präsident. Und das tat sich auf wie eine lokale Erderschütterung. »Lassen wir das wie es ist. Überlassen wir das Kollegen Samstag. Ich muß machen, daß ich fortkomme. Frühstück hier nächsten Sonntag.«

Aber diese letzte stürmische Szene hatten die fast wehrlosen Nerven des Sekretärs aufgepeitscht. Er war einer von denen, die im Verbrechen noch gewissenhaft sind. Und er sagte:

»Ich muß protestieren, Präsident. Das geht wider die Regel. Es ist eine fundamentale Bestimmung in unserer Gesellschaft, daß über alle Pläne in vollzähligem Rat abgestimmt werden muß. Selbstverständlich billige ich Ihre Vorsicht, wenn in dem vorliegenden Fall, wo ein Verräter – –«

»Sekretär!« sagte der Präsident ernst, »wenn Sie Ihren Kopf nun nach Hause tragen und zu einem Kohl eindampfen möchten, möchts gut sein. Ich weiß es nicht genau. Aber es müßte gut sein.«

Der Sekretär bäumte sich auf wie ein erzürntes Pferd.

»Dafür fehlt mir, glaub ich, jedes Verständnis«, griff er offen an.

»Das ist es ja, das ist es ja«, sagte der Präsident und nickte viele Male. »Es fehlt Ihnen oft genug am Richtigen. Es fehlt Ihnen an Verständnis. Warum, Sie tanzender Esel«, brüllte er und schnellte empor, »warum schrien Sie vorhin, es kann nicht sein, es kann nicht sein, daß Sie ein Spion hört? Hä?? Wie kommen Sie dazu, zu wissen, daß das nicht auch jetzt sein kann?«

Und mit diesen Worten ging er hinaus, – und eine grenzenlose Verachtung durchschüttelte ihn …

Die vier Verbliebenen gafften ihm nach, offenbar ohne einen Schimmer von dem, was er meinte. Syme allein, dem schwante freilich etwas – so sehr, daß er in Mark und Bein hinein erschauerte. Wenn die letzten Worte etwas meinen wollten, konnten sie nur meinen: »da ist etwas nicht unverdächtig. Und wenn ich ihn auch noch nicht öffentlich so wie Gogol brandmarken kann, so trau ich ihm doch nicht so wie den anderen.«

Und dann standen die andern viere brummend auf und begaben sich irgendwohin – zum Lunch, denn es war schon nach zwölf. Als letzter von ihnen der Professor: mühsam; unter Qualen … Syme aber saß noch lange, nachdem sie gegangen, seine seltsame Situation durchdenkend. Dem Blitzschlag wär er ja glücklich entgangen. Aber die Wolke – die drohte immer noch über ihm … Schließlich stand auch er auf und ging aus dem Hotel – auf Leicester Square hinaus. Der lichte kalte Tag war zunehmend kälter geworden. Und als er auf der Straße war, fielen zu seinem Erstaunen sogar ein paar Schneeflocken. Während er aber den Stockdegen und die übrige bewegliche Habe Gregorys noch bei sich trug – hatte er den Mantelkragen irgendwo abgelegt und dann liegen lassen, kann sein auf dem Dampfer, kann auch sein auf dem Balkon. Hoffend indes, daß der

Schneeschauer nicht viel machen würde, eilte er mit ein paar Schritten bis zum Türeingang eines kleinen schmutzigen Friseurladens und stand da unter. Das Auslagefenster stand ganz leer – nur eine ekelhafte Wachsdame im Gesellschaftskleide war da.

Währenddessen fiel der Schnee immer dichter. Und da Syme schon auf den ersten Blick erkannt hatte, daß diese wächserne Schöne ihm nichts abgewinnen könne – im Gegenteil – starrte er lieber auf die weiße, leere Straße hinaus. Und da mußte er sich bald sehr, sehr verwundern: denn vor dem Laden stand ganz still und starrte zum Auslagefenster herein – – ein Mann. Sein Zylinderhut so schneebeladen wie der des lieben Weihnachtsmanns; und das weiße Flockentreiben ihm um die Schuh und Knöchel. Und es schien, als könnte ihn nichts abbringen von seiner Betrachtung dieses farblosen Wachses, das direkt toll war in seiner dreckigen Salontoilette. Ein menschlich Wesen bei solchem Wetter vor einem solchen Laden – wär an und für sich für Syme Grund genug zu höchlichster Verwunderung gewesen. Aber sofort schlug all die Verwunderung in jähes, ganz persönliches Entsetzen um. Denn der Mann, der also versunken stand, war kein anderer als der steinalte Paralytiker Professor de Worms. Das war doch schwerlich ein Platz für einen Mann von seinen Jahren und von seiner Senilität.

Syme war im Moment darauf gefaßt: daß dieser entmenschten Bruderschaft irgendwie Perversitäten eignen konnten. Aber dann wollte er doch wieder nicht glauben, daß just der Professor irgendwie ein unsittliches Verhältnis zu dieser besonderen wächsernen Lady wünschen konnte. Und wollte darum also nur annehmen: die Krankheit dieses Mannes (was für eine sie auch sein mochte) involvierte wohl etliche momentane Starrkrampf- oder Tranceanfälle. Was er übrigens ohne eine Spur von Teilnahme oder Mitleiden zu konstatieren geneigt war. Im geraden Gegenteil: er gratulierte sich geradezu selber, daß diese Schlaganfälle des Professors und seine Art, nur mühsam vorwärts zu humpeln und lahm voran zu walzen – es ihm leicht machen würden, jetzt zu entspringen und den Alten meilenweit hinter sich zu lassen. Denn Syme dürstete schließlich und endlich danach, aus dieser durch und durch vergifteten Atmosphäre herauszukommen – und wärs auch nur auf eine Stunde lang. Da konnte er seine Gedanken sammeln, seine Politik festsetzen und ein für allemal entscheiden, ob er dem Gregory Treue halten sollte oder nicht.

Er machte sich also durch das Schneegestöber heimlich davon. Zwei oder drei Straßen hinüber. Und dann zwei oder drei hinab. Und trat ein in ein kleines Soho-Lunchrestaurant. Genoß nachdenklich vier kleine feine Gerichte, trank eine halbe Flasche Rotwein und genehmigte schwarzen Kaffee und eine schwarze Zigarre (immerfort grübelnd) als Beschluß. Er hatte im oberen Raum des Restaurants Platz genommen, das nur so sang von Messern auf Porzellan und Geplauder von fremden Menschen. Und da fiel ihm ein, daß er in vergangenen Tagen geträumt hatte: all diese harmlosen und kindischen Unbekannten seien ... Anarchisten. Und ihn schauderte, da er des wahren Sachverhalts gedachte. Aber selbst dieser Schauder trug nur vermehrend bei zu all seiner schamhaften Wonne des Freiseins, des Entronnenseins. Der Wein, das gesunde Essen, das Anheimelnde des Raums, die Gesichter all dieser sich natürlich gebenden, drauflos schwätzenden Menschen – es war ihm schier als wär der Ring der sieben Tage ein böser Traum gewesen. Und obgleich er wußte: es war dennoch Wirklichkeit gewesen – wußte er wenigstens auch: er war nun eine Strecke weit von alldem weg. Hohe Häuser und bevölkerte Straßen lagen zwischen ihm und dem letzten Anblick der schändlichen Sieben. Und frei war er im freien London. Und Wein trank er unter den Freien ... Viel, viel leichter kams ihn jetzt an, seinen Hut und seinen Stock zu nehmen und die Treppe da hinabzusteigen in die Parterreräumlichkeiten ...

Wie er zu ebener Erde kam, blieb er starr und wie angewurzelt auf einem Fleck stehen. An einem kleinen Tisch saß am blanken Fenster und gegen das Schneelicht der Straße der alte anarchistische Professor bei einem Glas Milch. Mit seinem wie über den Schädel hochgezogenen leichenfarbenen Gesicht und überhängenden Augenlidern. Einen Augenblick lang stand Syme so krampfhaft steif wie der Stock, auf den er sich stützte. Dann, mit einer Geste blinder Eile, stürzte er am Professor vorüber – riß die Tür auf – warf sie wild hinter sich zu – und stand draußen im Schnee.

»Ist der steinalte Leichnam fähig, mir zu folgen?« fragte er bei sich selber und biß an seinem gelben Bart. »Ich hielt mich zu lang da drinnen auf – so lang – daß sogar derart langsame Beine mich aufholen konnten. Ein Angenehmes ist da: in etwas flinkem Tempo laß ich den Kerl hinter mir zurück – so weit wie Timbuktu. Oder bin ich halb verrückt? Verfolgte der mich denn wirklich? Sicherlich nicht.

Sonntag ist doch kein solcher Narr, daß er mir ausgerechnet diesen Kreuzlahmen hinterherschickt? «

Da schaltete er also eine elegante Geschwindigkeit ein – mit dem Degenstock ankurbelnd quasi – und dahin gings: in der Richtung auf Covent Garden zu. Als er den großen Markt kreuzte, nahm der Schnee auf ein Neues zu, – blendete dich, ärgerte dich, wie der Nachmittag sich zu verdunkeln begann. Die Flocken stürmten quälend auf ihn ein – wie ein Schwarm silberner Bienen. Wie sie ihm die Augen und den Bart besetzten, griffen sie mit ihrem blödsinnigen Immerzu und Draufunddran seine ohnedies schon so irritierten Nerven nur um so heftiger an. Und als es ihn am Eingang der Fleet Street schier hin- und herwarf, verlor er seine letzte Geduld, fand glücklich eben ein Teehaus und war auch schon darinnen, um Obdach zu haben. Er bestellte wieder eine Tasse Schwarzen wie zur Entschuldigung. Aber kaum hatte er das getan, arbeitete sich mühsam Professor de Worms herein, nahm unter viel schwierigen Umständen Platz und bestellte ein Glas Milch.

Syme fiel der Stockdegen aus der Hand und fiel so laut hin, daß er laut von seinem Inhalt beichtete. Aber der Professor – der sah sich absolut nicht um. Syme, der ansonsten ein kaltblütiger Bursche war, sperrte das Maul auf wie ein Bauernlümmel bei einem Geistererscheinungstrick. Er hatte doch keine Kutsche sich nachfahren sehen; er hatte auch nicht gehört, daß eben jetzt draußen etwas angefahren wäre; so hatte es allen irdischen, menschlichen, sterblichen Anschein: der Mann war zu Fuß hergekommen. Aber dieser alte Mann kroch doch nur wie eine Schnecke; und er – Syme – war geflogen wie der Wind ... Und er stand auf, griff eilends nach seinem Stock und drehte sich – halb verrückt über die Rechnung, die doch unmöglich stimmen konnte – aus der Drehtür ... den Kaffee unberührt stehen lassend. Ein Omnibus, der nach der Bank führte, kam ratternd daher – fuhr mit einer unüblichen Rapidität vorüber. Syme mußte ein Rennen über hundert Yards laufen, ehe er ihn einholte. Aber er war geschickt im Springen, schwang sich auf das Spritzbrett und, nachdem er sich eine Sekunde lang ausgeschnauft, erklomm er den Juchhe.* Und als er dann ungefähr eine halbe Minute saß, hörte er hinter sich ein schweres asthmatisches Keuchen.

* *Juchhe:* Oberste Galerie im Theater (da meist von dort die Jubelrufe kamen)

Jäh riß es ihn herum: und da sah er hoch und immer höher die Stufen zum Verdeck einen Zylinderhut heraufkommen, einen beschmutzten und triefend von Schnee, und unter dem Schatten der Krempe das kurzsichtige Gesicht und die zitternden Schultern von – Professor de Worms. Und dann saß der mit seiner charakteristischen umständlichen Sorgfalt nieder und wickelte sich bis ans Kinn in seinen wasserdichten Mantel.

Jede Bewegung dieses wackelnden Greisenleibes und dieser Zitterhände, jede wie blinde Geste und jede Pause, die wie ein neuer Anfall war – es stand doch wahrlich außer aller Frage, daß der Mann unendlich hilflos war und im letzten schlimmsten Stadium von Körperschwäche. Er kam nur Zoll für Zoll vorwärts und schnappte dabei gewaltig nach Luft. Und dennoch – wofern nicht die philosophischen Wesenheiten, Zeit und Raum genannt, ohne jede Spur von wirklicher Existenz sind – wars fraglos: der – der – der war dem Omnibus nachgelaufen –!

Syme, auf dem Schaukelbus, sprang auf, starrte wild zum winterlichen Himmel empor, der in jedem Augenblick dunkler wurde, und raste die Stufen hinab. Wobei er einem elementaren Impuls, direkt übers Geländer hinunterzuspringen, gerade noch widerstehen konnte.

Zu sehr verwirrt, um noch einmal hinter sich zu schauen oder überhaupt noch richtig zu überlegen, stürzte er aufs Geratewohl in eine jener schmalen Quergassen von Fleet Street hinein gerad wie ein Kaninchen in ein Loch. Er hatte nur noch den ganz vagen Gedanken: wenn dieses unbegreifliche alte Schachtelmännchen ihn wirklich verfolgte, dann konnte er ihn in diesem Labyrinth von Gäßchen am ehesten von der Spur abbringen. Also flitzte er da hinein und dort heraus in diesen krummen Gäßchen, die schon mehr Kratzwunden als Verkehrsadern am Leibe Londons zu nennen waren. Und als er so um die zwanzig Ecken umgebogen war und auf die Weise ein unaussinnbares Vieleck beschrieben hatte, blieb er stehen und horchte, ob ihm wer nachkäme. Nichts. Aber das hätte auch zu nichts taugen können, denn zu gehen war unhörbar vor Schnee. Hinter Red Lion Court aber, da hatten ein paar energische Bürger die Straße auf zwanzig Yards etwa von allem Schnee gesäubert, daß das nasse glänzende Steinpflaster bloßlag. Er achtete dessen aber wenig im Vorbeilaufen, er wollte nur so geschwind als möglich wieder in eine andere Richtung dieses seines Irrgartens einbiegen. Aber als er ein paar hundert Yards weiter aufs neue stillstand um zu lauschen, da stand ihm auch das Herz still – – denn auf den holperigen Steinen von vorhin hörte er: die lärmende Krücke, die walzenden Sohlen des infernalischen Krüppels …

Der Himmel hing schwer von Wolken Schnees, daß London vorzeitig dunkel und bleiern lag an diesem Abend. Rechts und links von Syme die Mauern blind und formlos. Kein Fenster, kein Auge. Da triebs ihn, wie durch diese toten Wände auszubrechen und in freiere erleuchtetere Straßen zu gelangen. Doch strich und streunte und stromerte er noch eine ganze Weile umher, bis er den richtigen Durchlaß fand. Und kam endlich auf etwas heraus, das wie der weite leere Ludgate Circus war und sah St. Paul's Cathedral gen Himmel ragen.

Erst war er entsetzt, diese großen Straßen so ausgestorben zu finden, als ob die Pest hier durchgezogen wäre. Aber dann sagte er sich: daß diese Leere einigermaßen erklärlich war. War nicht – erstlich – der scheußliche Schneesturm gewesen – und wars – zweitens – nicht Sonntag? Bei dem Wort Sonntag bissen sich ihm die Lippen aufeinander. Dies Wort war ihm von nun an wie ein obszöner Witz. Von der grellichten Schneedecke an bis hoch hoch auf in den Himmel füllte die ganze Luft etwas wie ein grünes Zwielicht an, als wär das alles wohl unter dem Meer. Der fremde düstere Sonnenuntergang hinter der dunklen Kuppel von St. Paul's hatte in seinen dampfenden und unheildrohenden Farben – Farben von krankem Grün, totem Rot und abzehrendem Bronze, die gerade licht genug waren, die solide Weiße des Schnees zu betonen. Aber rechts gegen dieses finstere Farbenspiel stand der schwarze Leib der Kathedrale auf – und über den höchsten Punkt war aufs Geratewohl eine große Wehe Schnee hingeweht, die gerad aussah, wie ein Alpengipfel. Die war natürlich ganz zufällig so hingeweht, doch machte es sichs nun just so, daß sie die Kuppel am höchsten Punkte halb verhüllte und vollkommen die große Erdkugel und das Kreuz darauf silberstrahlend heraushob … Als Syme das sah, reckte er sich auf und schwang mit seinem Stockdegen unwillkürlich einen feierlichen Gruß …

Er wußte es: jene scheußliche Gestalt, sein Schatten, kroch schneller oder langsamer hinter ihm her – aber er kümmerte sich nicht mehr darum. Ihm war ein Symbol menschlicher Treue und

Stärke: daß, während die Himmel dunkelten, dieser hohe Erdenbau licht war. Mochten die Teufel den Himmel, den Himmel erobert haben – das Kreuz war doch noch nicht in ihrer Hand ... Und da kam Syme eine neue Idee, wie er diesen walzenden, hopsenden, paralytischen Verfolger abschütteln könnte. Und bei dem Einlaßgäßchen am Zirkus blieb er stehen, drehte sich um und wartete so, mit dem Stock in der Hand, auf den Nachschleicher.

Professor de Worms kam nun die krumme Biegung langsam hinter ihm her – und also wars, mit der einsamen Gaslaterne inmitten, ganz jenes unvergeßliche Bild aus dem Ammenliedchen: »das bucklicht Männlein, das eine bucklichte Meile ging« ... Und der Professor sah aus – wie an seinem ganzen Leibe recht sehr mitgenommen und nun noch viel krummer von all den gekrümmten Straßen, durch die er sich winden mußte. Und kam nah und näher, und das Laternenlicht fiel auf seine emporgerutschten Brillen und auf sein wie empor gerutschtes Patientengesicht. Und Syme ließ ihn herankommen, wie Sankt Georg den Drachen oder wie ein Mensch eine entscheidende Auseinandersetzung oder den Tod. Und der alte Professor kam richtig bis ganz zu ihm heran – – – und ging an ihm vorüber wie ein Stockfremder, ohne ein Zucken seiner kummervollen Augenlider – – –

In diesem schweigenden und total unerwarteten Ganzunschuldigtun lag für Syme etwas, das ihn nun in hellen Zorn brachte. Dieses Mannes farblos Gesicht wie Gehabe schien behaupten zu wollen: daß alles nur ein reiner Zufall gewesen sein sollte. Und das elektrisierte Syme nun mit einer Energie, die halb Bosheit war und halb jungenhafter Hohn. Er tat eine wilde Geste, als ob er dem alten Mann den Hut eintreiben wollte, rief etwas wie »Hasch mich doch, wenn du kannst«, und rannte voran über den freien weißen Platz hinüber. Nun wars ja kein Versteckspiel mehr; und wie er über die Schulter zurücksah, sah er, wie die schwarze Gestalt des alten Herrn ihm in langen hohen Sprüngen nachsetzte, wie einer, der ein Meilenrennen läuft. Aber das Haupt auf diesem hoch- und weitspringenden Körper war immer noch das blasse, ernste, berufsmäßige: das Haupt eben des Professors – auf dem Körper eines Bajazzo.

Diese wilde, wilde Jagd ging über Ludgate Circus auf Ludgate Hill zu, um St. Paul's Kathedrale herum Cheapside entlang – und erinnerte Syme unwillkürlich an seine schlimmsten Alpdruck-

Nächte. Dann brach Syme auf den Fluß zu aus und rannte hinab bis fast an die Docks. Da aber sah er die gelben Fensterscheiben einer gemeinen Kneipe – verschwand da hinein und bestellte Bier. Die Schänke war voll von ausländischen Matrosen – ein Ort, da Opium geraucht und Dolche gezückt werden mochten …

Und einen Augenblick später trat Professor de Worms ein, setzte sich auf seine besondere Weise und bestellte ein Glas Milch.

## DAS ACHTE KAPITEL

# *Der Herr Professor demaskieren sich*

Wie Syme sich da nun zu guter (?) Letzt auf einem Stuhl wiederfand und ihm gerad gegenüber – – die hochgezogenen Augenbrauen und die herabfallenden Lider des Professors, kam ihm all seine frühere Heidenangst zurück. Dieser unbegreifliche Mensch aus dem fürchterlichen Rat hatte ihn, das war doch endlich klar, verfolgt. Daß dieser Mann einesteils ein vollständiger Paralytiker und andernteils ein ausgemachter Bluthund war, solche Antithese mochte ihn ungleich interessanter, aber schwerlich ungefährlicher und sänftiglicher machen. Und das war ein schlechter Trost, daß er sich beim Professor nicht auskannte – wenn der Professor sich durch irgend etwas bei ihm auskannte. Syme trank einen ganzen zinnernen Pott Ale aus, ehe der Professor seine Milch auch nur kostete …

Eine Möglichkeit immerhin stand noch zu hoffen, wenn sie ihm auch weiter nichts helfen konnte. Es war sehr möglich, daß diese Eskapade noch etwas anderes bedeuten konnte als nur Beargwöhnung, Überwachung und Verdacht. Vielleicht war es irgendeine vorgeschriebene Form, eine Förmlichkeit oder ein Ritus. Vielleicht war die wahnsinnige Galoppade irgendein Geheimzeichen, das er nur hätte verstehen sollen. Ja ja ja ja, vielleicht – vielleicht war es ein Ritus. Vielleicht wurde der Donnerstag, weil es der geheime oder feierliche Brauch so wollte, allemal die Cheapside-Straße heruntergejagt: so wie jeder neue Lord Mayor die Cheapside-Straße lang eskortiert wird. Er wollte just versuchen, dies aus dem alten Professor mit List und Schläue langsam herauszukriegen, als der seinerseits ihn jäh unterbrach. Ja, bevor Syme die erste diplomatische Frage zu stellen vermochte, fragte der alte Anarchist plötzlich – ohne alle Vorarbeitung, ohne jedweden Apparat:

»Sind Sie ein Policeman?«

Syme wäre auf alles gefaßt gewesen – nur nicht auf so etwas Brutales, so ganz und gar Persönliches. Selbst seine anerkannt große

Geistesgegenwart hatte dem nichts entgegenzusetzen als ein blödes Lustigtun – ein vages Lachen –

»Ein Polizeimensch? Wie meinen Sie, daß ich zu einem Polizeimenschen käme?«

»Das meine ich sehr einfach«, sagte der Professor mit größter Ruhe. »Ich dachte nur – Sie sehen ganz danach aus ... Und das denke ich noch.«

»Sollte ich irgendwie, ohne daß ich es wüßte, in dem Restaurant einen Polizeihut erwischt haben?« fragte Syme und grinste wild. »Habe ich durch einen Zufall irgendwo eine Nummer an mir stecken? Sehen vielleicht meine Stiefel so blau aus? Warum muß ich ein Polizeimensch sein? Lassen Sie mich doch lieber für einen gelben Postmenschen gelten.«

Der alte Professor schüttelte seinen Kopf so ernst, daß nichts zu hoffen stand. Syme indes fuhr in fieberischer Ironie fort:

»Aber vielleicht begriff ich die Delikatesse Ihrer germanischen Philosophie nicht. Vielleicht ist Polizeimensch ein relativer Begriff von Ihnen. In einem evolutionären Sinn, verehrter Herr, verschwand der Affe so graduell im Polizeimann, daß ich die Schattierung nicht mehr nachweisen kann. Der Schutzmann ist womöglich ein ... Maulaffe. Ich aber möchte womöglich kein ... Schutzmann sein. Ich möchte germanisch gedacht, womöglich überhaupt nichts sein.«

»Sind Sie im Polizeidienst?« sagte der Greis und ignorierte all den improvisierten desperaten Ulk. »Sind Sie ein Detektiv?«

Symes Herz, das ward zu Stein. Aber sein Gesicht wechselte nicht im geringsten.

»Sie wollen mir da etwas durchaus Lächerliches suggerieren«, fing Syme von neuem an. »Warum in aller Welt – –«

Aber der alte Mann schlug mit der gichtigen Hand wild auf den baufälligen Tisch, daß der schier einfallen wollte.

»Hören Sie nicht, daß ich Sie eine glatte Frage frage, Sie erbärmliches Schwatzmaul von einem Spion?« schrie er wie verrückt. »Sind Sie ein Polizeidetektiv oder sind Sie es nicht?«

»Nein«, antwortete Syme – wie unter dem Fallbrett des Galgens.

»Sie schwören es?« sagte der alte Mann und beugte sich zu ihm herüber, und in sein totes Gesicht fuhr eine ekelhafte Lebendigkeit. »Sie schwören mirs zu! Wenn Sie falsch schwören – wollen Sie verdammt sein? Wollen Sie sicher sein, daß die Hölle zu Ihrem Leichenbegängnis tanzt? Wollen Sie erleben, wie die Nachtmahr auf Ihrem Grabe sitzt? Verstehen Sie mich auch durchaus und ganz und gar? Sie sind ein Anarchist – ein Dynamitheld! Aber über all dem – sind Sie da nicht irgendwie ein Detektiv? Stehen Sie nicht in britischen Polizeidiensten und sind Sie kein Detektiv?«

Er stützte seinen spitzigen Ellbogen mitten auf den Tisch auf und hielt seine große Zitterhand wie eine Muschel an sein Ohr.

»Ich stehe nicht in britischen Polizeidiensten«, sprach Syme – geistesgestört-kaltblütig. »Und bin kein Detektiv.«

Professor de Worms fiel wie mit einem Kollaps aus reinem Mitgefühl auf seinen Stuhl zurück.

»Das ist ein Jammer –«, sprach er, »– indem daß nämlich ich einer bin.«

Syme fuhr auf – daß die Bank krachend hinter ihm hinschlug.

»Indem daß näm – Sie *was* sind?« stotterte er. »W – w – wa – was sind?«

»Ein Policeman!« sagte der Professor und lachte zum erstenmal und strahlte nur so durch seine Augengläser. »Außer es wäre Ihnen Policeman ein relativer Begriff – dann natürlich hätte ich nichts mit Ihnen zu schaffen. Ich bin von der Britischen Polizeigewalt. Und wenn Sie mir sagen, daß Sie nicht von der Britischen Polizeigewalt sind, so kann ich Ihnen nur entgegnen, daß ich Sie in einem Dynamitverbrecherklub getroffen habe. Und denke, daß ich Sie hierdurch verhafte. Im Namen des Gesetzes.« Und mit solchen Worten legte er vor Syme ein genaues Faksimile jener blauen Karte auf den Tisch, wie Syme selber eine in seiner Westentasche trug – das Symbol polizeilicher Gewalt ...

Syme hatte einen Augenblick lang das Gefühl: die Welt stand kopf ... alle Bäume wuchsen niederwärts und die Sterne waren unter seinen Füßen. Bis er sich dann langsam vom Gegenteil überzeugte. Die letzten vierundzwanzig Stunden – die war die Welt kopf gestanden ... und nun erst kam das umgefallene Universum wieder oben auf. Der Teufel, dem er all den Tag über zu entkommen gesucht hatte, entpuppte sich als ein vieledler Bruder aus seiner eigenen Bruderschaft – der sich überm Tisch drüben weit zurücklehnte und ihn auslachte ... Syme fragte vorerst nach gar keiner Einzelheit weiter; er begnügte sich vorläufig ganz mit der lustigen, blödsinnig lustigen Tatsache, daß der Schatten, der ihn mit unerbittlichem Dräun* ver-

* *dräun, dräuen:* drohen

folgte, der Schatten eines – Kollegen war. Er begnügte sich – und er vergnügte sich mit diesen beiden Dingen, daß er erstens ein Narr war und zweitens ein freier Mann. Mit der Genesung von einer Krankheit geht Hand in Hand eine gewisse heilsame Demütigung. Da kommt ein gewisser Augenblick, wo nur diese drei Dinge möglich sind: ein teuflischer Hochmut erst, dann Tränentropfen und als drittes Gelächter. Symes Selbstsucht brüstete sich ein paar Sekunden im ersten Stadium – und sprang aber dann gleich ins letzte über. Er griff nach seinem eigenen blauen Polizeiticket und warf es auf den Tisch; warf den Kopf so sehr zurück, daß die Spitze seines Spitzbärtchens auf die Zimmerdecke zeigte und brach in ein barbarisches Gelächter aus.

Selbst in diesem Loch von einem Lokal, das ohnehin fortwährend von Messern, Tellern, Kannen, Matrosenkehlen, plötzlichem Streit und wildem Aufbruch erdröhnte, hatte Symes Heiterkeit etwas so Homerisches, daß sich ein paar Halbbetrunkene umdrehten.

»Über was lachen Sie denn, Herr Generaldirektor?« fragte ein verwunderter Dockarbeiter.

»Über – über mich selber«, brachte Syme heraus und überließ sich aufs neue den Verzückungen der Reaktion.

»Nehmen Sie sich zusammen«, sprach der Professor. »Sie werden mir sonst noch hysterisch. Trinken Sie noch 'n Bier. Ich trink auch eins.«

»Aber Sie haben ja nicht einmal Ihre Milch getrunken?« sprach Syme

»Meine Milch?« sprach der andere – und das klang so voll unendlicher Verachtung, »meine Milch! Glauben Sie, ich rühr das – Sauzeug an, wenn ich außer Sichtweite dieser hündischen Anarchisten bin? Wir sind alle Christen in diesem Lokal, obschon – vielleicht«, fügte er hinzu – und sah rund herum durchs Gewühl, »– hm – – Wie dies Glas leer machen? Himmel, Hölle, Wolkenbruch! da! da! Nun ist es genug leer!« und er stieß das Glas vom Tisch: ein Haufen Scherben ... eine silberne Lache ...

Syme sah ihn selig-neugierig an.

»Jetzt kapier ich endlich«, rief er. »Natürlich doch, natürlich! Sie sind überhaupt kein alter Mann!«

»Ich kann mein Gesicht hier nicht ausziehn«, versetzte Professor de Worms. »Das ist nämlich eine raffinierte Aufmachung ... Ein alter

Mann? Das läßt sich nicht von mir behaupten. Ich bin an meinem letzten Geburtstag achtunddreißig geworden.«

»Ja. Aber ich meine«, sprach Syme ungeduldig, » – es fehlt Ihnen weiter nichts.«

»Doch«, sprach der andere gelassen, »ich neige furchtbar zu Schnupfen.«

Syme lachte und lachte – halb ohnmächtig vor Erlösung. Lachte und lachte über diesen paralytischen Professor, der doch nur eine Maske im Rampenlicht – ein junger Akteur sein wollte ... Und aber fühlte, daß er genau so laut gelacht hätte, wenn eine Pfefferstreubüchse umgefallen wäre ...

Der falsche Professor tat einen Schluck – und streichelte seinen Bart.

»Wußten Sie«, fragte er, »daß jener Gogol einer von den Unsrigen war?«

»Ich? Nein«, antwortete Syme ziemlich überrascht. »Aber Sie?«

»Ich wußte es nicht mehr als es ein Toter weiß«, versetzte der Mann, der sich de Worms nannte. »Ich dachte nur, der Präsident meinte mich mit allem. Und war auf alles gefaßt.«

»Und ich dachte, daß er – mich mit allem meinte«, lachte Syme sein unbekümmertes Lachen.

»Und hatte die Hand die ganze Zeit am Revolver.«

»Genau wie ich«, sprach der Professor grimmig. »Und wie Gogol wahrscheinlich auch.«

Da schrie Syme und schlug auf den Tisch:

»Nun also – so wären wir unser drei gewesen!« schrie er. »Drei gegen vier von sieben! Wer das gewußt hätte, daß wir unser drei gewesen!«

Doch da verfinsterte sich das Gesicht des Professors und sah nicht auf und blickte zur Erde.

»Ja! Drei!« sagte er. »Aber wenn wir dreihundert gewesen wären, hätten wir doch nichts machen können – –«

»Auch nicht, wenn wir unser dreihundert gegen vier gewesen wären?« fragte Syme – mit lautem Hohn.

»Nein«, versetzte de Worms nüchtern. »Und wenn wir dreihundert gegen – – Sonntag gewesen wären.«

Und die bloße Nennung dieses Namens machte Syme frieren und verstummen. Und sein Lachen erstarb ihm in seinem Herzen, bevor es noch auf seinen Lippen erstarrte. Und das Gesicht dieses Präsidenten, den du nie wieder vergessen kannst, erschien mit einem Ruck vor seinem geistigen Auge – wie eine farbige, von Farben flammende Photographie. Und – was war das doch für ein Unterschied, für ein Abstand zwischen Sonntag und all seinen Satelliten! Die Gesichter all der andern – und mochten sie noch so unheimlich und blutrünstig scheinen – sie verschwammen und verschwanden, so du an andere Menschengesichter dachtest – – wohingegen Sonntags Größe im Fernsein von ihm und in der Erinnerung nur noch wuchs, als ob das gemalte Porträt eines Menschen langsam zu Leben und Atem würde!...

Sie schwiegen beide eine ganze Weile. Dann schäumte Syme über – wie Champagnerwein.

»Professor!« schrie er, »Professor, Professor – es ist unerträglich! Fürchten Sie sich vor diesem Mann?«

Da hob der Professor seine schweren Lider und sah Syme an – mit großen, weit offenen, blauen Augen – und voll von einer engelgleichen Aufrichtigkeit.

»Ja! Ich ja!« sprach er leise. »Und – – Sie auch.«

Wie total verblödet war Syme einen Augenblick. Dann aber sprang er auf, stand ragend, wie ein Herausgeforderter – und der Stuhl hinter ihm fiel um –

»Ja« – und seine Stimme klang unbeschreiblich – »Sie haben recht. Ich auch fürchte mich vor ihm. Deshalb aber schwör' ich bei Gott, daß ich diesen Menschen ausfindig machen werde, den ich fürchte, bis ich ihn finde ... und ihn aufs Maul schlagen werde. Und wär sein Thron der Himmel – und die Erde sein Fußschemel ... ich schwöre, daß ich ihn davon herabzerren werde.«

»Wie?« starrte der Professor, »und warum?«

»Weil ich ihn fürchte«, sprach Syme. »Kein Mensch soll in aller Welt das belassen, das er fürchtet.«

Mit blinder Verwunderung sah da de Worms Syme an. Und wollte etwas sagen – – aber Syme fuhr leise zu reden fort, aber etwas von unmenschlichem Feuer glühte in ihm.

»Wer möchte sich herbeilassen, nur gegen das zu streiten, das er nicht fürchtet? Wer möchte zu solch billigem, zu solchem Preisboxertum sich erniedrigen? Wer möchte nur so furchtlos sein wie ein Stück Holz? Streite gegen das – was du fürchtest. Kennen Sie die alte Geschichte von dem englischen Geistlichen, der den sizilianischen Briganten mit den letzten Tröstungen versah ... und wie der große Räuber dann auf seinem Sterbelager sprach: ›Geld kann ich Ihnen keins geben. Aber diesen Rat für Ihr ganzes Leben lang: Die Hand am Degen – und immer aufwärts schlagen.‹ Und dasselbe sage ich Ihnen: schlagen Sie aufwärts, wenn Sie die Sterne schlagen wollen.«

Der andere sah – einer seiner Tricks – zur Decke empor.

»Sonntag ist ein Fixstern«, sprach er.

»Sie sollen ihn noch als Sternschnuppe erleben«, sprach Syme und setzte seinen Hut auf.

Dies brachte auch den Professor einigermaßen auf die Beine.

»Haben Sie irgendeine Idee«, fragte er, wohlwollend und bestürzt zugleich, »was Sie jetzt tun werden?«

»Ja«, versetzte Syme kurz, »– dieser Bombenwerferei in Paris zuvorkommen.«

»Haben Sie irgendeine Vorstellung davon: wie?« forschte der andere.

»Nein«, sprach Syme. In seinem Entschluß verharrend.

»Sie erinnern sich selbstverständlich«, fing le soidisant de Worms wieder an, »daß – wie wir ziemlich eilig heute aufbrachen – die ganzen Arrangements zu der Abscheulichkeit ganz in die Hände des Marquis und des Dr. Bull gelegt wurden. Der Marquis fährt in diesem Augenblick wohl schon auf dem Kanal. Aber wohin er gehen und was er tun will, das weiß wohl der Präsident selber kaum. Und wir – wir wissen es auf keinen Fall. Der einzige Mensch, der es weiß – ist Dr. Bull.«

»Wie dumm!« rief Syme. »Und wir wissen nicht, wo der ist.«

»O, schon«, sprach der andere auf seine kuriose geistesabwesende Art, »ich weiß es schon, ich.«

»Wollen Sie mir sagen, wo?« fragte Syme mit brennenden Augen.

»Ich werde Sie mit hinnehmen«, sprach der Professor und holte seinen Hut von einem hölzernen Nagel herunter.

Syme stand da und starrte ihn an. Grausam aufgeregt.

»Wie meinen Sie?« fragte er scharf. »Sie wollen mit mir – – Sie wollen es gleichfalls riskieren?«

»Junger Mann«, sprach der Professor mit Heiterkeit, »es amüsiert mich köstlich, daß Sie denken, ich wäre ein Feigling. Ich will es

Ihnen mit einem Wort sagen – und das ganz auf Ihre philosophisch-rhetorische Art und Weise: Sie denken, es sei möglich den Präsidenten zu stürzen. Ich denke, daß das unmöglich ist – – aber ich wills versuchen – –.« Und öffnete damit die Tür der Taverne. Und rauhe Luft drang herein. Und traten hinaus, die beiden. Und gingen miteinand durch finstere Hafenstraßen ...

Fast aller Schnee geschmolzen oder zu Schmutz zertreten. Nur ab und zu noch ein Klumpen, aber auch der dann eher grau als weiß durchs Dunkel herscheinend. Die schmalen Gäßchen naß und lauter kleine Teiche, darauf das rote Licht der Laternen schwamm – von ungefähr wie Fragmente von einer andern und gestürzten Welt. Syme schritt wie geblendet durch dies wachsende Gewirr von Licht und Schatten; aber sein Kollege holte munter aus – auf irgendein Ziel zu, ein Straßenende, bis ein zollschmaler Streifen des Flusses dunkel aufleuchtete.

»Wohin gehen wir?« forschte Syme.

»Jetzt eben«, antwortete der Professor, »gehen wir um die Ecke, um nachzuschauen, ob Dr. Bull schon zu Bett gegangen ist. Der hält nämlich auf Gesundheit. Der geht früh schlafen.«

»Dr. Bull!« rief Syme aus. »Wohnt der da um die Ecke?«

»Nein«, antwortete sein Freund. »In Wirklichkeit wohnt er ziemlich weit weg. Drüben überm Fluß. Aber wir können von hier aus sagen, ob er sich schon niedergelegt hat.«

Und an besagter Ecke deutete de Worms mit seinem Stock über die dunkle lichtgesprenkelte Themse hinüber nach dem jenseitigen Ufer.

Und am bezeichneten Punkt auf der Surreyseite drüben, die die Südseite ist – da ragten nebeneinander ein paar schlanke hohe Baulichkeiten auf, punktiert von erleuchteten Fenstern, so schwindelnd hoch wie Fabrikschornsteine, daß sie allzusammen aussahen wie ein Turm zu Babel mit hundert Augen. Syme hatte nie noch amerikanische Wolkenkratzer gesehen, – so glaubte er, er träume nun von ihnen ...

Und gerad wie er hinüberstarrte, ging das höchste Licht von den zahllosen Lichtern da drüben aus, als ob der schwarze Argus ihm mit einem seiner zahllosen Augen zugewinkt hätte –

Und da drehte sich Professor de Worms auf dem Absatz um und schlug mit seinem Stock gegen seinen Stiefel –

Und sagte: »Zu spät ... Der hygienische Doktor ist zu Bett gegangen ...«

»Wie?« fragte Syme. »Wohnt er denn da drüben?«

»Ja«, sagte de Worms. »Hinter jenem einen Fenster, das Sie nicht sehen können. Kommen Sie – wir gehen dinieren. Wir müssen morgen früh bei ihm vorsprechen.«

Sie redeten weiter nichts mehr miteinander. Der Professor nahm den Weg voran durch mehrere Seitenwege. Bis sie in die strahlende Helle und in das Getöse von East India Dock Road kamen. Der Professor, der sich hier überall aufs beste auszukennen schien, strebte weiter voraus bis auf einen Platz, allwo die Reihe erleuchteter Läden plötzlich endigte und Zwielicht herrschte und Ruhe und wo ein altes freundliches, ganz und gar baufälliges Gasthaus sich etwa zwanzig Schritt vom Weg in die Ecke drückte.

»Man findet hier und da noch gute englische Gasthäuser – durch reinen Zufall – aber ganz fossile«, erläuterte der Professor, »einmal fand ich ein sehr anständiges in West End.«

»Und ich vermute«, lächelte Syme, »daß dieses dann das korrespondierende in East End ist?«

»Sehr richtig«, sprach der Professor mit Würde und trat ein ...

Und da dinierten – und da schliefen sie, die beiden. Und das sehr gründlich. Die Bohnen und der Speck, glänzend zubereitet von den seltsamen Leutchen – und wie so erstaunlich Burgunder aus ihrem Keller floß: das machte Symes Glauben an eine neue Kameradschaft und an ein neues Glück vollkommen. Durch all die Feuerprobe hindurch war Symes tiefste Qual seine Isolation gewesen. Und Worte können nimmer den ungeheuren Abstand durchmessen zwischen Isoliertsein und einen Alliierten an seiner Seite wissen. Den Mathematikern zugegeben: 2 x 2 = 4. Aber 2 ist nicht 2 x 1. 2 = 2000 x 1! Indem, hundert Nachteilen zum Trotz, die Welt immer wieder zur Monogamie zurückkehren wird ...

Nun konnte Syme endlich einmal seine ganze unglaubliche Geschichte loswerden – von dem Augenblick an, da Gregory ihn in jene kleine Taverne am Fluß mitgenommen hatte. Und er erzählte sie, behaglich, ausführlich, in einem reichen, üppigen, überwuchernden Monolog – so wie man sehr alten Freunden etwas erzählt. Andererseits war der, der den Professor de Worms darstellte, nicht weniger mitteilsam. Und seine eigene Geschichte war fast so absurd wie die Symes ...

»Ihre Aufmachung ist eine tadellose Aufmachung«, sprach Syme – und genehmigte ein Glas *Mâcon.* »Um wieviel tadelloser als die des lieben Gogol. Mir war von allem Anfang schon: er war ein bißchen zu haarig.«

»Zwei verschiedene künstlerische Anschauungen«, versetzte der Professor tiefsinnig. »Gogol war Idealist. Er schminkte und schmückte sich auf das abstrakte oder platonische Idealbild eines Anarchisten hinaus. Ich aber bin Realist. Ich bin ein Porträtmaler. Aber nein – Porträtmaler ist nicht der richtige Ausdruck. Ich bin ein Porträt.«

»Ich versteh nicht«, sagte Syme.

»Ich bin ein Porträt«, wiederholte der Professor. »Ich bin das Porträt von dem berühmten Professor de Worms, der, glaub ich, in Neapel ist.«

»Sie wollen damit sagen, daß Sie ihn mimen«, sagte Syme. »Ja, aber weiß er das nicht, daß Sie seine Nase zu unlauterem Wettbewerb mißbrauchen?«

»Er hat einen ausgezeichneten Riecher«, scherzte sein Freund.

»Ja, aber warum verstänkert er Sie denn da nicht?«

»Weil ich ihn verstänkert habe«, antwortete der Professor.

»Erklären Sie mir das, bitte«, sprach Syme.

»Aber gern! Wenn Sie also nichts dagegen haben«, versetzte der eminente ausländische Philosoph, »dann bin ich von Beruf Schauspieler und heiße Wilks. Als ich noch beim Theater war, verkehrte ich mit allen möglichen Bohémiens und Lumpenpack. Mit Rennschiebern – mit dem Aus- und Fehlschuß unter den Künstlern – und mit politischen Flüchtlingen. Bald mit solchen, bald mit solchen. Wies traf. In einem Schlupfwinkel exilierter Träumer und Phantasten wurde ich dem großen deutschen nihilistischen Philosophen Professor de Worms vorgestellt. Der fesselte mich weiter nicht als nur durch sein Aussehen, das wirklich abscheulich war, und das ich sorgfältig studierte. Ich hörte dann, daß er bewiesen hatte, das wahrhaft destruktive Prinzip im Universum sei Gott. Und daß er seitdem die Notwendigkeit einer wütenden unablässigen Energie proklamierte, alles und jedes in Stücke zu zerreißen. Die Energie, sagte er, sei das All. Er war lahm, kurzsichtig und partieller Paralytiker. So oft ich ihn traf, geriet ich in frivole Stimmung, und ich mißfiel ihm stets so sehr, daß ich beschloß, ihn zu imitieren. Wenn ich ein Zeichner gewesen wäre, hätt ich eine Karikatur von ihm gezeichnet. Da ich nur ein Mime war, konnt ich die Karikatur nur mimen. Ich richtete mich also so zusammen: daß es eine grobe Übertreibung von des alten Professors dreckigem altem Ich sein sollte. Und dachte, daß ich, sowie ich einträte, von seinen Anhängern mit einem brüllenden Gelächter oder (wenn ich etwa zu weit gegangen wäre) mit einem Schrei der Entrüstung und mit Schimpfen und Schmähen begrüßt würde. Ich kann Ihnen meine Überraschung beim besten Willen nicht beschreiben – wie mein Erscheinen mit ehrfürchtigem Schweigen und dann (wie ich meinen Mund auftat) mit einem Murmeln der Bewunderung gefeiert wurde. Ich hatte die göttliche Kunst lästern wollen. Ich hatte es zu fein, ich hatte es zu wahr angelegt. Man dachte, ich wäre in der Tat der große nihilistische Gelehrte. Ich war ein frischer, forscher Bursche zu der Zeit, und ich gebe es zu, es war ein loser Streich. Aber bevor ich das Ding wieder gutmachen konnte, stürzten zwei oder drei Verehrer auf mich – die nur so bebten vor Wut – und wollten mir erzählen: ich würde gerad nebenan öffentlich gelästert. Ich fragte – wieso. Ein gottverfluchter Bengel jedenfalls, der führe eine elendigliche Parodie auf mich auf. Ich hatte aber mehr Champagner getrunken als gut für mich gewesen war – und in blödsinniger Laune beschloß ich, die Rolle durchzuspielen. So wars nur Konsequenz, daß ich der Leuchte dieser Gesellschaft Aug in Aug – mit hochgezogenen Augenbrauen und mit wie vor Todesschauern frierenden Augen – gegenübertrat.

»Ich brauch wohl kaum zu sagen: daß das eine Kollision war. Die Pessimisten rundum sahen ängstlich von einem Professor zum andern Professor, um zu sehen, wer von den beiden denn wirklich der hinfälligere war. Und ich – – gewann. Ein Mann von so schwacher Gesundheit wie mein Rivale, von dem konnte man nicht verlangen, daß er so eindringlich – daß er so ausdrucksvoll hinfällig aussähe wie ein junger Schauspieler in der Blüte seiner Jahre. Sie sehen: er hatte tatsächlich Paralyse, aber er konnte als solcher nicht annähernd so hübsch paralytisch sein wie ich. Da versuchte er denn, mich Frechling geistig auszustechen. Aber ich parierte mit einem überaus einfachen Kniff. So oft er irgend etwas sagte, das keiner als er verstehen konnte, erwiderte ich mit etwas, das ich selber nicht einmal verstand. ›Ich kann mir nicht denken‹, sprach er, ›daß Sie das Prinzip: Evolution ist nur Negation, ausgearbeitet haben sollen, sintemalen demselbigen lakunare Introduktionen inhärieren, die von essentieller Differentiation sind.‹ Und ich aber erwiderte ganz verächtlich: ›Das haben Sie alles hübsch aus Pinckwerts herausgelesen. Die Protzion, daß Inpulveration eine eugeniale Dicktion ist, war lang vorher durch Zumpe schon exerziert.‹ Ich brauche Ihnen wohl nicht zu sagen – was? – daß solche Käuze wie Pinckwerts und Zumpe niemals existiert haben. Aber die Käuze da rund um uns her, die schienen sich (ich war fast erstaunt) ganz genau ihrer entsinnen zu können. Und wie der Professor fand, daß die gelahrte und mysteriöse Methode ihn erbarmungslos einem höchst skrupellosen Gegner auslieferte – verlegte er sich auf eine populärere Form des Witzes. ›Ich sehe,‹ stichelte er grinsend, ›Sie prävalieren so wie die falsche Wildsau in Äsop.‹ ›Und Sie,‹ antwortete ich lächelnd, ›Sie fallen durch wie der Igel bei Montaigne.‹ Brauche ich Ihnen viel zu sagen, daß es keinen Igel bei Montaigne gibt? ›Ihr Witz geht Ihnen aus,‹ sprach er, ›so wie Ihr Bart.‹ Ich wußte keine intelligente Antwort auf dieses, das ebenso wahr wie sarkastisch war. Und so lachte ich nur herzlich auf, antwortete aufs Geratewohl: ›Wie Pantheistenpantinen,‹ und drehte mich auf der Ferse um und tat, als wär ich ganz und gar der Sieger … Der wirkliche Professor wurde hinausgeschmissen, aber nicht allzu kräftig, – und übrigens versuchte einer der Anwesenden, zuerst mit aller Ausdauer, ihm die Nase auszureißen. Heute ist er, glaube ich, allenthalben in Europa als ein ganz köstlicher Betrüger angesehen. Sein sichtlicher Ernst und Ärger machen ihn – sehen Sie? – nur um so köstlicher.«

»Nun ja«, sagte Syme – »ich kann wohl begreifen, daß Sie einen dreckigen alten Bart für eine Nacht zum Gaudium umbanden – – aber das kann ich nicht begreifen, wie Sie ihn dann ein für allemal umbehielten.«

»Das ist das Ende vom Lied«, sagte der Professoren-Darsteller. »Wie ich unter ehrfurchtsvollem Applaus dann selber die Gesellschaft verließ, hinkte ich so die dunkle Straße davon, in der Hoffnung, daß ich bald weit genug wäre, um wieder wie ein menschliches Wesen gehen zu können. Zu meinem Entsetzen aber fühlte ich – gerad wie ich um die Ecke bog – etwas auf meiner Schulter und stand – wie ich mich umdrehte – im Schatten eines bärenhaften Policeman. Und der erzählte mir, daß man mich suche. Ich nahm eine paralytische Attitüde an und schrie laut und in deutschem Akzent: »Ja ja ja – die Bedrängten, die Unterjochten, die Mühseligen in aller Welt suchen mich. Sie arretieren mich unter der Beschuldigung, daß ich der große Anarchist Professor de Worms wäre.« Aber der Policeman zog leidenschaftslos einen papierenen Wisch in seiner Hand zu Rate und sagte höflich: »Nein, mein Herr, wenigstens nicht ganz so. Ich arretiere Sie unter der Anklage, daß Sie der berühmte Anarchist Professor de Worms *nicht* sind.« Diese Anklage, wenn sie überhaupt nach dem Kriminal war, war jedenfalls die leichtere und lustigere von den beiden, und ich ging gleich mit dem Herrn – mit ein wenig Zweifel, aber ohne Angst. Man schleppte mich durch eine Menge Zimmer und schließlich vor einen Polizeioffizier, der mir erklärte: gegen die Zentren der Anarchie sei eine ernsthafte Kampagne eröffnet – und meine erfolgreiche Maskerade könnte von beträchtlichem Nutzen für die öffentliche Sicherheit sein. Und bot mir eine gute Gage – und diese blaue Karte an. Obgleich unsere Konversation eine kurze war, fiel er mir als ein Mensch von sehr gesundem Menschenverstand und Humor auf. Aber über ihn persönlich könnte ich Ihnen wenig sagen, denn – –«

Syme legte Messer und Gabel hin und sagte:

»Ich weiß. Denn Sie sprachen mit ihm in einem zappendusteren Raum.«

Professor de Worms nickte und trank aus.

DAS NEUNTE KAPITEL

# *Der andere Bebrillte*

»Burgunder ist eine famose Sache«, sprach der Professor traurig und setzte sein Glas wieder hin.

»Sie sehen aber nicht danach aus«, sprach Syme. »Und trinken den Wein, gerad als ob er Medizin wäre.«

»Sie müssen, bitte, meine ganze Art und Weise entschuldigen«, sprach der Professor ganz unglücklich, »ich befinde mich in einer ganz kuriosen Lage. Im Innersten platze ich vor kindischster Ausgelassenheit. Aber ich agierte den paralytischen Professor so sehr ausgezeichnet, daß ich es nun nicht mehr lassen kann. Also daß ich – wenn ich beispielsweise unter Freunden bin, wo ich es doch absolut nicht mehr nötig hätte, mich zu vermummen – daß ich selbst dann noch wie todmatt daherrede und meine Stirn runzle, als obs meine Stirn wäre. Ich kann ganz und gar glücklich und lustig sein, verstehen Sie – aber eben immer wieder nur als jener Paralytiker. Mir stoßen die heitersten Sachen in meinem Herzen auf, und doch – wie so sehr anders kommen sie dann aus meinem Mund. Sie sollen mich nur einmal sagen hören: ›Kopf hoch, verrücktes Huhn!‹ und ich wette, ich treibe Ihnen Tränen in die Augen.«

»Wohl, wohl«, sprach Syme. »Aber ich kann mir nicht helfen und denke immer wieder, Sie wären – abgesehen von alldem – ein wirklicher alter Griesgram.«

Der Professor sah erst ein wenig vor sich hin – dann sah er ihn durchdringend an.

»Sie sind ein sehr geriebener Bursche«, sagte er. »Es wird eine Lust sein, mit Ihnen zu arbeiten. Ja ja – ja ja ja ja – meine Seele ist griesgrämig umwölkt. Da ist nämlich ein mächtiges Problem zu lösen –« und er vergrub seinen Kahlschädel in seine beiden Hände.

Und fragte leise –

»Spielen Sie Klavier?«

»Ja«, sagte Syme verwundert, »und ich glaube sogar, man sagt: daß man glaubt, daß ich einen leichten Anschlag hätte.«

Und als der andere nichts dazu sagte, fügte er noch hinzu:

»Nun wird wohl die griesgrämige Wolke behoben sein.«

Doch erst nach einem langen Schweigen kam die Stimme des Professors aus dem hohlen und schattigen Tal seiner Hände.

»Ganz und gar. Gerad so sehr, als ob Sie ein vollkommener Schreibmaschinenschreiber wären.«

»Danke«, sagte Syme. »Sie schmeicheln mir.«

»Hören Sie mich an«, sagte der andere, »und denken Sie daran, wen wir morgen früh besuchen wollen. Sie und ich wollen morgen früh ein Ding drehen – das schwieriger, das gefährlicher sein wird, als wenn wir die Kronjuwelen aus dem Tower stehlen wollten. Wir wollen ein Geheimnis entwenden – einem sehr scharfsinnigen, sehr verschwiegenen, sehr sehr abgefeimten durchtriebenen, gottlosen, verruchten Mann. Ich glaube, es gibt – außer dem Präsidenten selbstverständlich – keinen Menschen, der so schrecklich unangenehm, der so furchtbar und fürchterlich wäre, wie dieser kleine grinsende Bursche hinter seinen Brillengläsern. Mag sein, er hat nicht den weißglühenden Enthusiasmus bis in den Tod hinein, die hirnverbrannte Märtyrersucht für alles was Anarchismus heißt – wie der Sekretär. Jener Fanatismus des Sekretärs hat immer noch ein menschliches Pathos, das beinah ein schöner Zug von ihm zu nennen ist und manches fast wieder gut macht. Aber dieser kleine Doktor – der ist von einer brutalen Gesundheit; und das ist viel viel scheußlicher, als all jener Leidenszustand des Sekretärs. Haben Sie seine über die Maßen abscheuliche Virili- sowohl als Vitalität bemerkt? Der ist einfach wien – wien – wien Gummiball! Verlassen Sie sich drauf, daß Sonntag keine Schlafmütze ist, ich wundere mich sogar oft – ob er überhaupt jemals schläft! – und der schloß all die Pläne zu dem neuen Verbrechen vertrauensvoll in den einzigen runden schwarzen Schädel dieses Dr. Bull ein.«

»Und nun bilden Sie sich ein«, sagte Syme, »daß dieses ausgemachte Monstrum sich besänftigen wird, sowie ich Klavier spiele?«

»Bilden Sie sich doch keine Schwachheiten ein«, sprach sein Mentor, »ich erwähnte das Klavier, indem es gewandte freie Finger macht. Syme, hören Sie, Syme – wenn wir aus diesem Interview gesund und lebendig wieder herauskommen wollen, muß zwischen uns irgendein Signalkodex abgemacht werden, von dem dieses Vieh nicht die leiseste Ahnung haben darf. Ich hab mir da, im Groben, eine alphabetische, den Fingern der Hand entsprechende Chiffresache ausgearbeitet – so, sehen Sie, so – (und er kabelte mit den Fingern auf dem hölzernen Tisch) *SCHADE* ... ein Wort, das wir sehr oft brauchen werden.«

Syme schenkte sich ein frisches volles Glas ein und fing an, das Schema zu studieren. Er war abnormal behende, in seinem Hirnkasten das Vexierteste herauszutüfteln und mit Hilfe seiner Hände das Unglaublichste zu zitieren – also brauchte er gar nicht lange zu lernen, wie man etwa simple Telegramme so vermittelt, daß es nur wie müßiges Fingerspiel auf einem Tisch oder auf einem Knie aussieht. Aber Wein und gute Kameradschaft hatten von jeher bei ihm die Wirkung, daß sie ihn zu blöden Geistreichigkeiten inspirierten, und der Professor sollte es nur zu bald erleben, daß der andere einen tollen Sport aus dem neuen Verständigungsmittel machte.

»Wir müssen mehrere Wortzeichen haben«, sagte Syme mit heißem Bemühen, »Worte, die wir wahrscheinlich brauchen, ein wenig abseitige Worte, feine, feinnuancierte, fein abgetönte. Ein Favorit von mir ist ›Ziegenspeck‹. Was für einen Favoriten haben Sie?«

»Machen Sie keine Zicken«, jammerte der Professor. »Oder Sie wissen nicht, wie ernst die Sache ist.«

»Saftig, saftig!« bemerkte Syme unbeirrt und voller Scharfsinn. »Saftig, saftig! Das müssen wir haben. Das ist ein Wort, das sich sehr auf Gras bezieht – oder nicht?«

»Ja, bilden Sie sich denn ein«, fragte der Professor wütend, »daß wir Dr. Bull nach Gras fragen werden?«

»Da wirds verschiedene Augenblicke geben, wo das in Frage kommt«, sagte Syme in tiefstem Nachdenken, »und wo das Wort dann absolut nicht auffallen wird. Es könnte sein, daß wir sagen müßten, ›Sie, Dr. Bull, als Revolutionist werden sich erinnern können, daß ein Tyrann uns einst drohte, daß wir sämtlich ins Gras beißen würden, und in der Tat! mancher von uns, wenn er so auf das frische, auf das saftige Sommergras – –‹«

»Verstehen Sie denn nicht«, sprach der andere, »daß das eine Tragödie ist?«

»Durchaus«, sprach Syme. »Aber ohne Komik keine Tragödie. Was kann Ihnen der Höllenmensch weiter anhaben? Ich wünschte nur, daß Ihre neue Sprache einen größeren Spielraum hätte. Ich dachte schon, ob wir sie nicht von den Fingern – bis zu den Zehen erweitern könnten? Das würde dann zur unmittelbaren Folge haben, daß wir während der Konversation unsere Stiefel und Socken auspellen müßten, was immerhin einen hohen Grad von Unzudringlichkeit und Bescheidenheit – –«

»Syme«, versetzte sein Freund grausam, »gehen Sie schlafen!«

Syme aber saß im Bett noch eine beträchtliche Weile auf – den neuen Kodex ochsend... Den nächsten Morgen erwachte er, da den Osten noch die Dunkelheit versiegelte – und sein graubärtiger Alliierter stand wie ein Geist an seinem Bett...

Syme saß auf. Und blinzelte. Dann sammelte er bedächtig seine Gedanken; schlug das Bettzeug auseinander und sprang heraus. Und irgendwie wurde ihm so kurios zumute, als hätte er mit dem Bettzeug all die Sicherheit und Geselligkeit der Nacht von sich geworfen – und als stände er nun da in frierender eisiger Gefahr. Wohl, wohl, er fühlte noch ungeteiltes Vertrauen und Loyalität zu seinem Gefährten; aber es war das Vertrauen, das zwischen zwei Menschen ist, die zusammen aufs Schafott müssen.

»Professor«, sprach Syme mit einer gekünstelten Munterkeit, während er in seine Hosen stieg, »mir träumte von Ihrem Alphabet. Haben Sie lang dazu gebraucht, bis Sies zusammenkriegten?«

Der Professor gab keine Antwort. Sondern starrte nur mit Augen von der Farbe einer winterlichen See. Also wiederholte Syme seine Frage.

»Ich fragte, ob Sie lang dazu gebraucht haben, bis Sie all das herauskriegten? Ich weiß gut, was das heißt – das nimmt gut Stunden in Anspruch. Haben Sies auf der Stelle intus gehabt?«

Der Professor schwieg. Seine Augen waren weit geöffnet. Und er lachte ein starres, aber fast unmerkliches Lächeln.

»Wie lang haben Sie dazu gebraucht?«

Der Professor rührte sich nicht.

»Hol Sie der Teufel – können Sie denn nicht antworten?« schrie Syme da in plötzlicher heller Wut, darein sich aber nicht wenig Angst mischte. Ob der Professor antworten konnte oder nicht – er antwortete nun einmal nicht.

Syme stand da und starrte nun seinerseits das starre Gesicht an, das wie Pergament war, und diese blanken blauen Augen. Sein erster Gedanke war: der Professor wär verrückt geworden. Aber sein zweiter Gedanke war dann um so grauenvoller. Was wußte er eigentlich von diesem fragwürdigen Geschöpf, das er – unbesonnen genug als Freund akzeptiert hatte? Was wußte er mehr von ihm, als daß er dem Anarchisten-Frühstück beigewohnt und ihm dann eine ganz und gar lächerliche Geschichte angehängt hatte? Wie unwahrscheinlich, daß neben Gogol noch ein zweiter Gesinnungsgenosse da war! War dieses Mannes Schweigen nicht eine sensationelle Art und Weise, den Krieg zu erklären? War dieser steinharte Blick nicht der Höllenblick eines dreifachen Verräters, der nun endlich sein wahres Gesicht zeigt? Syme stand da und horchte und horchte in dieses erbarmungslose Schweigen. Ihm war, als hörte er die Dynamithelden, die ihn gefangen nehmen sollten, schon – auf den Zehenspitzen – den Korridor draußen nah und näher kommen.

Dann blickte er am Professor herab – – – und brach in lautes Lachen aus. Obgleich der so stumm wie eine Statue stand, tanzten doch seine fünf stummen Finger eben auf dem toten Tisch. Syme beobachtete die zuzwinkernden Gesten der sprechenden Hand und las mühelos und klar die Botschaft:

»Ich antworte nur auf diesem Wege. Wir müssen alle Übung drin bekommen.«

Und Syme platzte – in Fiebern des Erlöstseins – mit dieser Entgegnung heraus:

»Sehr einverstanden. Gehen wir frühstücken.«

Und sie nahmen schweigend ihre Hüte und Stöcke. Aber wie Syme seinen Schwertstock ergriff, ergriff er ihn fest …

Die nächsten paar Minuten taten sie nichts, als in einer Kaffeebude sich mit Kaffee anfüllen und rohen schweren Sandwiches – alsdann nahmen sie ihren Weg über den Fluß, der in dem grauen und zunehmenden Licht gar sehr acherontisch* aussah. Kamen an den Fluß des ungeheueren Häuserblocks, den sie schon vom Fluß drüben gesehen hatten und fingen dann an, schweigend die nackten und zahllosen Steinstufen hinaufzusteigen, und hielten nur hie und da inne, um ein paar kurze Bemerkungen auf dem Treppenabsatz zu machen. Mit jeder neuen Treppe kamen sie an einem Fenster vorüber; und jedes neue Fenster zeigte ihnen ein blasses unheilvolles Morgenwerden, das sich mühselig über London heraufhob. Durch jedes sahen sich die unzählbaren Schieferdächer an wie bleifarbene Wel-

* *Acheron:* Fluß der Unterwelt in der griechischen Mythologie

len einer grauen und verstörten See nach dem Regen. Syme kam immer mehr zu Bewußtsein, daß sein bevorstehendes Abenteuer eins der kaltblütigsten Verstandesarbeit werden würde – viel viel schlimmer, als all die tollsten tollen vorher. Vergangene Nacht zum Beispiel – waren ihm da die schmalen hohen Gebäulichkeiten allzusammen nicht wie ein Turm im Traum vorgekommen? Wie er jetzt eine nach der andern von all diesen ermüdenden, unaufhörlichen Stufen nahm, war er entmutigt und verwirrt von ihrem schier unendlichen Lauf. Aber es war nicht das heiße schweißtreibende Erschrecken im Traum, war nicht so übertrieben und war nicht Wahn und Irrwerk. Diese Unendlichkeit war vielmehr wie die Unendlichkeit in der Arithmetik, etwas Undenkbares und dennoch ein notwendiger Begriff. Oder es war wie die überwältigenden Berechnungen in der Astronomie über die Entfernung der Fixsterne. Er stieg da ein Haus hinauf, das, sagen wir, aus lauter Vernunft gebaut war und das sich dennoch gräßlicher ertrug als alle Unvernunft selbst ...

So mit der Zeit erreichten sie den Treppenabsatz von Dr. Bull ... ein letztes Fenster wies ihnen einen grellen weißen Morgen – mit scharfkantigen Wolkenbänken von einem ganz plumpen Rot – schon mehr roter Lehm als rote Wolke ... und wie sie eintraten, war Dr. Bulls kahle Dachstube voll von Licht ...

Syme wurde von einer halb historischen Erinnerung heimgesucht, vor diesem nackten Raum und solchem rauhen Tagesanbruch. In dem Augenblick, in dem er die Dachstube ersah und wie Dr. Bull da schreibend an einem Tische saß, fiels ihm jäh ein – – die französische Revolution. Sollte sich nur noch eine Guillotine schwarzschwarz von all dem faustdicken Rot und Weiß des Morgens abgehoben haben. Dr. Bull saß da – in weißem Hemd nur und schwarzen Beinkleidern; sein kurzhaariger schwarzer Schädel mochte gerade eben aus seiner Perücke herausgeschlüpft sein, ein Marat – oder ein etwas latschigerer Robespierre.

Nur wenn du ihn dir dann genauer ansahst, dann freilich verschwand jene Impression von der französischen Revolution. Die Jakobiner, die waren Idealisten gewesen; um diesen Menschen aber war ein mörderischer Materialismus. Und er erschien dir wörtlich genommen sowohl als auch in übertragenem Sinn in einem ganz neuen Lichte, so wie er dasaß. Das beißend weiße Morgenlicht, das nur von einer Seite kommend ganz scharfe Schatten fraß, machte ihn blasser sowohl als auch winkeliger und kantiger, eckiger und spitziger, als er am vergangenen Morgen auf dem Balkon ausgesehen hatte. Die zwei schwarzen Gläser, die seine Augen umschlossen, nisteten gerad wie wirkliche schwarze Höhlen in seinem Schädel – so daß er wie ein Totenkopf aussah. Und in der Tat, wenn der Tod je selber schreibend an einem Holztisch saß, so war er es...

Der sah also auf und lächelte freundlich und heiter genug, wie die beiden Herren eintraten. Und sprang mit der abprallenden Gummiballrapidität auf, von der der Professor gesprochen hatte. Stellte Stühle für die beiden zurecht und beeilte sich, indem er zu einem Pflock hinter der Tür trat, einen Rock und eine Weste aus rauhem dunklem Halbtuch anzulegen. Knöpfte das alles hübsch zu und setzte sich dann wieder auf seinen Platz an seinem Tisch.

Die absolute gute Laune all seines Gehabens machte seine zwei Opponenten recht gar hilflos. Es bedeutete momentan einige Schwierigkeit für den Professor, das Schweigen zu brechen und mit dem Reden zu beginnen. »Es tut mir leid, daß ich Sie so früh schon störe, Kamerad«, sagte er – und war ganz und aufs peinlichste der umständliche de Worms. »Sie haben zweifelsohne alle Arrangements für die Sache in Paris getroffen?« Und fügte dann mit unendlicher Umständlichkeit hinzu: »Wir haben nämlich Informationen, die keine Sekunde Verzug dulden.«

Dr. Bull lächelte abermals, aber fuhr fort, sie, ohne ein Wort zu reden, anzustarren. Der Professor fing von vorne an und machte eine Pause vor jedem einzelnen langweiligen Wort seiner Rede –

»Denken Sie, bitte, nicht von mir, daß ich übermäßig voreilig wäre; aber ich beschwöre Sie, ändern Sie jene Pläne, oder wenn es zu spät dazu sein sollte, folgen Sie dem Ausführenden Ihres Plans mit all den Mitteln, die Sie für ihn aufbringen können. Kamerad Syme und ich haben etwas in Erfahrung gebracht, das zu erzählen mehr Zeit in Anspruch nehmen würde als uns gegeben ist, wenn wir danach handeln wollen. Ich will – nichtsdestoweniger – den Vorfall mit allen Details berichten – auf die Gefahr hin, alle mögliche Zeit zu verlieren – sobald als Sie in der Tat finden, daß es zum Verständnis des Problems, das wir zu diskutieren haben, unbedingt notwendig ist.«

Er spann seine Sätze aus, machte sie unerträglich lang und breitspurig, in der Hoffnung, den praktischen kleinen Doktor rasend –

bis zum Platzen, d.h. eben so weit rasend zu machen, daß er seine Pläne aufdecke – und sich in die Karten schauen ließe. Aber der kleine Doktor, der starrte immer nur so wie zuvor und lächelte – und des Professors ganzer langer Monolog war rein für die Katz. Syme geriet von neuem in ein Kranksein vor Verzweiflung. Des Doktors Lächeln und Schweigen, das war gar nicht so wie das kataleptische Starren und fürchterliche Stummsein des Professors von vor einer halben Stunde. Des Professors Getu und all seine Grimassen, die hatten so etwas bloß Groteskes, von einem Popanz etwas. Und all die wilde Pein von gestern, die kam Syme heute vor gerad wie aus Kindertagen ein Schreck vorm schwarzen Mann. Aber hier – hier war Tageslicht. Und hier war ein gesunder, breitschultriger Mann in Halbtuch – und der war nicht nur unheimlich, weil er zufällig ein paar ekelhafte Brillen trug, und der blickte auch nicht wild und grinste auch nicht – sondern der lächelte nur immerfort und sprach keine Silbe. Das Ganze hier war von einer unerträglichen Realität. Und unter dem zunehmenden Sonnenlicht nahm der Teint des Dr. Bull, nahm das Muster seines Anzugs an Farben zu, wurde alles das bunter und am Ende so übertrieben, wie sonst nur in einem realistischen Roman. Nur sein Lächeln blieb ganz so licht und seine Pose so höflich wie erst; das einzige eigentlich, das nicht geheuer an ihm war, das war sein Schweigen.

»Wie ich schon sagte«, fing der Professor zum drittenmal an – und es war gerad, wie wenn sich ein Mensch durch schweren Sand hindurcharbeitete – »ist der Fall, der uns zugestoßen ist und uns nun treibt, uns über den Marquis zu erkundigen ... wie gesagt, ist das ein Fall, von dem Sie meinen werden, daß es besser gewesen wäre, wir hätten ihn Ihnen erzählt. Aber indem die Sache doch Kamerad Syme mehr denn mir in den Weg kam – –«

Er schien die Worte lang- und hinzuziehen wie in einem Psalmgesang. Aber Syme, der fein Obacht gab, sah dann, wie seine langen Finger die Kante des gebrechlichen Tisches wütend bearbeiteten. Und las die Botschaft: »Jetzt müssen Sie dran. Der Teufel hat mich ganz und gar ausgepumpt!«

Also sprang Syme mit jener Improvisationsbravour in die Bresche, die ihn allemal, so oft er alarmiert wurde, überkam.

»Ja ja, eigentlich passierte die Sache ja mir«, sprach er hastig. »Ich hatte das Schwein, mit einem Detektiv in Unterhaltung zu geraten, einem Detektiv, der mich dank meinem Hut für eine respektable Persönlichkeit hielt. Um diese Reputation von Respektierlichkeit noch zu vernieten, nahm ich ihn mit und machte ihn im Savoy regelrecht besoffen. Dabei wurde er freundlich und gestand mir in so manchen Worten: in einem Tag oder zwei hoffe man, den Marquis in Frankreich zu verhaften. Wofern also nicht Sie oder ich seine Spur wissen – –«

Der Doktor aber, der lächelte immer noch auf die freundlichste Art und Weise, und seine geschützten Augen, an die war nicht anzukommen. Der Professor signalisierte Syme, daß er nun seine Auseinandersetzung wieder aufnehmen würde und begann auch sogleich mit sorgfältig ausgearbeiteter Kaltblütigkeit.

»Syme überbrachte mir natürlich sofort diese Neuigkeit, und dann kamen wir beide zusammen hierher, um zu sehen, was Sie nun für nötig fänden und zu machen geneigt sein würden. Ich halte es ohne alle Frage für äußerst dringlich, daß – –«

All diese Zeit starrte Syme den Doktor an – so wie der Doktor den Professor anstarrte. Abgesehen von jenem Lächeln natürlich. Die Nervenstränge der zwei Bundesgenossen waren nah daran, unter dieser statuenhaften Liebenswürdigkeit zu reißen, als Syme sich plötzlich nach vorne lehnte und wie müßig an der Tischecke herumfingerte. Und seine Botschaft an seinen Alliierten lautete: »Ich hab eine Idee.«

Der Professor signalisierte, ohne eine Pause in seiner Rede zu machen, zurück: »Dann immer los!«

Syme telegraphierte: »Etwas ganz Außergewöhnliches!«

Der andere antwortete: »Außergewöhnlich Blödes!«

Syme kündete: »Ich bin ein Dichter!«

Der andere grollte zurück: »Sie sind ein toter Mann –«

Syme war bis an seine gelben Haarwurzeln rot geworden, und seine Augen brannten wie in Fiebern. Wie er sagte, daß er eine Idee hätte ... und sogleich war die natürlich zu einer närrischen Gewißheit geworden ... Und er nahm sein symbolisches Getrommel wieder auf und drahtete seinem Freund: »Sie können sich kaum vorstellen, wie poetisch meine Intuition ist. Sie ist von jener Art, wie wir sie um Frühlingserwachen verspüren.«

Und sog dann die Antwort aus den Fingern seines Freundes. Die lautete: »In die Hölle mit Ihnen!«

Währenddessen setzte der Professor seinen rein verbalen Monolog an den Doktor fort.

»Oder noch besser gesagt«, deutete Syme mit Fingern, »sie ist wie jäher Ruch des Meers im tiefsten Herzen saftiger Wälder.«

Sein Kollege verzichtete auf jede Antwort.

»Oder noch besser«, fingerte Syme, »sie ist so ausgemacht wie das leidenschaftlich rote Haar eines wunderbaren Weibes.«

Der Professor redete und redete weiter – mit einem Mal griff Syme ein. Beugte sich über den Tisch und sprach in einem Ton, der nicht zu überhören war:

»Dr. Bull!«

Des Doktors schlauer lächelnder Kopf zuckte mit keiner Wimper. Aber du hättest drauf schwören mögen, daß die Augen hinter den dunklen Brillen plötzlich umsprangen – auf Syme zu.

»Dr. Bull!« sprach Syme seltsamlich präzis und doch artig – »würden Sie mir einen kleinen Gefallen tun? Würden Sie so liebenswürdig sein und … Ihre Brillengläser abnehmen?«

Den Professor riß es auf seinem Sitz herum. Und er starrte Syme halb ohnmächtig vor Wut und Entsetzen an. Der aber – ganz wie einer, der all sein Leben und Vermögen auf dem Tisch stehen hatte – saß mit verzerrtem Gesicht vornübergebeugt. Der Doktor rührte sich nicht.

Sekundenlang war eine Stille, daß du eine Nadel hättest fallen hören. Dann heulte von weitem ein Dampfer auf der Themse auf. Und dann stand Dr. Bull gemächlich auf – lächelte immer noch und tat seine Brille ab.

Syme sprang gleichfalls auf, wich ein paar Schritt zurück, wie ein Chemieprofessor vor einer gelungenen Explosion; seine Augen, die waren wie Sterne, und Augenblicke lang konnte er nur noch deuten und gar nicht mehr reden.

Auch den Professor hatte es in die Höhe getrieben, daß er dabei alle Paralyse vergaß. Hielt sich am Stuhlrücken, der Professor, und sah zweifelnd auf Dr. Bull, wie wenn der Doktor vor seinen sehenden Augen gerad eben in eine Padde* verwandelt worden wäre. Und in der Tat – es war etwas so Großartiges wie ein Transformationsakt geschehen.

* *Padde:* Berliner Ausdruck für *Frosch*

Die zwei Detektive sahen vor sich da in einem Stuhl einen ganz knabenhaft jungen Mann sitzen. Mit ganz franken, fröhlichen, nußbraunen Augen, einem offenen Gesicht, londonerisch – wie ein Kommis angezogen, unstreitig gutmütig, geradezu alltäglich. Das Lächeln, das war immer noch da, und aber war, wie wenn dein Baby zum allerallererstenmal lächelt.

»Wußte ichs nicht, daß ich ein Dichter bin?« schrie Syme ekstatisch auf. »Ich wußte es doch, daß meine Intuition unfehlbarer war wie der Papst! Die Brillen waren es! Nur die Brillen! Die Brillen, die waren alles! Die machten ihm so biesterisch schwarze Augen – und all das Übrige an ihm, seine Gesundheit und seine Hübschheit, das entstellte ihn dann vollends zu einem lebendigen Teufel unter Toten –!«

»Gewiß kam daher das Wunderliche und Absonderliche«, sprach der Professor zitternd. »Aber was das Projekt Dr. Bulls angeht, so – –«

»Zum Teufel mit dem Projekt!« brüllte Syme und geriet nun ganz und gar aus dem Häuschen. »Sehen Sie ihn doch an! Sehen Sie sich nur die Visage an, und den Kragen, und die feinen Stiebeln! Würden Sie vermuten – he! – daß der Kerl ein Anarchist ist?«

»Syme!« schrie der andere und war dem Tode näher als dem Leben.

»Was soll denn? um Gottes willen!« schrie Syme. »Ich nehme alles auf meine Kappe! Dr. Bull, ich bin Polizeibeamter. Hier ist meine Karte«, und warf seine blaue Karte auf den Tisch.

Der Professor fürchtete schon, alles, alles wär verloren. Aber er blieb treu. Nahm gleichfalls nun seine Karte heraus und legte sie neben die seines Freundes. Da brach der Dritte in lautes Lachen aus – und so hörten die zwei zum erstenmal heut morgen seine Stimme.

»Ich freue mich scheußlich, daß ihr Affenmäuler so früh gekommen seid«, rief er mit Schulbubenredseligkeit aus, »da können wir allzusammen sofort per Schiff nach Frankreich ... Ich bin soviel wie ihr«, und da flitzte eine dritte blaue Karte hervor.

Hütchen auf! und Zauberbrillen wieder vor – und der Doktor schoß so behende aus der Tür, daß ihm die andern instinktiv nachrannten.

Syme war denn doch einigermaßen baff. Und in der Tür schlug er mit seinem Stock gegen die Wand, daß es nur so sang.

»Allmächtiger Gott!« schrie er. »Wenn all das mit rechten Dingen zugeht, dann waren wir ja mehr verfluchte Detektive als verfluchte Dynamithelden in dem verfluchten Rat!«

»Wir hätten leichtes Spiel gehabt«, sprach Bull. »Wir waren vier gegen dreie!«

Der Professor fuhr bereits die Treppe hinab. Aber seine Stimme schwang sich die Stufen wieder herauf.

»Nein«, sang die Stimme. »Wir wären nicht vier gegen dreie gewesen – ein solches Schwein hätten wir denn doch nicht gehabt! Wir wären vier gegen Einen gewesen!«

Und dann gings schweigend die Stiegen hinab.

Der junge Mann namens Bull bestand mit einer angeborenen Wohlerzogenheit, die charakteristisch für ihn war, darauf, als letzter zu gehen, bis man auf die Straße kam. Dann aber machte seine robuste Rapidität sich unbewußt geltend, und er lief den anderen eilends voran, – auf ein Eisenbahnauskunftsbureau zu, – und sprach mit den hinter ihm Herstrebenden über die Schulter weg.

»Das ist schön, so ein paar Kameraden zu kriegen«, sprach er. »Ich war schon halb tot, wie ich so ganz allein war. Beinah hätt ich Gogol angepackt und ihn umarmt, aber das wär natürlich sehr unvorsichtig gewesen. Ich hoffe, ihr werdet mich nicht verachten darum, daß ich direkt blau vor Angst war!«

»Alle blauen Teufel in die blaue Hölle!« sprach Syme, »die zu meiner blauen Angst beisteuerten! Aber der fürchterlichste Teufel waren Sie, Bull, mit Ihren infernalischen Brillengläsern!«

Der junge Mann lachte und war entzückt.

»War das nicht ne Lumperei?« sprach er. »Blödsinnig einfache Idee – und nicht einmal meine eigene. Ich hatte nicht soviel Grütze. Sehen Sie, ich wollte dem Detektivdienst beitreten, und speziell der Anti-Dynamithelden-Kompagnie. Aber zu diesem Zweck wird verlangt, daß man sich als ein Dynamitheld geriert. Und alles schwor bei allen Teufeln, daß ich nie wie ein solcher aussehen würde. Alles sagte, mein Gang schon hätte so etwas Respektables. Und von hinten säh ich gar gleich wie die Britische Konstitution aus. Alles sagte, ich wär zu gesund und wär zu optimistisch, wär zu zuverlässig und wär zu wohlwollend. Alles nannte mich alles nur mögliche auf der Londoner Kriminalpolizei. Sagte: jaa, wenn ich ein Verbrecher geworden wäre! dann hätte ich mein Glück machen können, indem ich doch so ehrlich und redlich ausschaue. Aber da ich nun schon einmal das Unglück hätte, ein ehrlicher und redlicher Mann zu sein, so hätte ich wohl nicht viel Chancen, je wie ein Verbrecher auszusehen.

Aber zuletzt brachte man mich vor einen alten Götzen, der riesengroß war, ja, von dem man überhaupt das letzte Ende über die Schultern hinaus nicht vermutete. Und da ging die Rede der andern – hoffnungslos. Einer meinte, ob ein buschiger Bart vielleicht mein niedliches Lächeln zu verbergen imstande wäre. Ein anderer wieder, man müßte höchstens mein Gesicht schwärzen, dann säh ich wenigstens nach einem Neger-Anarchisten aus. Aber der alte Kerl der fuhr – tschupp! – auf eine wunderbare Weise mit einer wunderbaren Bemerkung dazwischen. »Zwei angeräucherte Brillen tuns!« – und fertig. »Seht ihn euch jetzt an. Sieht er nicht aus wie 'n Laufbursche? Setzt ihm erst zwei angeschwärzte Brillen auf – und alle Kinder werden aufkreischen sowie sie ihn nur sehn.« Und so wars, bei Sankt Georg! Sowie meine Augen bedeckt waren, entstellte mich alles andere – mein Lächeln, meine strotzenden Schultern, mein kurzes Haar – zu einem perfekten kleinen Teufel. Wie ich schon sagte, war das blödsinnig einfach – nachdem es getan war. Wie 'n Mirakel. Aber das wahrhaft Mirakulöseste war das nicht. Das war vielmehr ein anderes, höchst bedenkliches Ding, das mir immer und immer und immer wieder im Kopf herumgeht.«

»Was war das?« fragte Syme.

»Ich will es Ihnen sagen«, antwortete der Bebrillte. »Jener Riesenriese von einem Kerl auf der Polizei, der mich sofort richtig einschätzte und vom Fleck weg wußte, daß mir nur Brillen – vom Kopf bis zu den Socken – passen würden, der hat mich – bei Gott! – überhaupt mit keinem Auge sehen können!«

Syme sah ihn blitzschnell an.

»Wieso?« fragte er. »Ich dachte doch, Sie sprachen mit ihm?«

»Tat ich auch«, sagte Bull strahlend, »aber wir sprachen uns in einem zappendustern Raum, so wie 'n Keller und so kühl wie 'n Keller. Was? das hätten Sie in Ihrem ganzen Leben nicht vermutet?«

»Das hätt ich mir niemals vorstellen können!« sprach Syme schwer.

»Wirklich etwas absolut Neues!« sprach der Professor.

Der neue Alliierte war in praktischen Dingen ein rechter Wirbelwind. Auf dem Auskunftsbureau verlangte er mit geschäftsmäßiger Kürze die Züge nach Dover. Und kaum hatte er Auskunft erhalten, packte er die ganze Gesellschaft in einen Fiaker und bugsierte sie und sich selber in einen Eisenbahnwaggon, noch ehe sie diesen atemlosen Prozeß eigentlich ganz begriffen hatten. Und eh die Unterhaltung wieder einigermaßen in Fluß kam, war man auch schon auf dem Boot nach Calais.

»Ich hatte es schon so arrangiert«, explizierte er, »daß ich zum Lunch in Frankreich wäre. Aber ich bin entzückt, daß ich nun noch welche weiß, die mich nicht alleine lunchen lassen werden. Sie sehen, mir oblags, dieses Biest von einem Marquis mitsamt seiner Bombe hier herüberzuschicken: weil nämlich der Präsident ein Auge auf mich hatte – obgleich Gott wissen mag, warum. Ich will Ihnen die Geschichte eines schönen Tags schon erzählen. Eine wahnsinnige Geschichte. So oft ich dem Präsidenten ausrücken wollte, sah ich ihn irgendwo, lächelte er entweder aus dem Erkerfenster eines Klubs auf mich herab oder zog seinen Hut vor mir von hoch oben auf einem Omnibus. Ich sage Ihnen, Sie können sagen was Sie wollen, aber der Bursche hat sich dem Teufel verkauft. Der kann auf sieben Plätzen auf einmal sein.«

»Also ich verstehe, Sie schickten den Marquis bereits auf die Reise?« fragte der Professor. »Aber wann? Schon sehr lange? Haben wir noch Zeit? Kriegen wir ihn noch?«

»Jawohl«, antwortete der neue Führer. »Ich hab schon alles so eingerichtet. Er wird noch in Calais sein, wenn wir ankommen.«

»Ja, aber wenn wir ihn nun in Calais kriegen?« sprach der Professor, »was werden wir dann tun?«

Bei dieser Frage geriet der Dr. Bull zum erstenmal aus seiner Contenance. Er dachte ein kleines nach und sagte dann:

»Rein theoretisch – möchte ich vorschlagen – müßten wir die Polizei rufen.«

»Aber ich nicht«, sprach Syme. »In Praktizierung solcher Theorie wär der erste, der aufgeschmissen wäre – ich. Ich versprach einem armen Burschen, einem wirklichen modernen Pessimisten, auf mein Ehrenwort, daß ich nichts der Polizei sage. Ich bin zwar kein Kasuistiker, aber einem modernen Pessimisten breche ich mein Wort auf keinen Fall. Das wär, als ob ich einem kleinen Kinde mein Wort bräche.«

»Ich sitze in derselben Tinte«, sprach der Professor. »Ich versuchte es schon der Polizei anzuzeigen, aber ich konnte es nicht … mich bedrückt nämlich ein zu blödsinniger Eid. Sie sollen wissen, daß ich, als ich noch Schauspieler war, durch die Bank ein Luder war. Ein Meineid, ein Hochverrat – das ist das einzige Verbrechen, das ich noch nicht begangen habe. Wenn, – dann soll ich den Unterschied zwischen Recht und Unrecht nicht mehr kennen!«

»Ich bin mit all solchem fertig«, sprach Dr. Bull. »Und ich habe mich entschlossen. Ich gab mein Versprechen dem Sekretär – Sie kennen ihn. Dem Mann, der die eine Wange hinauf- und die andere hinablacht. Liebe Freunde, dieser Mann ist der unglücklichste Mensch, den die Erde je getragen. Mags von wegen seiner schlechten Verdauung sein oder von wegen seinem Gewissen, seis, daß es seine Nerven sind oder seine Philosophie des Universums – er ist auf jeden Fall verdammt und hat die Hölle schon auf Erden! Und also – also kann ich mich nicht gegen einen solchen Mann wenden und ihn zu Tode hetzen. Das wär gleichbedeutend mit – mit dem Aussatz geschlagen werden. Das mag verrückt von mir sein, aber so fühl ichs nun einmal. Punktum. Streusand drauf.«

»Ich würde mir das nicht erlauben und Sie deswegen für verrückt halten«, sprach Syme. »Ich wußte übrigens, daß Sie sich so entscheiden würden, wenn Sie erst – –«

»Hm?« sprach Dr. Bull.

»Wenn Sie erst mal Ihr Brillenzeug abgelegt haben würden.«

Dr. Bull lächelte ein wenig und schlenderte dann quer über Deck – die See im Sonnenlicht zu betrachten. Dann kehrte er um und kam wieder zurück, nicht das mindeste auf seine Stiefelabsätze achthabend ... und ein einträchtiglich gesellig Schweigen überfiel die drei Herren.

»Tjaja«, sprach Syme, »es scheint, wir sind alle drei von derselben Moral oder Unmoral. So haben wir – zu dritt – auch ein besseres Einsehen in die Tatsache, die daraus resultiert.«

»Jawohl«, stimmte der Professor bei, »Sie haben absolut recht. Und wir müssen schnell schnell machen. Ich seh Frankreich schon die graue Nase in die Luft recken.«

»Die Tatsache, die daraus resultiert«, sprach Syme aufs ernsthafteste, »die ist, daß wir drei allein auf diesem Planeten sind. Gogol ist fort, Gott weiß wohin ... vielleicht hat ihn der Präsident zerkrümelt – wie 'ne Fliege. Im Rat, da waren wir drei gegen drei, wie jene Römer, die die Brücke hielten. Aber wir sind am schlimmeren dran, weil die andern, erstens einmal, ihre Organisation zu Hilfe rufen können – was wir mit der unserigen *nicht* tun können – und zweitens einmal, weil – –«

»Weil einer von jenen drei andern«, sprach der Professor, »kein – Mensch ist.«

Syme nickte und schwieg für eine Sekunde oder zwei. Dann sprach er:

»Meine Idee ist diese ... Hören Sie ... Wir müssen etwas tun, daß wir den Marquis bis morgen mittag in Calais festhalten. Ich hab schon an die zwanzig Möglichkeiten erwogen. Wir können ihn nicht als Dynamithelden anzeigen, das ist nu mal klar! Wir können ihn nicht einer trivialeren Sache wegen in Haft setzen, denn dazu müßten wir ihn verklagen, und zum Verklagen müßten wir vor Gericht erscheinen; er kennt uns – und er würde Lunte riechen! Wir können ihn auch nicht in anarchistischen Angelegenheiten zurückhalten wollen; von derartigen Ausreden würde er ja manche fressen, nur nicht diese blödsinnige, daß wir in Calais bleiben müssen, während der Zar wohlbehalten durch Paris gondelt. Wir könnten versuchen, ihn zu stehlen und ihn wo gefangen verstecken; aber er ist zu gut bekannt hier. Er besitzt eine reine Leibwache von Freunden; aber er ist sehr stark und er ist sehr tapfer, und das Ende davon wäre nicht mit Sicherheit vorauszusagen. Das einzige, von dem ich einsehe, daß es zu machen ist – wäre dieses: aus hervorragenden Eigenschaften des Marquis Vorteile zu ziehen. Ich werde mir die Tatsache zunutze machen, daß er ein höchst angesehener Edelmann ist. Ich werde mir die Tatsache zunutze machen, daß er viele Freunde hat und in der besten Gesellschaft verkehrt ...«

»Was zum Teufel quasseln Sie da?« fragte der Professor.

»Wir Symes – wir sind zum erstenmal im vierzehnten Jahrhundert genannt«, sprach Syme. »Aber das ist Tradition, daß einer von uns hinter Bruce ritt zu Bannockburn. Seit 1350 ist der Stammbaum ganz rein.«

»Der ist übergeschnappt«, sprach der kleine Doktor verwundert.

»Unsere Wappen«, fuhr Syme mit größter Gemütsruhe fort, »sind allemal Silber mit roten Sparren mit drei gekreuzten Kreuzchen im Feld. Das Motto variiert.«

Der Professor packte Syme grob am Kragen an.

»Wir sind sofort an Land«, sagte er, »Sind Sie seekrank oder machen Sie faule Witze am unrechten Platz?«

»Meine Bemerkungen sind schier peinlich praktisch«, antwortete Syme gemächlich. »Das Haus St. Eustache ist ebenfalls sehr, sehr alt.

Der Herr Marquis können nicht leugnen, daß er ein Gentleman sind. Er können aber auch nicht leugnen, daß ich ein Gentleman bin. Und um ihn über meine gesellschaftliche Stellung nicht im geringsten Zweifel zu lassen, bin ich dafür, ihm bei der erstbesten Gelegenheit den Hut vom Kopfe zu wischen. Aber da sind wir im Hafen.«

Sie gingen an Land. Wie betäubt von der prallen Sonne. Syme, der jetzt die Führung übernahm, so wie sie Bull in London innegehabt, lotste sie durch etwas wie eine Strandpromenade, bis sie an einigen Kaffeehäusern anlangten, die ganz unter lauter Grün versteckt waren und auf das Meer hinaussahen. Er ging vor ihnen einher renommierend und seinen Stock schwingend wie ein Schwert. Er steuerte augenscheinlich auf das entgegengesetzte Ende dieser Kaffeehäuserallee zu – als er mit einem Male mit einem Ruck stehen blieb ... Die beiden andern mit einer einzigen Geste schweigen hieß – und mit einem behandschuhten Finger nach einem Kaffeetisch unter einer Wolke blühenden Laubes hindeutete ... an dem der Marquis de St. Eustache saß ... mit blitzenden Zähnen hervor aus seinem dichten schwarzen Bart, das kühne, braune Gesicht überschattet von einem hellgelben Strohhut und wirkungsvoll gegen die violette See aufgestellt ...

# Das Duell

Syme nahm an einem Kaffeetisch mit seinen Gefährten Platz. Seine blauen Augen funkelten wie die lichte See da unten. Und er bestellte eine Flasche Saumur mit einer frohen Ungeduld. Er befand sich mit einigem Grund in einer solchen seltsam heiteren Gemütsverfassung. Sein Genius schwebte schon unnatürlich hoch, und stieg immer noch höher – genau in dem Maße, in dem der Saumur in der Flasche sank; und binnen einer halben Stunde war seine Rede ein reißender Strom des Unsinns. Er erklärte, er arbeite soeben einen vollständigen Plan aus von der Unterhaltung, die zwischen ihm und dem fürchterlichen Marquis vor sich gehen sollte. Und er brachte sie hastend mit einem Bleistift zu Papier. Und sie war arrangiert – wie ein gedruckter Katechismus, mit Frage und Antwort; und da haspelte er sie auch schon laut herunter.

»Ich komme also auf ihn zu. Eh er noch seinen Hut zieht, hab ich schon den meinigen gezogen. Ich sage: ›Herr Marquis de Saint Eustache, wenn ich mich nicht irre.‹ Er antwortet: ›Der berühmte Mr. Syme, so ich recht sehe.‹

Dann erkundigt er sich in exquisitestem Französisch: ›Wie gehts, wie stehts?‹ Und ich versetzte im reinen Londoner Dialekt: ›Nicht mehr so oft wie früher –‹«

»Aufhören! Maul halten!« sprach der Mann mit den Brillen. »Nehmen Sie sich doch zusammen – schmeißen Sie den Wisch weg! Und sagen Sie nu mal ernsthaft, was Sie tun werden?«

»Aber das war doch ein wunderschöner Katechismus!« sprach Syme pathetisch. »Lassen Sie mich ihn vorlesen. Er hat doch nur dreiundvierzig Fragen und Antworten, und einige von den Antworten des Marquis sind wahnsinnig witzig. Ich bin meinem Feind gegenüber stets gerecht.«

»Aber wozu soll denn das taugen?« fragte Dr. Bull verzweifelt.

»Zu meiner Herausforderung doch! Verstehen Sie denn nicht?« sprach Syme – und strahlte vor Freude. »Wenn der Marquis die neununddreißigste Antwort gegeben hat, die folgendermaßen lautet –«

»Ist Ihnen bei alledem niemals – aus purem Zufall etwa – irgendwie der Gedanke gekommen«, fragte der Professor da mit einer erdrückenden Selbstverständlichkeit, »daß der Marquis von den dreiundvierzig Dingern, die Sie ihm zugeschrieben haben, das eine oder andere, sagen wir, nicht mehr wissen, mithin also vergessen haben könnte? In diesem Falle, denke ich, möchten Ihre eigenen Epigramme sich denn doch ein wenig allzu gekünstelt anhören.«

Syme schlug auf den Tisch und strahlte fast ein wenig zu viel vor Freude. »Wie wahr – ach wie so wahr, so wahr das ist! Und ich hab nicht einen einzigen Augenblick daran gedacht! Mein Herr, Ihr Verstand erhebt sich über das Durchschnittsmaß ... Sie werden sich noch einen Namen machen.«

»Oh – Sie sind besoffen wie 'n Nachtwächter!« sprach der Doktor.

»Da bleibt mir nichts anderes übrig«, fuhr Syme unbeirrt fort, »hm – da muß ich nun also eine andere Methode finden, wie das Eis (wenn ich mich so ausdrücken darf) zwischen mir und dem Mann, den ich töten will, zu brechen sein wird. Und da ja der Gang einer Unterhaltung nicht von einer der beiden Parteien allein vorausgesagt werden kann (wie Sie mir ebenso scharfsinnig wie tief gerade dargelegt haben), ist (so vermute ich wenigstens) die einzige Möglichkeit für die eine der beiden Parteien diese: in ihrem vorgefaßten Dialog ihrerseits wenigstens so weit wie möglich zu gehen. Na – und das will ich, beim Heiligen Georg! das will ich – –.« Und er stand jählings auf, und sein gelbes Haar wehte in der schwachen Brise.

Eine Künstlerbande spielte in einem *Café chantant* verborgen irgendwo unter den Bäumen; und ein Frauenzimmer hatte just mit Singen aufgehört. In Symes überheiztem Schädel war das Schmettern der Blechinstrumente ganz wie der Singsang der Leierkasten von Leicester Square, zu dessen Lied er einst aufstand und sterben wollte. Er sah nach dem kleinen Tisch hinüber, an dem der Marquis saß. Dem leisteten eben zwei Herren Gesellschaft, zwei Ehrfurcht erweckende Franzmänner in langen Gehröcken und mit Seidenhüten, der eine der beiden mit der roten Rosette der Ehrenlegion – zwei Leute von solider gesellschaftlicher Position augenscheinlich. Neben diesen schwarzen, noch obendrein bezylinderten Erscheinungen nahm sich der Marquis mit seinem leichten Strohhut und seinen lichten Sommerkleidern wie ein Bohème – ja geradezu barbarisch aus. Und sah sich doch wie ein Marquis an! Wirklich, wie leicht hätte ihn wer gar für einen König gehalten, mit dieser sinnlichen Eleganz, den spöttisch-höhnischen Augen, dem stolzen Haupt gegen die veilchenfarbene See. Nur daß er kein christlicher König war, um keinen Preis. Ein schwarzbrauner Despot vielmehr, ein Grieche halb, halb Asiate, der in den Tagen, da die Sklaverei etwas Selbstverständliches war, auf das Mittelländische Meer herniedersah, auf seine Galeere und auf seine stöhnenden Sklaven. Gerade so, dachte Syme, müssen die braungoldenen Gesichter solcher Tyrannen sich von den dunkelgrünen Olivenwäldern und dem glühenden Blau des Himmels und des Meeres abgehoben haben ...

»Gehen Sie nun, den Zweikampf ausmachen?« fragte der Professor ungeduldig werdend und empfindlich, wie Syme immer noch dastand und gar keine Miene machte, endlich zu gehen.

Da stürzte Syme den Rest des funkelnden Weines hinab.

»Den Zweikampf ausmachen?« sprach er, und deutete auf den Marquis und seine Gesellschaft hinüber. »Die drei da drüben gefallen mir nicht. Ich will der großen scheußlichen mahagonifarbenen Nase da drüben den Garaus machen.«

Und er beeilte sich da hinüberzukommen, wenn er auch nicht gerad auf dem geradesten Weg hinüberkam. Der Marquis, sowie der ihn sah, kniff seine schwarzen assyrischen Augenbrauen vor Erstaunen zusammen. Und lächelte aber höflich.

»Da ist ja Mr. Syme, wenn ich recht sehe«, sprach er.

Syme verneigte sich –

»Und Sie sind der Marquis de Saint Eustache?« sprach er mit Grazie. »Gestatten Sie, daß ich Sie ein bißchen an der Nase ziepe?«

Und beugte sich auch schon vor, nach seinen Worten zu tun. Aber der Marquis wich zurück, daß sein Stuhl dabei umfiel, und die zwei Herren mit den Angströhren hielten Syme bei den Schultern gepackt.

»Der Herr hat mich insultiert!« wollte sich Syme mit vielen Gesten verständigen.

»Sie insultiert?« rief der Gentleman mit der roten Rosette. »Wann denn?«

»Oh – eben jetzt«, sprach Syme unverfroren. »Er hat meine Mutter insultiert.«

»Ihre Mutter insultiert!« rief der Gentleman skeptisch.

»Nun – eh – auf jeden Fall, – eh –« sprach Syme, der mit sich handeln ließ, »meine Tante!«

»Aber wie kann der Marquis jetzt eben Ihre Tante beleidigt haben?« fragte der andere Gentleman mit nur allzu berechtigtem Staunen. »Er saß doch die ganze Zeit hier!«

»Ah – ah – er hat gesagt, was er sagte«, drückte sich Syme ziemlich dunkel aus.

»Aber ich habe nichts – nichts gesagt«, sagte der Marquis. »Außer etwas über die Künstlerbande. Ich sagte nur: daß ich Wagner gut gespielt gerne höre.«

»Dann war das eine deutliche Anspielung auf meine Familie«, sprach Syme unentwegt, »meine Tante spielte Wagner miserabel. War eine peinliche Sache. Hat uns Insult genug eingetragen.«

»Das scheint etwas ganz Außergewöhnliches«, sprach der Gentleman décoré und sah den Marquis bedenklich an.

»Oh, ich versichere Sie«, behauptete Syme in vollem Ernste, »Ihre ganze Unterhaltung strotzte geradezu von versteckten Anspielungen auf die Geistesschwäche meiner Tante.«

»Aber das ist ja Unsinn!« sprach der andere Gentleman. »Ich zum Beispiel hab seit einer ganzen halben Stunde nichts gesagt, als daß mir der Gesang des schwarzhaarigen Mädchens gefällt.«

»Aber da haben wir Sie ja!« rief Syme aufgebracht. »Meine Tante war fuchsrot!«

»Mir scheint«, sprach der andere wieder, »Sie suchen nichts als einen Vorwand, um den Herrn Marquis zu brüskieren.«

»Beim Heiligen Georg!« sprach Syme, drehte sich um und sah ihn an, »was Sie doch ein gescheiter Kerl sind!«

Der Marquis sprang auf. Mit glühenden Augen – wie Tigeraugen.

»Sie wollen Händel mit mir!« schrie er. »Sie wollen einen Kampf mit mir! Bei Gott! da hat nie noch einer lang suchen müssen. Die Herren werden so liebenswürdig sein und Zeugen sein. Wir haben noch vier Stunden bis zum Abend. Wir werden heute Abend die Sache austragen.«

Syme verneigte sich mit wunderbarem Anstand. »Herr Marquis«, sprach er, »Sie handeln nach Ihrem hohen Ruf und Ihrer hohen Abstammung. Erlauben Sie, daß ich mich einen Augenblick mit jenen Gentlemen in Verbindung setze, die meine Vertreter sein sollen.«

Und mit drei langen Schritten war er wieder bei seinen Kollegen. Und diese, die seine vom Sekt eingegebene Attacke mitangesehen und seine idiotischen Erklärungen mitangehört hatten, waren durchaus überrascht von seinem jetzigen Gehaben. Denn jetzt, wie er zu ihnen zurückkam, war er absolut nüchtern, ein wenig blaß ja, – aber er sprach ganz leise und durch und durch vernünftig …

»Es ist gemacht«, sagte er, ein wenig heiser. »Ich hab einen Kampf mit dem Kerl ausgemacht. Aber nun kommen Sie, bitte, dichter ran und hören Sie recht, recht aufmerksam zu. Wir haben nicht viel Zeit zu reden. Sie sind meine Sekundanten, und alles hängt nun von Ihnen ab. Sie müssen nun darauf bestehen – und müssen hartnäckig und um jeden Preis darauf bestehen – daß der Kampf erst *nach* morgen früh 7 Uhr vor sich geht, so daß wir verhindern können, daß er den Zug 7.45 nach Paris erwischt. Daß, wenn er den Zug verpaßt, er damit den verbrecherischen Anschlag verpaßt. So viel, d.h. so wenig dazwischenliegende Zeit kann er nicht weigern. Aber das ist, was er tun wird. Er wird den Kampfplatz irgendwie recht dicht bei einer Zwischenstation wählen, so daß er den Zug dann knapp noch erwischen kann. Er ist ein ausgezeichneter Fechter und er traut sich zu, mich so schnell kampfunfähig machen zu können, daß er noch zur Bahn kommt. Aber ich kann brillant parieren und denke, daß ich ihn so lange aufhalte, bis der Zug futsch ist. Dann meinetwegen mag er mich töten und sich auf diese Weise schadlos halten wollen. Verstehen Sie? Ja? Nun also … dann kommen Sie, bitte, daß ich Sie einigen reizenden Freunden von mir vorstelle«, und er schritt eilends voraus und stellte sie den zwei Sekundanten des Marquis vor – unter sehr aristokratischen Namen, von denen ihre vermeintlichen Träger natürlich bis dato selber noch keine Ahnung gehabt hatten …

Syme litt an Krämpfen des einfachen gesunden Menschenverstandes. Das war nun mal so. Es waren (wie er sich anläßlich seines Impulses in jener Brillenszene ausdrückte) poetische Intuitionen, die sich oftmals zu exaltierten Prophetien auswuchsen.

Und so hatte er auch diesmal die Politik seines Gegners sehr richtig kalkuliert … Als der Marquis durch seine Sekundanten erfuhr, Syme würde erst am nächsten Morgen fechten, da sah er absolut ein, daß sich ein jähes Hindernis aufgetan hätte zwischen ihm und seinem Bombengeschäft in der Hauptstadt. Indem er aber von solcher Angelegenheit seinen Freunden natürlich nichts verraten konnte, so wählte er den Ausweg, den Syme prophezeit hatte. Er überredete seine Sekundanten, als Kampfplatz eine kleine Wiese nah der Eisenbahn zu bestimmen – und verließ sich im übrigen ganz auf den ersten Waffengang.

Wie er, kühl bis ans Herz hinan, das Feld der Ehre betrat, hätte keiner vermutet, daß er etwa voll von Reisefieber wäre. Hände in den Taschen, Strohhut im Nacken, das feine Gesicht bronzen in der Sonne. Aber dieses wäre dem fremdesten Fremden höchlichst aufgefallen, daß ihm nicht nur seine Sekundanten mit dem Waffenzeug folgten, sondern auch zwei seiner Diener mit Handkoffer und Eßkorb.

So früh es am Tage war, durchheizte die Sonne doch schon jedes Ding. Und Syme war etwas betroffen, so viele Sommerblumen in brennenden Gold- und Silberfarben waren rings im hohen Gras, darin die ganze Gesellschaft schier knietief watete und stand.

Ausgenommen der Marquis, waren alle Herren in dunklen, feierlichen Gesellschaftsanzügen und schwarzen Angströhren. Der kleine Doktor insonders sah, mit seinen schwarzen Brillen obendrein, wie ein Leichenbestatter in einem Schwank aus. Syme konnte sich nicht helfen, es war ein zu komischer Kontrast: diese Leichenbegängnismonturen einerseits – und andererseits die üppige glitzernde Wiese mit den wildblühenden Blumen allenthalben. Aber dieser komische Kontrast zwischen der gelben Blüte und den schwarzen Hüten war eben ein Symbol für den tragischen Kontrast zwischen der gelben Blüte und dem schwarzen Handwerk ... Zu seiner Rechten, da war ein kleiner Wald. Weit links hinüber aber bog sich die große Kurve der Eisenbahn, die er sozusagen gegen den Marquis zu verteidigen hatte, dessen Goal und Entkommen sie war. Voraus, über die schwarze Gruppe seiner Gegner hinaus, konnte er, wie eine abgetönte Wolke, einen kleinen blühenden Mandelbaumbusch sehen, der gegen die matten Farben eines Streifens von der See stand.

Das Mitglied von der Ehrenlegion, mit Namen Colonel Ducroix, wie es schien, trat auf den Professor und Dr. Bull zu und regte in verbindlichster Form an, daß die Angelegenheit mit der ersten nennenswerten Verwundung zu Ende sein solle.

Dr. Bull indes, dem Syme gerade diesen kitzligsten Punkt nach allen Regeln eingepaukt hatte, bestand mit großer Würde und in miserablem Französisch darauf, der Kampf müsse fortdauern, bis einer der Kombattanten vollständig kampfunfähig wäre. Syme war entschlossen, eine Kampfunfähigkeit des Marquis zu vermeiden und zu gleicher Zeit zu verhindern, daß ihn der Marquis wenigstens nicht vor zwanzig Minuten abführen würde. In zwanzig Minuten nämlich würde der Pariser Zug gut vorüber sein.

»Einem Mann von so weltbekannter Fertigkeit und Tapferkeit wie Monsieur de St. Eustache«, sprach der Professor feierlich, »muß es höchst gleichgültig sein, welche Methode Gültigkeit haben soll, und unser Duellant hat schwerwiegende Gründe, um die längere Gefechtsart zu bitten, ... Gründe übrigens, deren Delikatesse mir verbietet, sie hier Ihnen auseinanderzusetzen, aber deren wohlbegründete und durch und durch ehrenhafte Natur ich Ihnen – –«

*»Peste!«* fuhrs dem Marquis heraus, und sein Gesicht ward jäh um noch vieles dunkler, »hören wir lieber mit Reden auf und fangen mal an – –« und er köpfte eine hohe schlanke Blume mit seinem Stock.

Syme wußte gar wohl, woher solch rauhe Ungeduld käme. Und blickte wider Willen über die Schulter weg, um zu sehen, ob der Zug denn schon in Sicht käme. Aber nicht ein Wölkchen Rauches noch am Horizont ...

Colonel Ducroix kniete nieder und schloß den Waffenkasten auf. Nahm ein Paar Zwillingsdegen heraus, – und die Sonne fiel gleich darüber her und verwandelte sie in zwei Streifen weißen Feuers –. Und bot den einen dem Marquis an, der ihn ohne weiteres und schnell ergriff, und den andern Syme, der ihn nahm und ihn bog und dann wog, mit soviel Umständen und soviel Aufschiebens, als sich gerade noch mit aller sonstigen Würde vertrug. Dann nahm der Colonel noch ein anderes Degenpaar heraus, und während er einen für sich selber behielt und den andern an Dr. Bull gab, bestimmte er den Platz.

Beide Kombattanten hatten ihre Röcke und Westen abgelegt und standen, mit den Waffen in der Hand, da. Die Sekundanten standen jeder auf einer Seite der Gefechtslinie ebenfalls mit gezogenen Waffen, aber gleichwohl noch in ihren schwarzen Gehröcken und Zylindern. Die Duellanten salutierten. Der Colonel sprach ruhig sein »Los!« und die beiden Klingen sprangen aufeinander los und sangen.

Wie der Gesang des Eisens kribbelnd Symes Arm hinauflief, fielen alle phantastischen Ängste, die das Wesen dieser Geschichte ausmachten, von ihm ab wie Träume von einem Menschen, der in seinem Bett erwacht. Er konnte sich an alles ganz klar und ganz in der richtigen Reihenfolge erinnern, aber so, als obs bloßer Betrug der Nerven gewesen wäre: – die Angst vor dem Professor war die Angst vor den tyrannischen Willkürlichkeiten aller Nachtmahr gewesen und die Angst vor dem Doktor dagegen die Angst vor dem luftlosen Vakuum aller Wissenschaft. Die erste war die alte Angst, daß Zeichen und Wunder geschehen, die andere die viel hoffnungslosere moderne, daß es Zeichen und Wunder nicht gibt. Aber nun sah er, daß die beiden Ängste sehr törichte gewesen waren, denn nun befand er sich ja unmittelbar vor der ungeheuren Tatsache der Todesangst, dem grausamsten und unerbittlichsten aller Gefühle. Ihm war zumute wie einem, der all die Nacht durch träumte, lauter Abgründe hinabzustürzen und der nun zu einem Morgen erwachte, an dem er gehängt werden sollte. Denn sobald er im glühenden Sonnenlicht den Speer seines Feindes erglühen sah und fühlte, wie die beiden stählernen Zungen einander leckten, kitzelten und küßten, wußte er, daß sein Gegner ein gewaltiger Fechter war und sein letztes Stündlein nun wohl gekommen sei...

Seltsam lebhaft, wertvoll und wert wurde ihm in diesem Augenblick alle Erde ringsum; köstlich wurde ihm das Gras unter den Füßen. Er fühlte die Liebe zum Leben in allen lebendigen Dingen. Es war ihm gerade, als ob er das Gras wachsen hörte; es war ihm schier, als schössen gerad während er dastand, neue Blumen auf und brächen in Blüte aus auf dieser Wiese – blutrote und gold- und blauglühende Blumen, und vollendeten so erst die ganze Pracht alles Blühns. Und so oft seine Augen für die Dauer eines Blitzes von den kalten, starrenden, hypnotischen Augen des Marquis fortsahen, ersah er den kleinen Busch des Mandelbaums gegen den Himmel und die See. Und er wußte es irgendwie bestimmt, daß – wenn er durch irgendein Wunder aus diesem Kampfe noch lebend hervorginge – würde er willens sein, für immer und immer vor jenem Mandelbaum zu sitzen, und sonst nichts und nichts und nichts mehr auf dieser Welt sich wünschen...

Aber während sich ihm Erde und Himmel und ein jedes Ding in jener Lebensschönheit präsentierten, wie sie nur ihm verlorene Dinge haben konnten, war die andere Hälfte seines Kopfes so klar wie Glas. Und er parierte alle Hiebe seines Gegners mit der Präzision eines Uhrwerks – mit einer Geschicklichkeit, die er sich selber nie zugetraut hätte. Einmal ritzte die feindliche Spitze sein Handgelenk, so daß ein schwacher Blutstreifen erschien; aber entweder wurde das gar nicht bemerkt oder stillschweigend übergangen. Ab und zu auch führte er einen *Gegenstoß* aus, und ein- oder zweimal war ihm fast, als ob er einen Stoß heimgebracht hätte – aber da er weder an der Klinge noch am Hemd des andern Blut sehen konnte, dachte er, er hätte sich getäuscht ... Dann trat eine Unterbrechung ein und ein Wechsel ...

Auf die Gefahr hin, alles zu verlieren, gab der Marquis plötzlich seinen starren Blick auf und sah blitzschnell über die Schulter weg nach der Eisenbahn rechts. Wie er sich Syme dann wieder zuwandte, hatte er mit einem Mal das Gesicht eines Teufels und focht – wie mit zwanzig Schwertern zugleich. Die Attacke war nun so heftig und wütend, daß der eine blitzende Speer ein Hagel blitzender Pfeile zu sein schien. Syme blieb keine Muße, nun etwa seinerseits nach der Eisenbahn auszuschauen. Aber er hätte es auch gar nicht nötig gehabt. Er konnte wohl erraten, warum der Marquis plötzlich so wahnsinnig dreinhieb – der Pariser Zug war in Sicht.

Aber des Marquis krankhafte Energie übervorteilte sich selber. Zweimal schlug Syme, indem er parierte, seines Gegners Spitze weit aus dem Gefechtsfeld; und das dritte Mal war sein Gegenstoß ein so rapider, daß kein Zweifel mehr darüber war – diesmal *saß er*! Symes Klinge bog sich augenblicks unter der Wucht des Körpers vom Marquis, in den sie tief eingedrungen war. Syme war des so gewiß, daß er seinen Stahl in seinen Feind hineingestochen hatte, so wie ein Gärtner des gewiß ist, daß er seinen Spaten in die Erde gestochen hat. Und doch sprang der Marquis von dem Stoß ohne einen Taumel zurück – daß Syme wie gebannt stehen blieb und seine Degenspitze wie ein Idiot anstarrte. Es war – trotz allem – – kein Blut daran – – –

Das war ein Moment, in dem alles zu erstarren schien ... Dann aber fiel Syme seinerseits den andern furioso an, von etwas wie einer tödlichen Wißbegierde erfüllt. Der Marquis war wahrscheinlich, ganz im allgemeinen, ein ungleich besserer Fechter als er – das war ihm von vornherein klar gewesen – aber jetzt schien der Marquis verstört und das höchst zu seinem Nachteil natürlich. Er focht verwirrt, ja sogar schlapp – und schielte dabei fortwährend nach der Eisenbahn hinüber – fast als ob er den Zug mehr als die Degenspitze zu fürchten hätte. Syme hingegen, der focht leidenschaftlich ... aber jederzeit achtsam und bedachtsam, in einer geistigen Wut nur, brennend, das Rätsel seiner unblutigen Klinge zu lösen. In dieser Absicht zielte er weniger auf den Körper des Marquis und mehr gegen seinen Hals und Schädel. Anderthalb Minuten später – fuhr seine Spitze dem andern in den Hals unter der Kinnlade. Und – – kam ohne einen Tropfen Blut heraus. Halb verrückt stieß er noch einmal zu und erzielte etwas, das eine große blutige Schramme auf der Wange des Marquis machen sollte. Und dann war – – absolut nichts von einer großen blutigen Schramme.

Für einen Augenblick wurde der Himmel für Syme wieder einmal schwarz von außernatürlichen Schrecken. Dieses Menschen Leben war behext – behext! Aber dieser neue Geisterschreck war ein viel scheußlicherer als jene kleine Geisterkasperliade vom Paralytiker als Polizeihund. Der Professor war bloß ein Kobold gewesen, dieser Mann aber war ein Teufel – und am Ende gar der Teufel in Person! Auf jeden Fall stand dieses fest, daß dreimal eine menschliche Klinge ihn tief durchbohrte und dennoch kein einziges Mal ein Zeichen hinterließ. Wie Syme sich das so dachte, stand etwas auf in ihm und reckte ihn hoch, und alles Gute in ihm, das sang hell auf, so wie ein Wind hell im Baume singt. Und er dachte fest an alle natürlichen Dinge in diesem seinem Abenteuer – an die chinesischen Laternen in Saffron Park, an das rote Haar der Schwester im Garten, an die ollen ehrlichen biertrinkenden Seeleute unten bei den Docks und an seine treuen Kameraden, die ihm zur Seite standen. Vielleicht war er von all jenen frischen und kindlichen Dingen zum Kämpfen auserwählt – nun eine Klinge zu kreuzen mit dem Feind aller Schöpfung. »Schließlich und endlich«, sprach er bei sich selber, »bin ich mehr als ein Teufel; denn ich bin ein Mensch. Und kann ein Ding tun, das Satan selber nie zu tun vermöchte – kann sterben« – und wie ihm diese Worte durch den Kopf sangen, hörte er mit einem Mal ein schwaches fernes Geheul – – – der Pariser Zug!

Und er fiel neu aus und focht mit einer übernatürlichen Leichtigkeit – gleichwie ein Mohammedaner, der nach dem Paradiese lechzt. Und wie der Zug jetzt nah und näher und immer näher kam, bildete er sich ein, er sähe, wie man zu Paris Blumenpforten aufbaue ... und das Näherbrausen wurde ihm zur Glorie der großen Republik, deren Eingang er (mit flammendem Schwert) gegen die Hölle verwahrte. Und der vielträchtige Bauch seiner Phantasie schwoll und schwoll just in dem Maße, in dem der Zug donnernd und donnernder anfuhr – und all das endigte und krönte sich so herrlich in einem langen durchdringenden Pfiff – – – der Zug hielt.

Und plötzlich – zum hellsten Entsetzen jedermanns – sprang der Marquis weit aus allem Gefechtsfeld und schmiß seinen Degen weg.

Und der Sprung, der war ein wundervoller, und nicht zum wenigsten wundervoll, indem Syme einen Moment vorher seine Klinge in des Mannes Oberschenkel versenkt hatte.

»Halt!« rief der Marquis mit einer Stimme, daraus eine augenblickliche Unterwerfung flehte. »Ich möchte etwas sagen.«

»Was ist los?« fragte Colonel Ducroix und starrte ihn an. »War da ein regelwidriger Stoß?«

»Ja, da war irgend etwas wider die Regel«, sprach Dr. Bull – und war ein wenig blaß. »Unser Duellant hat den Marquis wenigstens viermal verwundet, und es ist gerad als wär gar nichts gewesen.«

Der Marquis hob die Hand auf – mit einer plötzlichen grausigen Duldermiene.

»Bitte, ich will sprechen«, sprach er. »Und zwar etwas einigermaßen Bedeutsames. Mr. Syme«, fuhr er fort und wandte sich an seinen Gegner, »wir kämpfen heute, weil Sie (wenn ich mich recht erinnere) einen Wunsch ausdrückten (den ich für albern hielt), nämlich diesen: mich an der Nase zu ziepen ... Ich wäre Ihnen sehr verbunden, wenn Sie mich jetzt so schnell wie möglich an der Nase ziepen wollten. Ich muß nämlich – – noch einen Zug erreichen.«

»Ich protestiere. Das ist sehr wider die Regel«, sprach Dr. Bull entrüstet.

»So was ist gewiß noch nicht dagewesen«, sprach Colonel Ducroix und sah gedankenvoll auf seinen Duellanten. »Es ist ja wohl, denk ich, ein Fall (Kapitän Bellegard und Baron Zumpt) denkwürdig, bei dem die Waffen mitten im Zweikampf auf Verlangen des einen der Kombattanten gewechselt wurden. Aber eine Nase kann man schwerlich eine Waffe nennen.«

»Wollen Sie mich nun an der Nase ziepen oder nicht?« sprach der Marquis in höchster Erbitterung. »Kommen Sie, kommen Sie doch, kommen Sie, Mr. Syme! Sie wollten es tun – also tun Sie es jetzt! Sie haben keine Ahnung, wie wichtig das für mich ist! Seien Sie doch nicht so egoistisch! So ziepen Sie mich doch endlich an der Nase, wenn ich Sie darum bitte!« Und er beugte sich leicht vorwärts – und lächelte dazu ein faszinierendes Lächeln. Der Pariser Zug aber, der stöhnte und heulte herzzerreißend derweil auf der kleinen Station hinter dem Nachbarhügel.

Syme hatte, wie schon oft unter all diesen Abenteuern, das Gefühl: eine fürchterliche, ungeheuere himmelanstürmende Woge ginge über ihn hin. Und so tat er denn in eine Welt hinein, die er nur zur Hälfte begriff, zwei Schritt und faßte diese römische Nase dieses ehrenwerten Edelmanns an. Zog fest daran – – – und sie ging ab und blieb in seiner Hand – – – –

Und so stand er da. Augenblicke lang. Närrisch, steif, zum Todlachen feierlich. Die Nase aus Pappendeckel immer noch in der Hand. Und starrte sie an. Und die Sonne, und die Wolken, und die bewaldeten Hügel – alle sie sahen diesem blödsinnigen Schauspiel zu.

Dann rief der Marquis voller Lustigkeit in diese Stille:

»Falls irgendwer für meine linke Augenbraue Verwendung hätte«, sprach er, »bitte, der mag sie haben. Colonel Ducroix, würden Sie meine linke Augenbraue von mir annehmen? Sie könnten sie eines schönen Tages wirklich nötig haben –« und er riß sich würdevoll eine seiner schwarzbraunen assyrischen Brauen aus – nur daß dabei die Hälfte wohl von seiner braunen Stirn mitging – und bot sie höflich dem Colonel an, der hochrot und sprachlos vor Wut dastand.

»Wenn ich gewußt hätte«, blubberte der, »daß ich einer Memme Zeuge sein würde, die sich zum Fechten ausstopft – –«

»Ich kann mirs denken, ich kann mirs wohl denken – oh!« sprach der Marquis, und warf rücksichtslos das und das und das von sich selber – ganz unterschiedliches rechts und links weit in die Wiese, »aber Sie sind im Irrtum, oh – Sie irren sich sehr! Ich kanns Ihnen jetzt nur nicht erklären – – und kann Ihnen nur sagen, daß der Zug in der Station steht!«

»O ja«, sprach Dr. Bull grimmig, »und der Zug – der Zug soll nur aus der Station wieder hinausfahren! Der soll nur hübsch machen, daß er weiter kommt! Aber ohne Sie – verstanden! Sie kommen uns da nicht mit! Nee, mein Junge! Das wolln wir mal sehen! Wir wissen genau, zu welchem Teufelswerk – –«

Der mysteriöse Marquis hob – beschwörend seine Hände. Und war eine richtige Vogelscheuche, wie er stand, sein altes Gesicht halb abgepellt und darunter schon halb ein neues hervorstarrend und grinsend.

»Wollen Sie mich wahnsinnig machen?« schrie er. »Der Zug – –«

»Der Zug geht ohne Sie! Sie kommen um keinen Preis mit!« behauptete Syme und unterstützte die Behauptung, indem er seinen Degen schwang.

Das halbirre Gesicht fuhr zu Syme herum, und darin werkte und werkte es, sekundenlang, auf das Verzweifeltste, eh es zu sprechen imstande war –

»Sie großer, dicker, abscheulicher, triefäugiger, blödsinniger, entsetzlicher, von Gott verlassener, flachshaariger, verfluchter Narr Sie!« sprach er, ohne ein einziges Mal Atem zu holen. »Sie Riesentrottel, Sie Blinzelidiot, Sie Wergschöpfiger, Sie weiße Rübe Sie! Sie – –«

»Sie kommen *doch* nicht mit dem Zug mit!« wiederholte Syme.

»Und warum bei allen rotglühenden Teufeln«, brüllte der andere, »soll ich wollen, daß ich mit dem Zug mitkomme?«

»Wir alle wissen«, sprach der Professor finster, »daß Sie nach Paris wollen – eine Bombe werfen!«

»Jabbern* Sie doch nicht!« schrie der andere und raufte sich die Haare, die ihm leichtlich und büschelweise ausgingen. »Habt ihr denn alle miteinander Gehirnerweichung, daß ihr euch so gar nicht vorstellen könnt, wer ich etwa sein möchte? Denkt ihr wirklich immer noch, daß ich den Zug erreichen will? Meinetwegen mögen fuffzig Pariser Züge vorbeigehn! Scheißpariser Züge!!«

»Aber was wollen Sie denn dann?« fing der Professor wieder an.

»Was ich wollte? Ich wollte den Zug gar nicht erwischen – sondern ich wollte, daß der Zug mich nicht erwischt! Und jetzt – bei Gott – *hat* er mich erwischt!«

»Ich bedauere, Ihnen die Mitteilung machen zu müssen«, sprach Syme mit Zurückhaltung, »daß Ihre Worte keinerlei Eindruck auf mich machen. Vielleicht ja, wenn Sie die Überreste Ihrer einstigen Stirn beseitigen würden und einen Teil dessen, das Sie dereinst Ihr Kinn nannten, dann möchten Ihre Ansichten etwas klarere werden. Klarheit des Denkens kommt: wenn man einen klaren Kopf hat … Was meinten Sie also damit – daß der Zug Sie erwischt hat? Literarisch genommen, ist das eine Groteske; aber mir ist, als ob das etwas besagen müßte.«

»Etwas nur? Alles und jedes«, sprach der andere. »Und das – Ende von allem und jedem! Sonntag hat uns nun absolut in der Hand –«

»Uns!« plapperte der Professor nach, der ganz und gar baff war. »Wie heißt *uns*?«

* *jabbern:* quatschen, schwatzen, plappern; geht wohl zurück auf *jappen:* den Mund aufsperren.

»Die Polizei natürlich!« sprach der Marquis, und riß seinen Skalp und die übrige Hälfte seines falschen Gesichts herunter.

Und der Kopf, der nun zum Vorschein kam, das war der blonde, gutgebürstete und glattgestrichene Durchschnittskopf des englischen Konstablers – nur daß das Gesicht erschrecklich blaß war.

»Ich bin der Inspektor Ratcliffe«, sagte er mit einer Hast, die schon mehr etwas von Barschheit hatte. »Mein Name ist der Polizei leidlich gut bekannt. Und ich sehe hinreichend, daß Sie zur Polizei gehören. Aber wenn Sie noch irgendeinen Zweifel über mich hegen sollten – da ist meine Karte –« und er zog die gewisse blaue Karte aus der Tasche.

Der Professor winkte ermüdet ab. (Er war dergleichen schon herzlich satt.)

»Zeigen Sie es nur nicht lange her«, sprach er, »wir haben schon so viel davon, daß wir bequem eine Schnitzeljagd arrangieren könnten.«

Der kleine Mann namens Bull hatte, wie so viele Menschen, die nur aus lauter Lebhaftigkeit und Pöbelhaftigkeit zusammengesetzt scheinen, plötzlich Anfälle des guten Geschmacks. Er rettete diesmal die Situation. Mitten unter diesem sehr bedenklichen Transformationsakt schritt er mit all dem Ernst und dem Verantwortlichkeitsgefühl eines Sekundanten auf die beiden Sekundanten des Marquis zu und sprach:

»Meine Herren, wir schulden eine ernsthafte Abbitte. Aber ich versichere Sie, daß Sie absolut nicht bloß – die Opfer eines faulen Witzes geworden sind, wie Sie glauben, oder sonst irgendeines Jokus, der eines Ehrenmannes unwürdig wäre. Sie haben Ihre Zeit nicht ganz unnütz vergeudet. Im Gegenteil – Sie haben dazu beigetragen, die Welt zu erretten. Wir sind keine Possenreißer und Hanswürste, sondern wir sind Verzweifelte im Kampf gegen eine ungeheure Verschwörung. Eine geheime Anarchistengesellschaft macht Jagd auf uns wie auf Hasen. Nicht etwa unglückliche Blödsinnige, die ab und zu vor Hungertod oder aus lauter germanischer Tiefgründigkeit mal eine Bombe schmeißen, o nein – – sondern eine reiche, allgewaltige, fanatische Kirche, eine Kirche von orientalischem Pessimismus, deren Heiligstes es ist, die ganze Menschheit gerad wie ein Ungeziefer auszutilgen. Wie sehr sie uns aber auf den Fersen sind, mögen Sie aus der Tatsache ersehen, daß wir zu Verkleidungen und Maskierungen gezwungen sind wie diese, für die ich Sie nun um

Entschuldigung bitten möchte, und zu Schelmenkunststückchen wie dieses, darunter Sie selber soeben zu leiden hatten.«

Der jüngere von den zwei Sekundanten des Marquis, eine gedrungene Gestalt mit schwarzem Schnurrbart, verbeugte sich höflich und sprach:

»Aber natürlich – selbstverständlich laß ich die Entschuldigung gelten. Nur ... wollen Sie mir Ihrerseits nun verzeihen, wenn ich nicht sehr dazu inkliniere, Ihnen noch tiefer hinein in Ihre Fährlichkeiten zu folgen und mir statt dessen erlaube, Ihnen guten Morgen zu sagen! Das Schauspiel, einen angesehenen, distinguierten Kameraden in freier Luft plötzlich total in die Binsen gehen zu sehen, ist etwas ungewöhnlich und schließlich und endlich genügend für einen Tag. Colonel Ducroix, ich möchte Ihre Entschlüsse in keiner Weise beeinflussen, aber falls Sie mit mir empfinden, daß unsere momentane Anwesenheit ein wenig abnormal ist – ich geh jetzt zur Stadt zurück.«

Colonel Ducroix wollte ganz mechanisch mitgehen – aber mit einem Mal fuhr er sich wild durch den weißen Schnurrbart und rief:

»Nein, bei Sankt Georg! das geht nicht an bei mir! Wenn diese Gentlemen tatsächlich in einer Patsche sind, und das durch eine Kompagnie ganz gemeiner Banditen und Seeräuber, dann möchte ich sie gerne wieder draußen sehn! Ich hab für Frankreich gefochten – wär schön, wenn ich nicht auch für die Zivilisation fechten könnt!«

Dr. Bull riß seinen Hut herunter und schwenkte ihn und stimmte ein Beifallsgeheul an wie bei einer Volksversammlung.

»Machen Sie doch keinen solchen Spektakel«, sprach Inspektor Ratcliffe. »Sonst hört Sie Sonntag.«

»Sonntag!« schrie Bull – und da fiel ihm der Hut aus der Hand.

»Jawohl«, versetzte Ratcliffe, »wie leicht – und er ist unter ihnen.«

»Unter wem?« fragte Syme.

»Unter jenen Leuten aus dem Zug«, sprach der andere.

»Was Sie da sagen, scheint außerordentlich – außerordentlich«, fing Syme wieder an. »In der Tat – äh – in der Tat – – Aber Herr, du mein Gott!« schrie er plötzlich auf, wie einer, der eine Explosion von weitem miterlebt, »Herr, du mein Gott! Wenn das alles wahr ist, dann waren ja die ganze schwere Menge Mitglieder des Anarchistenrats *gegen* den Anarchismus! Ein jeder einzelne ein Detektiv – ausgenommen der Präsident und sein Geheimsekretär! Was kann das bloß heißen?«

»Heißen?« sprach der neue Policeman mit unglaublicher Heftigkeit. »Das heißt, daß wir allzusammen Kandidaten des Todes sind! Ja, sagen Sie mal, kennen – kennen Sie denn Sonntag nicht? Wissen Sie denn nicht, daß all seine Witze so plump und dumm sind, nur damit sich ja keiner Gedanken darüber macht? Bedenken Sie nur einmal für eine Sekunde lang dieses – und Sie werden lange nichts anderes mehr denken: Sonntag bugsiert seine mächtigsten Feinde in den Allerhöchsten Rat und sorgte dann dafür, daß der Rat hübsch klein blieb! Ich sage Ihnen nur das eine: Sonntag hat jede Treue bestochen, hat jedes noch so dicke Tau und Kabel gekappt – Sonntag beherrscht jede Eisenbahnlinie – und wie besonders erst *jenen* Schienenstrang!« und er deutete mit zitterndem Finger hinüber nach der kleinen Eisenbahnstation. »Er war allbereits der Zentraldruckknopf der ganzen Maschinerie, die halbe Welt wartete nur darauf, sich für ihn zu erheben. Aber da waren gerade noch fünf Köpfe etwa, die ihm zuwider gewesen wären ... und da steckte sie und da hexte sie der alte Teufel in den Allerhöchsten Rat, damit sie ihre Zeit hübsch verbringen konnten – rein mit Einanderauflauern und Einanderbeluchsen. Idioten wie wir waren – baute er alles auf unseren Idiotismen auf! Sonntag wußte, daß der Professor Syme durch ganz London hetzen und daß Syme hinwiederum sich mit mir in Frankreich duellieren würde. Und er vereinigte ungeheure Summen Kapitals und er konfiszierte eine gewaltige Menge Telegraphenlinien, dieweil wir fünf Idioten einer dem andern nachsetzten und wie richtige blöde Jungens ein Blindekuhspiel ausführten.«

»Gewiß?« fragte Syme – mit einer gewissen Festigkeit.

»Gewiß!!« versetzte der andere mit einer plötzlichen Ausgelassenheit, »er fand uns heute und gerad eben Blindekuh spielen auf einer Wiese von seltener ländlicher Schönheit und von außerordentlicher Abgeschiedenheit. Er hat wahrscheinlich die ganze Welt erobert; und nun bleibt ihm nichts mehr als diese kleine Wiese einzunehmen und die paar Narren auf dieser Wiese zu verhaften. Und da Sie ja zu wissen wünschten, welches Bedenken ich gegen die Ankunft dieses Zuges hegte, so will ich es Ihnen jetzt sagen. Ich hatte dieses Bedenken, daß just den jetzigen Augenblick Sonntag oder sein Sekretär aus ihm ausgestiegen sind.«

Syme stieß wider Willen einen Schrei aus, und sie alle sahen wie auf Kommando nach der entfernten Station hinüber. Es war nur allzu wahr: eine beträchtliche Menge Leute schien auf dem kürzesten Weg zu ihnen her. Nur waren sie noch zu weit weg, als daß man irgend etwas hätte unterscheiden können.

»Es war eine Gewohnheit des verflossenen Marquis de St. Eustache«, sprach der neu ausgeschlüpfte Policeman und zog ein ledernes Etui heraus, »stets einen Operngucker mit sich zu führen. Entweder der Präsident oder der Sekretär kommt mitten unter jenem Gesindel auf uns zu. Sie haben uns an einem hübsch verschwiegenen Plätzchen erwischt, von wo aus wir nicht im geringsten in die Versuchung geraten könnten, unsere Schwüre zu brechen und nach der Polizei zu rufen. Dr. Bull, ich habe Sie unter dem schweren Verdacht, daß Sie durch diesen Gucker besser sehen werden als durch Ihre höchst dekorativen Brillengläser.«

Und er händigte den Krimstecher dem Doktor ein, der unverzüglich seine Brillen abnahm und durch den Apparat hindurchäugte.

»Es braucht so schlimm gar nicht sein, als Sie sagen«, sprach der Professor, und er fröstelte einigermaßen. »Das ist ja ne ganz prächtige Anzahl Leute – gewiß – aber es können ebenso leicht allzusammen lauter gewöhnliche Touristen sein.«

»Haben gewöhnliche Touristen für gewöhnlich«, fragte Bull mit dem Feldstecher auf der Nase, »schwarze Halbmasken vorm Gesicht?«

Syme riß dem Sprecher schier das Glas aus der Hand und sah nun selber durch. Die meisten des anrückenden Haufens schauten in der Tat ordinär genug aus. Aber das war richtig: zwei oder drei der Führer in der Front trugen schwarze Halbmasken – bis fast auf den Mund herab. Eine solche Vermummung ist eine sehr komplette, besonders auf eine solche Entfernung. Und Syme fand, daß es unmöglich war, aus den glattrasierten Kinnladen allein der Herren, die da voran sich unterhielten, irgendwie Vermutungen zu holen. Aber jetzt – jetzt wie sie sprachen, lächelten sie allzusammen … und einer von ihnen lächelte ganz und gar einseitig …

## DAS ELFTE KAPITEL

# *Die Verbrecher machen Jagd auf die Polizei*

Syme setzte den Feldstecher ab. Totenblaß vor Angst und – vor Erlösung.

»Der Präsident – immerhin – ist nicht darunter«, sagte er und schneuzte sich.

»Aber – gewiß sind sie augenblicklich erst am Horizont«, sagte der bestürzte Colonel und blinzelte. Er hatte sich erst halb von Bulls hastiger, wenn auch höflicher Erklärung erholt. »Ist es denn möglich, daß Sie Ihren Präsidenten unter all diesen Leuten herauskennen?«

»Wärs nicht auch möglich, daß ich unter all diesen Leuten einen weißen Elefanten herauszukennen vermöchte?« versetzte Syme etwas gereizt. »Sie haben ganz recht, wenn Sie sagen, daß sie augenblicklich erst am Horizont sind. Aber wenn Er dort unter ihnen wäre ... bei Gott! die Erde hier würde erzittern!«

Nach einer kleinen Stille behauptete der neue Mann namens Ratcliffe mit viel Düsterheit:

»Selbstverständlich ist der Präsident nicht darunter. Aber ich wünschte, ich wünschte – er wäre darunter. Sehr wahrscheinlich reitet der Präsident augenblicklich im Triumph durch Paris oder sitzt auf den Ruinen von St. Paul's Cathedral.«

»Das ist doch absurd!« sagte Syme. »Irgend etwas mag während unserer Abwesenheit geschehen sein. Aber so auf einmal hat er die Welt denn doch nicht bemeistert. Es ist ja wahr«, setzte er hinzu und blickte besorgt über die Felder weit bis zur kleinen Station hin, »es ist sicherlich wahr, daß da irgendein Pöbel auf uns her zu kommen scheint. Aber der ist doch nicht die Armee, die Sie aus ihm machen wollen.«

»Oh, die da?« sprach der neue Detektiv verächtlich, »nein – die sind keine sehr schätzbare Streitmacht. Aber lassen Sie mich Ihnen geradaus erzählen, daß sie präzis gegen unser bescheidenes Vermögen taxiert sind. Wir sind so winzig wenig, mein lieber Junge, in

Sonntags Universum. Er hält alle Kabel und Telegraphenlinien besetzt. Den Allerhöchsten Rat aber umzuwerfen, das ist ihm dagegen eine so triviale Sache wie eine Korrespondenzkarte. Das überläßt er ruhig seinem Privatsekretär –« und er spuckte ins Gras.

Dann wandte er sich an alle und meinte ziemlich säuerlich:

»Wir sind höchstwahrscheinlich samt und sonders futsch. Aber wer von Ihnen sich noch etwa für das Gegenteil zu erwärmen vermag – dem rate ich schleunigst mir zu folgen.«

Und mit diesen Worten wandte er seinen breiten Rücken und sprach nicht ein Wort mehr, sondern machte lange energische Schritte gegen den Wald zu. Und da warfen all die übrigen noch einen Blick scheel über die Achsel zurück und sahen, wie die schwarze Wolke all der Männer sich von der Station da drüben loslöste und mit einer mysteriösen Disziplin über die Ebene herstrebte. Und sahen noch, mit unbewaffnetem Auge, schwarze Flecken auf den vordersten Gesichtern – und das waren die Masken, die sie aufhatten. Und ... wandten sich dann gleichfalls und folgten ihrem Führer, der den Wald fast erreicht hatte ... und verschwanden unter dem blitzenden Laub.

Die Sonne über dem Gras war trocken und heiß. Wie sie in den Wald eintauchten, tauchten sie in kühlen Schatten ein, so wie ein Taucher in dunkles Wasser. Der Wald war angefüllt mit zersprengtem Sonnenlicht und irrendem Schatten. Es war wie ein erzitternder Schleier – wie das Flimmern und Flirren und Flattern eines Kinematographen. Sogar die Gestalten, die mit Syme hinschritten, waren kaum mehr zu unterscheiden vor dem Lichtgepladder und Schattengewirbel. Jetzt – jetzt eben war der Kopf irgendeines der Herren angeleuchtet wie mit Rembrandtschem Licht und alles übrige wie ausradiert; jetzt wieder hatte einer ganz ganz weiße Hände und das Gesicht dabei von einem Schwarzen. Der Ex-Marquis hatte seinen alten Strohhut über die Augen herabgezogen und der schwarze Schatten der Krempe schnitt sein Gesicht so winkelrecht ab, als trüge er so wie seine Verfolger ein schwarze Halbmaske. Das war Futter für Symes längst schon überheizte Nerven. Trug jener eine Maske? Trug *jeder* eine Maske? War *jeder irgendwer*? ... Dieser Zauberwald, in dem die Gesichter abwechselnd schwarz und weiß wurden, in dem die Gestalten im Sonnenlicht anschwollen und dann wieder in formlose Nacht sich auflösten, dieses chaotische Helldunkel (nach der

Prügelsonne von draußen) schien Syme ein erschöpfendes Symbol für die Welt, in der er seit drei Tagen schon hin und her geworfen wurde, für die Welt, darin Männer ihre Bärte oder Brillen oder Nasen abnahmen und sich in ganz andere Menschen verwandelten. Das tragische Selbstvertrauen, das ihn erfüllte, als er glaubte, daß der Marquis ein Teufel sei, war seltsamlich geschwunden nun, da er wußte, daß der Marquis ein Freund war. Und er hätte am liebsten nach all den Entsetzensszenen nun gefragt: was denn eigentlich ein Freund sei und was ein Feind. War da irgend etwas, das gar nicht das war, was es schien? Der Marquis hatte nur seine Nase abgenommen – und schon war er ein Detektiv gewesen. Konnte er nicht gerad so gut jetzt seinen Kopf abnehmen – und ein Kobold sein? War nicht jedes Ding am Ende so wie dieser Irrgarten von einem Wald, wie dieser Tanz von Dunkel und Licht? Jedes Ding nur ein flüchtiger Schimmer und Schein, und jeder Schimmer unvorhergesehen und jeder Schein danach vergessen... Gabriel Syme hatte im Herzen dieses sonndurchsprengten Waldes gefunden, was manche moderne Maler drin gefunden haben. Das, was die modernen Menschen Impressionismus nennen, was nur ein anderer Name für den endgültigen Skeptizismus ist, der gefunden zu haben behauptet – das Universum sei bodenlos...

Wie ein Mensch, der einen schlimmen Traum hat, sich heftig anstrengt, laut aufzuschreien und zu erwachen, strengte sich Syme ganz plötzlich mächtig an, diese letzte und schlimmste von all seinen Wahnvorstellungen abzuschütteln. Mit zwei ungestümen Schritten holte er den Mann mit dem Strohhut des Marquis ein, den Mann, den er mit Ratcliffe anreden sollte. Und schrie übertrieben laut und heiter – um nur endlich mit dem bodenlosen Schweigen aufzuräumen und eine Konversation in Gang zu bringen.

»Darf ich fragen«, schrie er, »wohin in aller Welt das führen soll?«

So wahr waren die Zweifel in seiner Seele gewesen, daß er nun überglücklich wurde, wie sein Kollege mit einer fließenden menschlichen Stimme antwortete:

»Wir müssen durch die Stadt Lancy an die See«, sprach der. »Die Gegend scheint mir in bezug auf jene noch am günstigsten für uns.«

»Ja, aber was wollen Sie denn eigentlich?« rief Syme. »Die werden uns doch nicht durch die halbe Welt nachlaufen. Es können doch nicht sämtliche Handwerker Anarchisten sein, und wenn sie es ja wären, so kann so ein Pöbel doch nicht gegen moderne Waffen und Polizei an.«

»Pöbel, Pöbel, Pöbel!« versetzte sein neuer Freund, und lachte laut und höhnisch auf. »Sie sprechen vom Pöbel und den arbeitenden Klassen, als ob die überhaupt in Frage kämen. Sie sind einer von den vielzuvielen, die da idiotisch genug glauben: wenn der Anarchismus je auskäme, käme er von den Armen her. Wieso denn? Die armen Leute, die sind wohl dann und wann rebellisch geworden – aber Anarchisten waren sie nie; die haben mehr Interesse als jeder andere sonst – daß eine leidliche Regierung da ist. Der arme Mann hat in der Tat ein Interesse am Wohlergehen des Landes. Der reiche Mann nicht – – der kann heute eher als morgen in seiner Yacht nach Neu-Guinea. Der arme Mann hat zuweilen beklagt, daß er schlecht regiert worden ist; der Reiche beklagts, daß er überhaupt regiert wird. Die Aristokraten, *die* waren und waren *noch allemal* die Anarchisten; denken Sie nur an die Kriege der Adelsgeschlechter.«

»Das würde sich alles«, sprach Syme, »recht hübsch in einem Vortrag über englische Geschichte für die Kleinen anhören. Aber die Moral von der Geschicht – die hab ich noch nicht so recht kapiert.«

»Die Moral von der Geschichte ist«, sprach sein Instruktor, »daß die rechte Hand sozusagen unseres ollen Sonntags sich aus lauter südafrikanischen und amerikanischen Millionären zusammensetzt. Deshalb hat er sich aller Verkehrslinien bemächtigt; und deshalb laufen die vier letzten Kämpen der antianarchistischen Polizeigewalt wie die Kaninchen durch diesen Wald.«

»Millionäre – das will mir einleuchten«, sprach Syme gedankenvoll. »Die sind alle, alle nahebei verrückt. Für ein paar verruchte alte Tatteriche hübsche Steckenpferde zu liefern und sie so selber im Zaum zu halten, das ist ne Sache. Aber ganze große christliche Nationen zu übertölpeln, das ist ein ganz ander Ding. Ich setze diese meine Nase (verzeihen Sie die Anspielung) gegen nichts, daß Syme total außerstande ist, irgendwie einen auch nur einigermaßen gesunden und vernünftigen Durchschnittsmenschen zu sich zu bekehren.«

»Das hinge«, sprach der andere, »das hinge davon ab, was für einen Menschen Sie meinen.«

»Nun – m – beispielsweise«, sprach Syme, »den dort! Den, wett ich, könnten wir nie und nimmer bekehren!« und er deutete in schnurgerade Linie voraus.

Sie waren auf eine Lichtung herausgekommen. Und Syme war es, als ob mit dieser Lichtung ihm sein gesunder Menschenverstand endgültig zurückgekehrt wäre. Und mitten in dieser Waldlichtung, da stand eine Gestalt, die sich unter diesen besonderen Umständen geradezu scheußlich aktuell ausnahm. Sonnverbrannt und knallrot vor Schwitzen, von jener unergründlichen Gravität wie nur je einer, der kaum die nötigsten Lappen am Leibe hat, stand da ein mächtiger französischer Bauer und hackte Holz mit seiner Hacke. Sein Karren stand eine Strecke weit ab, schon halb vollgeladen mit Holz. Und der Gaul, der Gras ausrupfte, war, wie sein Herr, herzhaft, wenn auch nicht allzu verwegen. Er war gerad, wie sein Herr, wohl gediehen, aber nunmehr nahezu satt. Der Mann war ein Normanne, größer als der Durchschnittsfranzose und äußerst eckig. Und sein geschwärztes Gesicht stand schwarz gegen die gelbe Sonne, fast wie eine allegorische Freskenfigur »Arbeit« auf goldiertem Grund.

»Mr. Syme behauptet«, rief Ratcliffe zu dem französischen Colonel hinüber, »daß dieser Mann zumindest nie ein Anarchist werden wird.«

»Da hat Mr. Syme mehr als recht«, antwortete Colonel Ducroix unter Lachen, »schon aus diesem Grunde, weil der eine ganze Menge Hab und Gut zu verteidigen hat. Aber ich vergaß, Sie in Ihrem Lande sind es nicht gewöhnt, einen Bauersmann wohlhabend zu wissen.«

»Der sieht aber arm aus«, sprach Dr. Bull bezweifelnd.

»Sehr richtig!« sprach der Colonel, »weil er reich ist.«

»Ich habe eine Idee!« schrie Dr. Bull dann plötzlich. »Wieviel würde der wohl verlangen, wenn er uns auf seinen Karren aufsitzen ließe? Die Hunde da hinten, die sind doch zu Fuß ... da würden wir sie sehr hinter uns lassen.«

»Geben Sie ihm irgendeine Summe!« sprach Syme voller Eifer. »Ich habe blödsinnig Geld bei mir.«

»Das nützt gar nichts«, sagte der Colonel. »Der hat keinen Respekt vor Ihnen – außer Sie feilschen mit ihm.«

»Oh, wenn er lange handelt!« begann Bull mit Ungeduld.

»Er handelt – weil er ein freier Mann ist«, sprach der andere. »Das verstehen Sie nicht. Der würde Generosität ganz falsch verstehen. Der nähm ein Trinkgeld gar krumm auf.«

Und während sie das wuchtige Anstampfen ihrer unerbittlichen Verfolger schon zu hören vermeinten, mußten sie stehen und »Boden treten«, dieweil der französische Colonel mit dem französischen Holzhauer all die müßige Tändelei, den friedlichen Zank und Hader eines Markttages vor ihnen aufführte. Nach Verlauf von etwa vier Minuten indessen sahen sie, daß der Colonel die Sache geschoben hatte: denn der Holzhauer ging auf ihren Plan ein, nicht mit der vagen Servilität zwar eines überzahlten Hausknechts, sondern mit der Ernsthaftigkeit eines Bewerbers, der bei dem Handel just auf seine Kosten kam. Er sagte ihnen, daß das beste Ding, das sie machen könnten, dieses wäre: den Weg hinab – auf das kleine Wirtshaus auf der Anhöhe vor Lancy zu nehmen, wo der Wirt, ein alter Soldat, der auf seine alten Tage *dévot* geworden wäre, gewiß mit ihnen sympathisieren und sogar das Risiko auf sich nehmen und ihnen helfen würde. Also bestieg die ganze Gesellschaft den Holzstoß – und fuhr schaukelnd und schwankend auf dem holperigen Karren die eine steilere Seite des Waldlands hinunter. So plump und wackelig das Vehikel war, gings doch lustig genug voran – und bald war der allgemein erheiternde Eindruck der, daß man jene allesamt, die – wer immer sie sein mochten – da hinterher waren, mählich sehr distanzierte. Aber schließlich und endlich war das Rätsel, wie die Anarchisten diese Verfolgerbande aufgebracht hatten, bei weitem noch nicht gelöst. Eines einzigen Menschen Auftauchen hätte genügt – sie wären beim ersten Anblick des deformierten Lächelns des Sekretärs samt und sonders ausgerissen … Syme lugte hie und da über die Achsel weg zurück – auf den Schwarm dahinten auf ihrer Spur …

Wie der Wald dann dünner und dünner wurde, konnte Syme die sonnigen Flächen rückwärts hinan und vorwärts hinab übersehen. Und da hinten, da oben kroch der breite schwarze Mob – mitten in Sonne – wie ein ungeheures Käfertier daher. In der scharfen Helle und mit seinen scharfen Augen, die schier teleskopisch waren, vermochte Syme die Masse Leute ganz deutlich zu unterscheiden. Er konnte jeden einzelnen unterscheiden … aber das verblüffte ihn zunehmends mehr: wie sie wie ein Mann heranrückten. Sie schienen dunkel angezogen und ganz gewöhnliche Kopfbedeckungen aufzuhaben so wie irgendein Gewimmel Leute auf einer Straße. Aber sie zerstreuten sich nicht und schwärmten nicht aus, so wie zu einer Attacke und wie man es von einem solchen Pöbelhaufen doch vermutet hätte. Sondern rückten mit einer schrecklichen, verruchten – Hölzernheit an, gerade wie eine starre Armee von aufgezogenen Gliederpuppen – von Automaten.

Und Syme erzählte Ratcliffe davon.

»Tjaja«, erwiderte der Polizeiinspektor, »das heißt Disziplin. Das heißt – sonntäglich. Sonntag? der ist vielleicht fünfhundert Meilen fern, aber die Furcht vor ihm ist in allen ihnen – so wie der Finger Gottes. Tjajaja, die marschieren Ihnen regulär; und Sie können getrost Ihre Stiefel wetten, daß sie auch regulär parlieren – und tjawoll! daß sie ebenso regulär denken. Aber das Wichtige für uns ist ja, daß sie regulär – verschwinden!«

Syme nickte. Tatsächlich schrumpfte der schwarze Klecks der Verfolger in dem Maße ein, in dem der Bauer sein Roß versohlte.

Diese sonnenerhellte Höhe, die gleichwohl an sich Flachland war, fiel weiterhin hügelig, dünig gegen die See ab, nicht unähnlich den niedrigeren Böschungen der Sussexdünungen. Der Unterschied war nur der, daß in Sussex der Weg vielfach gebrochen und winkelig wie ein Bach gewesen wäre, wohingegen die freundliche französische Straße steil wie ein Wasserfall hinabschoß. Also klapperte die Karre in einem beträchtlichen Winkel geradeaus hinab, und ein paar Minuten später, wies steiler und noch immer steiler abfiel, sahst du unter dir den kleinen Hafen von Lancy und einen mächtigen blauen Bogen von der See. Die wandernde Wolke des Feindes aber, die verschwand ganz und gar unterm Horizont.

Roß und Karre nahmen eine scharfe Ecke um eine Ulmengruppe, und die Nase des Pferdes stieß fast ins Gesicht eines alten Herrn, der auf einer der Bänke vor dem kleinen Kaffeehaus ›Le Soleil d'Or‹ saß. Der Bauer brummte eine Entschuldigung und stieg von seinem Sitz herunter; und die übrigen kletterten einer nach dem andern gleichfalls herab und traktierten den alten Herrn mit fragmentarischen Höflichkeitsphrasen, dessen Umfang zur Evidenz zeigte, daß er der Eigentümer der kleinen Taverne war.

Und das war ein weißhaariger, rot- und pausbackiger alter Knabe, mit schläfrigen Augen und einem grauen Schnurrbart. Fleischig, seßhaft und außerordentlich unschuldig, von einem Typ, den man in Frankreich öfters anfinden mag, der aber eigentlich im katholischen Deutschland zu Hause ist. Ein jedes Ding um ihn herum, seine Pfeife, sein Biertopf, seine Blumen und sein Bienenstock, atmeten altangestammten Frieden aus; nur – wie seine Gäste dann ins Gastzimmer eintraten und dabei aufsahen, sahen sie einen Säbel an der Wand.

Der Colonel, der den Cafétier wie einen alten Kameraden begrüßte, trat als erster und eilends in das Gastzimmer ein, setzte sich und bestellte irgendeine herkömmliche Erfrischung. Aber die militärische Strammheit, mit der er solches tat, interessierte Syme; und also nahm er dicht bei ihm Platz und benutzte, wie der Cafétier hinausging, die Gelegenheit, seine Neugierde zu befriedigen.

»Darf man fragen, Colonel«, sprach er leise, »warum Sie hierhergekommen sind?«

Colonel Ducroix lächelte hinter seinem borstigen, weißen Schnauzbart.

»Aus zwei Gründen, Herr«, sprach er. »Und ich will Ihnen erst, nicht den wichtigsten, aber den utilitarischsten mitteilen. Wir sind hierhergekommen, weil dieses in einem Umkreis von zwanzig Meilen der einzige Platz ist, wo Sie Pferde haben können.

»Pferde!« stotterte Syme nach und sah jäh auf.

»Jawohl«, versetzte der andere, »Pferde! Wenn ihr Leute eure Feinde euch wirksam vom Leibe halten wollt, so tuns nur Pferde und sonst gar nichts – außer natürlich, ihr habt Fahrräder oder Motorwagen in der Tasche.«

»Und was raten Sie uns, daß wir dann machen sollen?« fragte Syme unsicher.

»Außer aller Frage«, versetzte der Colonel, »täten Sie am besten, so schnell wie möglich nach der Polizeistation draußen vor der Stadt zu gelangen. Mein Freund, dem ich unter einigermaßen trügerischen Umständen sekundierte, scheint mir die Möglichkeiten eines Generalaufstandes denn doch sehr zu übertreiben; aber sogar er, glaube ich, dürfte nicht allzu lange mehr aufrecht erhalten, daß Sie mit Gendarmen nicht sicherer wären.«

Syme nickte sehr; dann fragte er plötzlich:

»Und Ihr anderer Grund – warum Sie hierherkamen?«

»Mein anderer Grund, warum ich hierherkam«, sprach Ducroix gedämpft: »ist der: daß es wohltut, einen guten Menschen oder zwei zu sehen, wenn man ziemlich wahrscheinlich dem Tode nah ist.«

Syme sah die Wand empor. Und sah ein roh gemaltes, aufgeblasen religiöses Bild. Dann sagte er:

»Sie haben recht ...« – und unmittelbar nachher – »Hat sich irgendwer nach Pferden umgesehen?«

»Jawohl«, antwortete Ducroix. »Sie können ganz beruhigt sein. Ich gab den Moment, in dem ich eintrat, die Order. Jene Ihre Feinde machten mir zwar nicht den Eindruck, als ob sies allzu eilig hätten, aber dafür manöverierten sie wirklich wundervoll aufgeschlossen, wie eine bestgedrillte Armee. Ich hatte keine Ahnung, daß Anarchisten soviel Disziplin im Leibe haben würden. Sie dürfen keinen Augenblick zögern.«

Während er noch redete, kam der alte Cafétier mit den blauen Augen und dem weißen Haar hereingetänzelt und meldete, draußen wären sechs Pferde gesattelt.

Auf Ducroix' Rat equipierten sich die fünf anderen mit transportablem Essen und Wein und rasselten, indem sie die Duelldegen als die einzigen aufzutreibenden Waffen schwangen, die steile, weiße Straße hinab. Die zwei Diener, die das Gepäck des Marquis, als er noch Marquis war, getragen hatten, wurden mit absoluter Stimmenmehrheit – und nicht sehr ohne ihre eigene Zustimmung – kaffeetrinkender Weise zurückgelassen.

Um diese Zeit neigte sich die Nachmittagssonne gen Westen, und in ihren Strahlen sah Syme die handfeste Gestalt des alten Kaffeewirts kleiner und kleiner werden, und sah ihn aber immer noch stehn und ihnen nachschauen, viel Abendsonne in seinem Silberhaar. Syme hatte dabei die fixe, abergläubische Idee, die ihm die zufällige Phrase des Colonel eingegeben hatte: daß dies vielleicht in der Tat der letzte ehrbare Fremde war, den er auf Erden gesehen hatte ...

Und er sah sich immer noch und immer wieder nach der verschwindenden Gestalt um – als ein grauer Fleck (mit einer weißen Flamme zuhöchst) über der großen grünen Wand der steilen Düne hinter ihm auftauchte. Und wie er weiter hinstarrte, auf die Spitze der Düne hinter dem Kaffeewirt, da wars ein Haufen schwarz gekleideter – marschierender Männer. Und die hingen über dem guten Mann und seinem Hause wie eine schwarze Wolke Heuschrecken ... Die Pferde waren mithin gar nicht viel zu früh gesattelt worden.

## DAS ZWÖLFTE KAPITEL

# *Die ganze Erde in Anarchie*

Und sie spornten die Gäule zum Galopp an; und, indem sie den schroffen Abhang nicht im geringsten respektierten, gewannen Roß und Reiter bald den alten Vorsprung vor jener Truppe zu Fuß zurück. Und an den ersten Häusern von Lancy gar verlor die Kavalkade ihre Verfolger gänzlich aus dem Gesicht. Nichtsdestoweniger hatte der Ritt eine ganze Weile gedauert, und als man die Stadt erreichte, erglühte der West in Abendsonne und Sonnenuntergang. Der Colonel schlug vor, man sollte, eh man endgültig nach der Polizeistation sich aufmachte, doch erst noch im Vorbeigehn versuchen, Anschluß an eine etwas individuellere Persönlichkeit zu finden, die eventuell sehr von Nutzen sein könnte.

»Vier von den fünf reichen Leuten in dieser Stadt«, sprach er, »sind ganz gemeine Betrüger, Gauner und Schwindler. Ich behaupte übrigens, daß dieses Verhältnis in der ganzen Welt hübsch das gleiche sein dürfte. Der fünfte aber, das ist ein Freund von mir und ein sehr feiner Kerl. Und was für uns von besonderer Wichtigkeit ist – er besitzt einen Motorwagen.«

»Ich fürchte nur«, sprach der Professor auf seine lustige Art und blickte die weiße Straße zurück, an deren Ende der schwarze, wimmelnde Fleck jeden Moment auftauchen konnte, »ich fürchte nur, daß wir schwerlich viel Zeit zu Nachmittagskaffeekränzchenbesuch und -klatsch haben werden.«

»Das Haus des Doktor Renard ist noch keine drei Minuten von hier«, sprach der Colonel.

»Und unsere Gefahr«, sprach Dr. Bull, »noch keine zwei Minuten von hier.«

»Ja«, sprach Syme, »wenn wir nur in diesem flotten Tempo weiterreiten, lassen wir sie unbedingt weit zurück. Indem die doch zu Fuß sind!«

»Indem er aber einen Motorwagen hat!« sprach der Colonel.

»Den wir doch nicht kriegen!« sprach Bull.

»Wo Renard doch absolut auf Ihrer Seite steht!«

»Aber nur, wenn er gerade zu Hause ist!«

»Halten Sie Ihren Rand!« sprach Syme mit einem Mal dazwischen. »Hören Sie? So hören Sie doch! Was – ist – das?«

Eine Sekunde lang stand das alles – wie Reiterstandbilder. Oder equestrische lebende Bilder ... Und eine Sekunde oder zwei – oder drei – oder vier – schienen Himmel und Erde gleicherweise erstarrt und ohne einen Laut. Dann aber vernahmen sie mit all ihren Ohren – und wie in einer Agonie des Aufhorchens – die Straße herab jenes unbeschreibliche Tripptrapp und trippeltrappel, das einzig von – – Pferden herrühren konnte!

Und der Colonel war jäh verwandelt. Wie vom Blitz gerührt. Tat aber dennoch ganz harmlos.

»Da haben wirs«, sprach er kurz militärisch ironisch. »Achtung – Kavallerie kommt!«

»Wo mögen die bloß die Gäule herhaben?« fragte Syme und spornte sein Streitroß zu einem leichten Galopp.

Der Colonel war stumm für einen Augenblick. Dann sprach er – gezwungen: »Ich bemerkte ausdrücklich – ›Soleil d'Or‹ sei der einzige Platz auf zwanzig Meilen Umkreis, wo's Pferde gäbe.«

»Nein nein nein nein!« fuhr Syme ungestüm auf. »Das glaub ich nicht und glaub ich nicht. Ich glaube nie und nimmer, daß er uns das angetan hat! Mit all seinem weißen Haar ...!«

»Vielleicht – eh – haben sie ihn dazu gezwungen«, sprach der Colonel vornehm. »Sie waren mindestens hundertfach überlegen ... darum sehen wir uns nun sofort nach meinem Freund um, der einen Motorwagen sein eigen nennt.«

Und kaum gesagt, warf er sein Roß um eine Straßenecke herum und donnerte die Straße so spornstreichs hinunter, daß die übrigen, obgleich auch immer im Galopp, die größte Mühe hatten, dem wehenden Schweif seiner Mähre zu folgen.

Dr. Renard bewohnte ein hohes und komfortables Haus am höchsten Ende einer steilanstrebenden Straße, so daß die Reiter, wie sie vorm Haustor absaßen, auf ein neues den massiven grünen Hügelrücken, mit der weißen Straße darüber, sehen konnten. Standen sie doch so hoch über allen Dächern der Stadt ... Und atmeten auf, wie sie sahen, daß die Straße noch leer war und läuteten und schlugen Lärm.

Dr. Renard, das war ein famoser, braunbärtiger Mann, ein gelungenes Exemplar jener schweigsamen, aber geschäftigen Männer vom Fach, wie sie sich Frankreich ungleich mehr als England zu konservieren wußte. Als ihm die Sache auseinandergesetzt war, tat er die Panik des Ex-Marquis mit kaum drei Worten wirksam ab. Sagte, mit all seiner soliden französischen Skepsis, an einen General-Anarchistenaufstand sei überhaupt nicht zu denken. Und setzte achselzuckend hinzu: »Anarchismus? Kinderei!«

»Et ça«, rief der Colonel plötzlich aus und deutete über des andern Schulter hin. »Ist das Kinderei – hä? – oder ist das am Ende doch keine Kinderei?«

Da riß es sämtliche herum. Und: über die Spitze des Hügels dort oben fegte eine schwarze Reiterei mit der Sturmeseile eines *Attila* daher! So schnell sie indes auch ritten, ritten sie doch wie in Reih und Glied, und die schwarzen Masken der Eskadronfront sahen sich ganz und gar uniformmäßig an. Aber obgleich der schwarze Klecks sich obenhin ganz wie früher ansah (nur daß er sich jetzt natürlich ungleich reißender fortbewegte auf der abschüssigen Hügelfläche da oben, die wie eine schiefgestellte Landkarte aussah), war ein ganz auffälliger Unterschied gegen früher zu merken. Die Reiter kamen wohl in einem Karree daher, – aber einer sprengte weit voran als Tête und der spornte mit Faust und Ferse seinen Gaul so sehr toll und immer noch toller an, daß man gerade hätte meinen können, er wär nicht ein Verfolger, sondern der Verfolgte. Und selbst auf die große, große Entfernung tat der Mann so fanatisch und war seiner ganzen Gestalt nach so unstreitig, daß alle wußten – das ist der Sekretär.

»Es tut mir leid, daß uns zu einer etwas kultivierteren Diskussion aber auch gar keine Zeit bleibt«, sprach der Colonel, »also: können Sie mir – jetzt in zwei Minuten – Ihren Motorwagen zur Verfügung stellen?«

»Ich habe nur den einen Verdacht, daß Sie allzusammen total übergeschnappt sind«, sprach Dr. Renard, und lächelte fein gemütlich. »Aber Gott behüte, daß Übergeschnapptheit irgendwie unserer Freundschaft schaden könnte. Wollen wir also, bitte, nach der Garage hinüber.«

Dr. Renard war ein freundlicher Herr von enormer Wohlhabenheit. Seine Räumlichkeiten schienen das Musée de Cluny, und er besaß drei Automobile. All die drei schien er indes aus jener simplen Neigung, die der ganzen französischen Mittelstandsklasse anhaftet, sehr selten zu gebrauchen, und als seine ungeduldigen Freunde die Dinger nun untersuchten und prüften, nahms immerhin einige Zeit, bis sie sich vergewissert hatten, ob das eine von den dreien überhaupt funktionieren würde. Dann bugsierten sie das Auserwählte mit einiger Schwierigkeit um die Ecke bis auf die Straße vor des Doktors Haus. Wie sie aber aus der dunklen Garage herauskamen, waren sie starr darüber, wie die Dämmerung mit einer geradezu tropischen Schnelligkeit hereingebrochen war. Entweder hatten sie ihre Zeit schlimmer vertrödelt als sie dachten, oder aber irgendein Wolkendach hatte sich dreist über die Stadt gestülpt.

Sie blickten die steilen Wege hinab ... ein leichter Nebel schien von der See her aufzusteigen.

»Jetzt oder nie«, sprach Dr. Bull, »hör ich Pferde!«

»Pferde? Falsch!« korrigierte der Professor. »*Ein* Pferd!«

Und wie sie alle aufhorchten, wurde es evident: was da laut und eilends auf den hallenden Steinen daherkam, konnte keine ganze Kavalkade – konnte nur ein einschichtiger Reitersmann, allen andern weit, weit, weit voraus, sein – nämlich der tolle, verrückte Sekretär.

Symes Familie hatte einst, wie so viele Familien, die bescheiden enden, einen Motor besessen, er mußte also genau Bescheid wissen. Und da schwang er sich auch schon auf den Chauffeursitz und riß und zerrte an der höchlichst verwunderten Maschinerie herum. Vergeudete besonders viel Kraft an einen einzigen Handgriff und registrierte sodann mit der größten Seelenruhe –

»Tut mir leid. Aber es will nicht.«

Kaum hatte er dies gesagt, da flitzte ein Mann zu Pferd um die Ecke, so flitzend wie ein Pfeil. Mit einem Lächeln, daß sein Kinn auslud, als ob es aus allen Angeln wär. Flitzte bis neben den Wagen heran, der vor lauter Insassen zu platzen schien, und legte seine Hand auf die Brüstung. Und der das tat, das war richtiggehend der Sekretär, und sein Mund war ausnahmsweise durchaus in der Ordnung – vor lauter Siegerfeierlichkeit.

Syme preßte seinen ganzen Oberkörper schwer gegen die Steuerung – und du vernahmst nichts als das Dröhnen, unter dem die übrige Verfolgerschar in die Stadt einritt. Dann aber lachte mit einem Male alle Karosserie kreischend auf – und der Wagen sprang an. Und der Sekretär schoß rein aus seinem Sattel wie ein Messer aus seiner Scheide, und es wirbelte ihn zwanzig Yards weit furchtbarlich mit und legte ihn endlich platt auf den Weg hin – vor sein scheu gewordenes Pferd. Wie der Wagen dann mit einer brillanten Kurve die Straßenecke nahm, konnten die Ausreißer gerade noch sehen, wie die übrigen Anarchisten die ganze Straße erfüllten und ihrem gefallenen Anführer wieder auf die Beine halfen.

»Ich kann partout nicht verstehen, wieso's nur auf einmal so dunkel geworden sein mag«, sprach dann der Professor leise.

»Wird wohl Sturm geben, denk ich«, sprach Dr. Bull. »Nur das eine ist jammerschade, daß wir so gar kein Licht auf diesem Wagen haben, um sehen zu können.«

»Haben wir!« sprach der Colonel. Und praktizierte aus dem Boden des Wagens eine schwere, altmodische, schmiedeeiserne Laterne mit einem Licht heraus. Und die war augenscheinlich ein Altertum, und sah gerade so aus, als ob sie dereinst halb und halb in religiösen Diensten gestanden hätte, denn es befand sich an einer Seite ein kunstloses Ornament und das stellte ein Kruzifix dar.

»Woher in aller Welt rnögen Sie das nun wieder haben?« fragte der Professor.

»Von daher, wo ich den Wagen herhabe«, antwortete der Colonel und kicherte. »Von meinem besten Freund. Während unser Chauffeur mit unserer Steuerung parlamentierte, rannte ich die Vordertreppe zum Haus hinauf und sprach mit Renard, der, wie Sie sich vielleicht erinnern mögen, auf seiner Diele stand. ›Ich vermute,‹ sprach ich, ›daß keine Zeit mehr bleiben wird, um eine Laterne herbeizuschaffen.‹ Er sah aber empor und liebäugelte mit der wundervoll geschwungenen Decke seiner Vorhalle. Von dieser hing, an Ketten aus exquisitestem Eisenwerk, diese Laterne herab – eine von den hundert Schätzen seines Schatzhauses. Mit aller Kraft riß er nun das Ding aus seiner eigenen Decke heraus, zertrümmerte dabei die gemalte Täfelung und brachte obendrein noch zwei blaue Vasen zur Strecke. Dann händigte er mir die eiserne Laterne aus und ich nahm sie mit in den Wagen. Nun sagen Sie selber, hatte ich nicht recht, wie ich sagte, daß der Dr. Renard eine Bekanntschaft wert wäre?«

»Und ob!« versetzte Syme sehr ernsthaft, und hing die schwere Laterne entsprechend auf. Es war ein Sinnbild ihrer ganzen Situation – das moderne Automobil und diese seltsame geistliche Lampe.

Bis jetzt hatten sie den stillsten Teil der Stadt passiert und waren höchstens zwei oder drei Fußgängern begegnet, aus denen sie absolut keine Schlüsse über Friedfertigkeit oder Feindseligkeit des Ortes ziehen konnten. Nun erst begannen die Fenster in den Häusern eins nach dem andern aufzuleuchten, so daß man einen Eindruck von Bewohntheit und von Menschen bekam. Dr. Bull wandte sich dem neuen Detektiv zu, der ihre Flucht angeführt hatte, und gönnte ihm sein natürliches freundliches Lächeln.

»Diese Lichter können einen wieder heiterer stimmen.«

Inspektor Ratcliffe faltete die Brauen.

»Es gibt nur eine Art Lichter, die mich heiterer stimmen können«, sprach er – »und das sind die Leuchten der Polizeistation, – sehen Sie? da unten in der Stadt ... Wollte Gott, daß wir in zehn Minuten dort unten wären.«

Da aber wallte Bulls gesunder Menschenverstand und Optimismus jäh und kochend auf.

»Ach! das ist doch alles blühender Unsinn!« schrie er. »Wenn Sie allen Ernstes glauben, daß ganz gewöhnliche Leute in ganz gewöhnlichen Häusern nichts wie Anarchisten wären, dann müssen Sie, ich kann mir nicht helfen, noch hirnverbrannter sein wie so 'n Anarchist selber. Kehren wir doch um und fallen wir jene Burschen an – ich wette, die ganze Stadt steht uns bei!«

»Nein«, sprach der andere unerschütterlich, »die ganze Stadt würde jenen Burschen beistehn. Aber ... na, wir werden ja sehn ...«

Während sie so sprachen, hatte sich der Professor jäh und voller Erregung weit nach vorn gebeugt.

»Was ist das für ein Geräusch?« fragte er.

»Hm. Vermutlich die Pferde hinter uns«, gab der Colonel zur Antwort. »Ich dachte allerdings, wir hätten sie schön weit hinter uns gelassen –«

»Pferde hinter uns? Nein!« fing der Professor wieder an. »Erstens sind das nicht *Pferde* hinter uns – und zweitens ist das überhaupt nicht *hinter* uns –«

Und kaum sprach er das aus, schossen da vorne am Ende der Straße zwei schimmernde, rasselnde Dinger vorbei. Schossen vorbei fast wie der Blitz. Aber noch immer nicht schnell genug, daß nicht ein jeder hätte merken können, daß es zwei Automobile waren. Und den Professor triebs in die Höh, und der Professor schwur, blaß bis in die Zähne, daß das die andern zwei Automobile aus Dr. Renards Garage gewesen seien.

»Ich sage Ihnen, sie warens!« wiederholte er mit wildsprühenden Augen, »und sie waren vollbesetzt von Männern mit Masken!«

»Wahnsinn!« versetzte der Colonel bedrohlich. »Dr. Renard und denen seine Wagen geben ...!«

»Vielleicht hat man ihn dazu gezwungen«, bemerkte Ratcliffe gelassen. »Die ganze Stadt ist auf ihrer Seite.«

»Das glauben Sie immer noch?« fragte der Colonel und konnte es nicht glauben.

»Daran werden Sie bald glauben müssen!« erwiderte der andere und erhoffte nichts anderes mehr.

War ein verlegenes Schweigen eine kleine Weile. Bis der Colonel mit einem Mal von neuem anfing:

»Nein nein nein nein nein nein – und ich kann es nicht glauben! Gott, o Gott, o Gott, es ist ja Unsinn! So kleine Leute einer friedlichen französischen Stadt – –«

Da unterbrach ihn ein Knall und ein Blitzen, das augenschließend war. Und der Wagen ließ zu seiner Linken eine wehende Wolke weißen Dampfes hinter sich – und Syme hatte etwas an seinem Ohr vorbeipfeifen gehört.

»Mein Gott!« kams aus dem Colonel, »da hat wer auf uns geschossen!«

»Unnötig, unsere Konversation zu unterbrechen«, meinte Ratcliffe trübsinnig. »Wo sind Sie, bitte, stehengeblieben, Colonel? Sie sprachen gerad eben, denk ich, von kleinen Leuten einer friedlichen französischen Stadt – –«

Der entsetzte Colonel aber, der reagierte längst auf keinen Spott mehr. Rollte nur noch die Augen allerwärts – und stammelte:

»Außerordentlich. Höchst – höchst außerordentlich ...«

»Ein Verwöhnter, ein Mäkelnder«, sprach Syme, »möchte das sogar unangenehm nennen. Immerhin ... jene Lichter dort unten im Feld am Ende der Straße, das wird wohl die Gendarmerie sein. Werden gleich da sein.«

»Nein«, sprach da der Inspektor Ratcliffe, »werden niemals da sein.«

Er war aufgestanden und lugte scharf aus. Dann saß er wieder nieder und glättete sein glattes Haar mit einer müden Geste.

»Was sagen Sie?« forschte Bull.

»Ich sagte, daß wir niemals hingelangen werden«, erklärte der Pessimist gelassen. »Da haben allbereits zwei Reihen Bewaffneter quer übern Weg Aufstellung genommen. Ich kanns von hier aus sehen. Die Stadt ist in Waffen; genau wie ich sagte, daß sie wäre. Ich kann mich nur noch auf den Lorbeeren meiner Prophetengabe suhlen ...«

Und Ratcliffe setzte sich auf das bequemste im Wagen zurecht und zündete sich eine Zigarette an. Die andern aber sprangen alle miteinander erregt auf und starrten die Straße hinab. Syme hatte die Geschwindigkeit verlangsamt, wie alles mählich zweifelhaft wurde; nun brachte er den Wagen gänzlich zum Stillstehn – und das just an der Ecke einer Seitenstraße, die ungemein steil zum Meer hinabführte.

Die Stadt lag zum größten Teil im Schatten. Aber die Sonne war noch nicht untergegangen. Und wo immer ihr Licht durchbrechen konnte, übermalte sie jedes Ding mit feurigem Gold. In die Seitenstraße aber fiel die scheidende Sonne in einem so dünnen, nadeldünnen Strahl ein, als wärs künstliches Licht im Theater. Und fiel unter anderm auf den Wagen der fünf Freunde, daß es aussah, als stünde die ganze Kutsche in hellem Brand. Das übrige der Straße aber und besonders ihre beiden Enden war in tiefstes Zwielicht getaucht, daß die fünf für Augenblicke überhaupt nichts zu unterscheiden vermochten. Dann ließ Syme, dessen Augen noch die scharfsichtigsten waren, einen leisen, bitteren Pfiff vernehmen und sprach:

»Tatsächlich! Da ist ein Haufen oder ein Schwarm oder sonstwas, das sich quer übern Weg am Ende der Straße da aufgestellt hat –«

»Gut, gut! wenn dem so ist«, fuhr Bull ungeduldig dazwischen, »dann ist es eben – hm – eine abendliche Übung oder der Geburtstag des Majors oder sonstwas. Aber ich kann es nicht und mag es nun einmal nicht glauben, daß so einfache, nette Leute von einem solchen Ort – mit Dynamit in den Hosentaschen herumspazieren. Nee ...! Machen Sie ein bißchen vorwärts, Syme; wollen sie uns mal ein bißchen näher ansehen.«

Das Gefährt rollte etwa hundert Yards weiter.

Und dann waren sie alle baff, wie Dr. Bull plötzlich in ein krähendes Gelächter ausbrach.

»Was seid ihr doch für Quatschköppe!« schrie er. »Was hab ich euch gesagt? Die sind so fromm wie eine Kuh – und wenn sies nicht mehr wären, lägs rein bei uns –«

»Woher wissen Sie das?« fragte der Professor, der dadurch noch baffer wurde.

»Stockblind seid ihr«, schrie Bull weiter. »Könnt ihr denn nicht sehen, wer da bloß ihren Anführer macht?«

Und alle guckten aufs neue aus – und dann mußte der Colonel erst einmal schlucken, eh er rufen konnte:

»Aber das ist ja Renard!«

Und wirklich – liefen da eine ganze Masse dunkle Gestalten hinüber und herüber, nur waren sie nicht so genau zu erkennen. Aber in hellster Abendsonne schritt allen weit voran unverkennbar Dr. Renard mit großen Schritten auf und ab, einen weißen Hut auf dem Kopf, und mit einem Revolver in seiner linken Hand.

»Himmel, war ich ein Narr!« jammerte nun der Colonel drauflos. »Aber selbstverständlich doch – der liebe alte Junge ist uns zu unserem Beistand vorausgeeilt!«

Dr. Bull gurgelte nur so vor Lachen. Schwang sein Schwert so leichtsinnig wie einen Spazierstock. Sprang aus dem Wagen und rannte los und schrie nur immer:

»Dr. Renard! Dr. Renard!«

Einen Augenblick später mochte Syme seinen eigenen Augen nicht mehr trauen: Sahen die denn noch recht – oder waren sie ihm, ganz selbständig, übergeschnappt? Der philanthropische Dr. Renard – sollte der wahr und wahrhaftig soeben seinen Revolver wie nichts erhoben und für nichts und wieder nichts zwei Schüsse auf Bull abgegeben haben, daß die ganze Straße bis hier herauf davon – –

Fast denselbigen Augenblick, als da unten zu der scheußlichen Explosion eine Wolke weißen Rauches aufpuffte, fuhr eine ebensolche weiße Wolke aus der Zigarette des zynischen Ratcliffe puffend aus. Und Ratcliffe wurde wohl ein wenig blaß zusammen mit allen übrigen – – aber er lächelte, lächelte. Dr. Bull, dem die beiden Kugeln gegolten hatten, stand erst eine Weile ganz still mitten auf der Straße, ohne eine Spur von Angst, dann drehte er langsam um, schlich zum Wagen zurück und stieg wieder auf – – mit zwei Löchern durch seinen Hut.

»Nun?« meinte der Zigarettenraucher gedehnt, »wie denken Sie jetzt über die Sache?«

»Ich denke mir«, versicherte Dr. Bull pedantisch, »daß ich auf Nummer 217 in den Peabodyhäusern in meinem Bett liege und sogleich – mit einem Satz – aufwachen werde. Oder wenn das nicht ist, dann denke ich mir, daß ich in einer niedlichen Gummizelle sitze und daß der Doktor in meinem Fall nicht viel mehr machen kann. Aber wenn Sie zu erfahren wünschen, was ich *nicht* denke, dann will ich es Ihnen erzählen. Ich denke nicht – was *Sie* denken. Ich denke nicht und werde auch niemals denken, daß die Masse ganz gewöhnlicher Leute eine Versammlung scheußlicher moderner Denker sein soll. Nein, mein verehrter Herr, ich bin ein Demokrat, und halte es einfach für unmöglich, daß Sonntag den nächstbesten Kanalarbeiter oder einen x-beliebigen Ladenschwengel ohne weiteres auf seiner Seite haben wird. Nee ...! Ich mag verrückt sein, aber die Menschheit, die ist's dafür noch lange nicht –«

Syme sah Bull aus seinen lichtblauen Augen mit einer Ernsthaftigkeit an, die nicht sofort verständlich war.

»Sie sind ein sehr feiner Kerl«, sagte er. »Sie glauben an einen gesunden Verstand, der nicht durchaus Ihnen selber eigen ist. Und Sie haben absolut recht mit Ihrer Menschlichkeit, was Bauern und was Leute wie den netten alten Kaffeewirt angeht. Aber was Renard betrifft – so haben Sie schon nicht mehr recht. Ich hab ihn von allem Anfang an in Verdacht gehabt. Er ist ein Rationalist, und – was noch schlimmer ist – er ist ein schwer reicher Mann. Wenn schuldiger Gehorsam und frommer Glaube nun tatsächlich futsch sind, so geschah es nur durch die Reichen.«

»Und sie sind tatsächlich futsch –« sprach der Mann mit der Zigarette und vergrub seine Hände in seinen Hosentaschen. »Da kommen die Hunde an!«

Und die Männer im Automobil spähten ängstlich in der Richtung aus, in der Ratcliffe starrträumerisch hinsah ... und sahen, wie das ganze Regiment vom Ende der Straße her nun gegen sie anmarschierte. Und Dr. Renard, der marschierte wie ein Wüterich an der Spitze, und sein Bart wehte im Wind.

Den Colonel triebs aus dem Wagen – er ertrugs einfach nicht länger.

»Meine Herren«, schrie er, »meine Herren! Es kann nicht anders – es muß ein Spaß sein. Wenn Sie Renard so gut kennen würden wie ich ihn kenne – – mit mehr Recht, sag ich Ihnen, könnten Sie Queen Victoria eine Dynamitheldin nennen. Wenn Sie auch nur die leiseste Ahnung von dieses Mannes Charakter hätten – –«

»Na!« meinte Syme sardonisch, »Dr. Bull bekam wenigstens so etwas wie eine Ahnung davon in seinen Hut – –«

»Aber ich sage Ihnen, daß es unmöglich ist!« schrie der Colonel und trampelte mit den Füßen. »Renard muß mir Aufklärung geben. Und Renard wird mir Aufklärung geben!« Und er lief fort.

»Aber haben Sie doch keine solche Eile!« dehnte der, der rauchte. »Er wird uns sehr bald allen miteinander Aufklärung geben –«

Indes, der fiebernde Colonel war allbereits außer Hörweite. Und rückte den Anrückenden entgegen. Der andere Fieberische, Dr. Renard, erhub seine Pistole – und aber zögerte, wie er seinen Gegner erkannte, der immer noch näher kam und bald nah vor ihm stand, Aug in Auge, und wüste Gestikulationen des Widerspruchs und der Warnung aufführte.

»Es hilft doch nichts«, sprach Syme. »Er wird bei dem alten Heiden nicht das geringste ausrichten können. Ich bin dafür, wir fahren plauz! durch den Menschenknäuel hindurch, gerade wie die Kugeln bums! durch Bulls Hut. Und wenn wir alle dabei draufgehn, so wird darunter doch auch eine niedliche Anzahl von ihnen zum Teufel gehn.«

»Ich stimme gegen Syme«, sprach Dr. Bull, der vor lauter Aufrichtigkeit seiner Tugend immer noch vulgärer wurde. »Die armen Burschen haben sich eben geirrt. Nu lassen Sie mal den Colonel machen.«

»Wenn schon nicht vorwärts – wollen wir dann wenigstens retour?« fragte der Professor.

»Nein«, sprach Ratcliffe kalt. »Hinter uns ist die Straße ebenfalls besetzt. Und – ei der Daus! sehen Sie? – dahinter steht Ihr anderer Freund, Syme ...«

Syme riß es herum – – und er starrte die Strecke zurück, die sie dahergekommen waren. Ein irregulärer Haufen Berittener kam da durchs Dunkel angesprengt. Und über dem vordersten Sattel war erst das silberne Leuchten eines Degens und näher dann – der silberne Schnee von eines alten Mannes Haar. Den nächsten Augenblick riß Syme das Steuer herum und ließ das Automobil die steile Seitenstraße zum Meer hinabrasen, wie einer, der nichts mehr will als den Tod.

»Was – zum Teufel – ist denn los?« schrie der Professor und packte Syme am Arm.

»Der Morgenstern ist gefallen!« sprach Syme. Und der Wagen sauste durchs Dunkel hinab wie ein Stern, der fällt.

Die andern hatten keine Silbe von allem verstanden. Sahen aber, wie sie die Straße zurück- und hinaufblickten, die feindliche Kavallerie um die Ecke biegen und ihnen nachsetzen. Und allen voran der gute, liebe Kaffeewirt – beglänzt von der guten, lieben Abendsonne.

»Alle Welt ist wahnsinnig!« sprach der Professor, und vergrub sein Gesicht in seinen Händen.

»Nee ...!« sagte Dr. Bull in tiefster Erniedrigung. »Nur *ich* bins ...«

»Wohin fahren wir?«

»Augenblicklich«, versetzte Syme – mit einer schier wissenschaftlichen Exaktheit, »fahren wir einen Laternenpfahl um –«

Und schon war das Automobil unter einem katastrophalen Getöse mit einem eisernen Gegenstand zusammengeraten. Und einen Augenblick später arbeiteten sich vier Männer aus einem Chaos von Metallteilen heraus – und eine hohe, schlanke Straßenlaterne, die just am Ausgang auf die Strandpromenade stand, bog sich und zersplitterte, wie ein Ast an einem gefällten Baum.

»Wahrhaftig! wir haben etwas umgefahren!« sprach der Professor, und lächelte ein wenig. »Doch wenigstens *etwas* umgefahren! Das ist *ein* Trost ...!«

»Sie werden ja mit einem Mal zum Anarchisten!« warnte Syme und klopfte derweil mit seiner Vorliebe für Eleganz seinen Anzug aus.

»Jedermann ist es!« sprach Ratcliffe.

Wie sie noch sprachen, kamen der weißhaarige Reitersmann und sein Gefolge donnernd hinterher gesprengt, und fast im selben Augenblick lief eine Kette dunkler Gestalten unter Freudengeschrei unten am Strand hin. Syme ergriff seinen Säbel und nahm ihn zwischen die Zähne; nahm einen zweiten und einen dritten je unter eine Achsel, den vierten in seine Linke und die schmiedeeiserne Laterne in seine Rechte und lief, was er laufen konnte, über die Promenade zum Strand hinab.

Die andern liefen dem also Resoluten blindlings nach, den Trümmerhaufen und den die Trümmer aufräumenden Mob lassend, wo sie bleiben mochten.

»Es gibt noch einen Ausweg«, sprach Syme und nahm den einen Degen aus seinem Mund. »Was der Höllentanz auch bedeuten mag – die Polizeistation, denk ich, wird uns zu Hilfe kommen. Wir können aber nicht nach der Gendarmerie – denn der Weg dahin ist besetzt. Aber hier gerade vor uns geht ein Wellenbrecher oder eine Mole auf die See hinaus – ein Ding, das wir länger als alles andere verteidigen können – – denken Sie an Horatius und seine Brücke. Wir müssen das eben so lange verteidigen, bis Gendarmerie da ist. Mir nach!«

Sie folgten ihm, wie er knirschend über die Strandkiesel lief, aber nach einer Sekunde oder zwei blieben ihre Stiefel schon nicht mehr im Sande stecken, sondern glitten über breite, flache Steine. Und so liefen sie allzusammen einen langen niedrigen Damm hinaus, einen ausgereckten Arm in die dunkle kochende See, und als sie ganz draußen am Ende angelangt waren, wars ihnen gerade, als wären sie zugleich am Ende ihres Dramas angelangt. Und sie wandten sich um und blickten auf die Stadt zu.

Die Stadt war vor Aufruhr ganz verwandelt. Die hochliegende Strandpromenade, über die sie eben herabgelaufen waren, war überschwemmt von dunklen und brüllenden Gestalten, die mit wild geschwungenen Armen und feuerroten Gesichtern durcheinandertappten und zu den vieren hinüberglotzten. Und die ganze lange dunkle Linie war punktiert mit Fackeln und Laternen. Und wo kein Licht war, leuchtete doch ein wutentflammtes Gesicht – und mochte der Betreffende noch so weit weg und die Gebärde, die er machte, noch so sehr im Schatten sein: alles, alles das war bestorganisierter Haß. Und den vieren war absolut klar, daß sie von allen Leuten verwünscht und verflucht würden; nur wußten sie nicht im mindesten warum.

Zwei oder drei Männer, die so klein und dreckig wie Gassenbuben aussahen, sprangen nun über die Promenade herab, so wie vorerst die vier getan hatten, und auf den Strand heraus. Gerieten dabei tief in den Sand und kreischten scheußlich dazu auf – ja wateten, verrückt genug, bis in die See hinein. Und ihr Beispiel fand Nachahmung, und die ganze schwarze Masse von Leuten wälzte sich – wie schwarzer Sirup, auf den Strand herab.

Zuvorderst aber gewahrte Syme den Bauersmann, der sie eine Strecke auf seinem Karren gefahren hatte. Der spritzte auf seinem riesigen Karrengaul hochauf in die Brandung – und schüttelte mit seiner Axt herüber.

»Der Bauer!« rief Syme. »Seit dem Mittelalter haben die Bauern nicht mehr rebelliert –«

»Jetzt darf ruhig die Polizei ankommen«, sprach der Professor in einem kläglichen Ton, »gegen so ne Menge Mob kann sie nichts machen ...«

»Blödsinn!« sprach Bull verzweifelt, »ein paar Leute müssen doch noch in der Stadt geblieben sein, die menschlich fühlen.«

»Nein«, sprach der Inspektor hoffnungslos, »alle wahren Menschen werden bald ganz vergriffen sein. Wir sind die letzten Exemplare der wahren Menschheit.«

»Mag sein«, bemerkte der Professor geistesabwesend. Dann setzte er in träumerischem Tonfall hinzu – »Das Ende der Dunciade?

Nicht auf offenem Platz, noch im Kämmerlein
traut sich's Licht mehr. Nicht ird'scher, nicht göttlicher
Schein!
Chaos, dein Reich ist neu erricht't;
auf dein unschöpf'risch Wort fällt tot um das Licht;
ein Wink, Anarchist, und der Vorhang schwebt
nieder ... All-Dunkel alles begräbt ...«

»Halten Sie Ihren –« schrie Bull mit einem Mal, »die Gendarmen, die Gendarmen!«

Und in der Tat, die schwachen Lichter der Polizeistation wurden vielfach durch schnell vorüberhuschende Schatten verdunkelt ... und du hörtest durch die Dunkelheit herüber das Geklirr und Gerassel disziplinierter Kavallerie.

»Sie stürmen den Mob«, alarmierte Bull ekstatisch.

»Nein«, sagte Syme, »Sie formieren sich längs der Promenade.«

»Sie haben ihre Karabiner abgeschnallt«, schrie Bull und tanzte vor Vergnügen.

»Jawohl«, sagte Ratcliffe, »und nun feuern sie auf uns.«

Kaum gesagt, knatterte eine Gewehrsalve, und die Kugeln hopsten wie Hagelschlossen vor ihnen auf den Steinen herum.

»Also die Gendarmen *auch* noch ...!« schrie der Professor und schlug sich vor die Stirn.

»Und ich bin *doch* in der auswattierten Zelle!« behauptete Bull voll Dreistigkeit.

Dann trat eine lange Stille ein. Und dann sprach Ratcliffe und sah auf die hochgehende See hinaus, die staubblau war –

»Was tuts, ob einer verrückt ist oder nicht? Wir werden bald allesamt tot sein.«

Da drehte sich Syme nach dem Sprecher um und sagte:

»Sie haben nun also alle und jede Hoffnung aufgegeben?«

Und da schwieg Ratcliffe erst, wie versteinert. Und dann sagte er ohne alle Aufregung:

»Nein. Es ist wunderlich genug, daß ich noch nicht alle und jede Hoffnung – – Eine kleine ganz blödsinnige Hoffnung will mir immer noch nicht aus dem Sinn. Die Macht dieses ganzen Planeten ist wider uns, und ich kann mir nicht helfen und ich muß mich höchlichst wundern, daß eine winzige, aber total wahnsinnige Hoffnung immer noch nicht so ganz und gar hoffnungslos sein soll.«

»Und in wem oder was besteht diese Hoffnung?« examinierte Syme brennend vor Begierde

»In einem Menschen, den ich niemals sah«, gestand der andere und sah auf die staubblaue See hinaus.

»Ich weiß, wen Sie meinen«, sagte Syme leise, »den Mann im zappendustern Raum. Aber den dürfte Sonntag nun auch schon abgemurkst haben.«

»Vielleicht«, versteifte sich der andere. »Aber wenn dem ja so ist, so war das der einzige, bei dem es Sonntag schwergefallen sein mag.«

»Ich hab gehört, was Sie da redeten«, sprach der Professor und drehte sich um. »Ich glaube ebenfalls fest an den, den ich niemals sah.«

Da blickte sich Syme, der bis dahin wie blind vor beschaulichen Gedanken dagestanden hatte, verzweifelt nach allen Seiten um und schrie wie einer, der jäh aus seinem Traum auffährt:

»Wo ist der Colonel, wo ist – –? Aber ich dachte doch, der wäre hier!«

»Der Colonel? Ach ja!« schrie Bull. »Wo in aller Welt ist der Colonel?«

»Der ging doch – Renard sprechen«, sprach der Professor.

»Den können wir aber doch nicht in den Händen jener Unholde lassen!« schrie Syme. »Laßt uns wie Gentlemen untergehen, wenn –«

»Aber bedauern Sie doch den Colonel nicht also!« hohnlächelte Ratcliffe. »Dem gehts brillant! Der –«

»Nein! nein! nein! nein! und nochmal nein! und noch zweimal nein!« tobte und raste Syme da. »Nicht der Colonel auch noch! nicht, nicht, nicht der noch dazu! Ich glaubs nicht, ich glaubs Ihnen ni –«

»Wollen Sie aber Ihren eigenen Augen glauben?« fragte der andere und deutete auf den Strand hinüber.

Manche der Verfolger waren ins Wasser hineingewatet und rekkten von da die Fäuste her. Aber die See ging wild, und so konnten sie nicht bis zur Mole gelangen. Zwei oder drei Gestalten indes, die standen zu Anfang des steinernen Gangsteigs und schienen von da mit aller Vorsicht anrücken zu wollen. Der Strahl einer Laterne beleuchtete die Gesichter der zwei vordersten. Des einen Gesicht trug eine schwarze Halbmaske, und der Mund darunter litt unter einem solchen Sturm der Nerven, daß der Zwickelbart sich hin und her wand wie ein ruhelos lebendig Ding. Das Gesicht des zweiten aber, das war das rote Gesicht mit dem weißen Schnauzbart des Colonel Ducroix. Die zwei zusammen waren in ernsthaftester Beratung.

»Also der auch noch dahin«, sagte der Professor, und saß auf einen Stein nieder. »Alles ist dahin. Ich bin ebenfalls dahin! Ich trau meiner eigenen Körpermaschinerie nicht mehr. Mir ist gerade, als ob meine eigene Hand auffliegen und mich selber verwalken* würde.«

»Wenn mir die meinige ausrutscht«, sagte Syme, »dann solls ganz wer anders spüren!« Und fort gings mit ihm. Auf der Mole hin. Dem Colonel zu. Das Schwert in der einen – die Laterne in der andern.

Als ob der Colonel nur die allerletzte Hoffnung oder den mindesten Zweifel ausgemerzt wissen wollte, zückte er seinen Revolver gegen den Anstürmenden und feuerte auf ihn. Der Schuß ging fehl. Das heißt, er traf Symes Säbel und zersplitterte den knapp unterm Gefäß. Syme aber stürmte weiter drauf los, die schmiedeeiserne Laterne über dem Kopf schwingend.

»Judas noch vorm Herodes!« schrie er – und schlug den Colonel übern Steindamm hinab. Dann drehte er sich wirbelnd nach dem Sekretär um, der fast Schaum vorm wütigen Munde hatte, und hielt dem die Laterne derart hart und überrumpelnd unter die Nase, daß der arme Mann wie zu Eis gefror und nur noch Ohr sein mochte –

* *verwalken:* verprügeln

»Siehst du die Laterne – hm?« sang er in fürchterlichen Tönen. »Siehst du das Kreuz drin eingeschmiedet, siehst du die Flamme darinnen – hä? Das hast du nicht geschmiedet – und das hast du nicht entflammt. Bessere Menschen wie du, Menschen, die zu glauben und zu gehorchen imstande waren – die flochten diese eisernen Adern und hüteten die Legende des Lichts. Es ist keine Straße, die du wandelst, und es ist keine Faser, die du an dir trägst, die nicht erzeugt und geschaffen worden wäre so wie diese Laterne, die all deine Philosophie des Abschaums und Überläufertums Lügen straft. Du kannst nichts erzeugen und schaffen. Du kannst einzig zerstören. Du willst die Menschheit zerstören; du willst die Welt zerstören. Laß dir das genügen. Aber diese eine alte Christenlaterne – die sollst du nicht zerstören! Die soll an einen Ort, daß der Witz eures ganzen Affenreiches nicht ausreichen soll, sie zu finden –«

Und er versetzte dem Sekretär erst eins mit der Laterne, daß der Kerl taumelte. Dann wirbelte er sie sich noch zweimal um den Kopf und schleuderte sie weit, weit, weit auf das Meer hinaus. Sie erschimmerte und sang wie eine Rakete – und fiel.

»Zu den Schwertern!« jauchzte Syme dann flammenden Gesichts den dreien hinter ihm zu. »Auf! Wir stürmen die Hunde! Die Stunde unseres Absterbens ist gekommen!«

Seine drei Gefährten liefen – Schwerter gezückt – herbei. Symes Schwert freilich war zerspellt. Dafür pflückte er sich einen Knittel mitten aus der Faust eines Fischersmanns heraus, den er ganz einfach wasserwärts sandte. Und im nächsten Augenblick würden sie sich alle vier auf den Mob geschmissen haben und elendiglich umgekommen sein, da – – da nahm der Sekretär, der seit dem Speech* Symes sich um nichts anderes mehr als nur um seinen Brummschädel gekümmert hatte, ... da nahm der Sekretär mit einem Mal seine Maske ab.

Und das bleiche Gesicht, das da im Laternenlicht aufleuchtete, war weit, weit eher ein sehr bestürztes als ein grimmiges zu nennen. Und er hob ängstlich beschwörend seine Hand auf.

»Da muß ein Irrtum obwalten«, sagte er. »Mr. Syme, ich glaube kaum, daß Sie sich über Ihre Situation klar waren – und sind. Ich verhafte Sie im Namen des Gesetzes!«

* *Speech:* Rede, Ansprache

»Des – Gesetzes –« stammelte Syme und ließ seinen Knüttel fallen.

»Gewiß!« sprach der Sekretär. »Ich bin ein Detektiv der Londoner Kriminalpolizei«, und er praktizierte eine kleine blaue Karte aus seiner Tasche.

»Und was meinen Sie – hm? – daß wir sind?« fragte der Professor und warf seine Arme in die Luft.

»Sie?« versetzte der Sekretär hartnäckig, »Sie sind – und das weiß ich ganz genau – Mitglieder des Obersten Anarchistischen Rats. Verkappt, als wär ich einer der Ihrigen, hab ich – –«

Dr. Bull schmiß seinen Säbel ins Meer.

»Ein Oberster Anarchistischer Rat hat überhaupt nicht existiert!« schrie er. »Wir waren allzusammen recht blödsinnige Polizeileute, die einer den andern – o Quatsch! – für ganz was anders ansahen. Und all die lieben Leute, die uns mit Schüssen traktiert haben, die dachten, wir wären Dynamithelden. Aber ich wußt es doch, ich würde mich im Mob nicht irren«, sprach er, und kokettierte mit der enormen Menge, die da zu beiden Seiten sich weithin ausdehnte. »Das Volk ist niemals verrückt. Ich selber bin aus dem Volk und weiß es also. Und nun geh ich ans Land und gebe für jeden hier etwas zum Saufen zum besten.«

DAS DREIZEHNTE KAPITEL

# *Haltet den Präsidenten!*

Den andern Morgen nahmen fünf halb totgehetzte, aber lustige Leute den Dampfer nach Dover. Der arme alte Colonel hatte wohl einigen Grund aufzubegehren gehabt (focht er nicht erst hintereinander für zwei Parteien, so gar nicht existierten – und ließ sich schließlich vermittelst einer schmiedeeisernen Laterne über die Mole hinabhauen?...). Aber er war ein edelmütiger alter Edelmann, und als er zuletzt voll Freuden erleben sollte, daß keine der beiden Parteien etwas mit Dynamit zu tun hatte, sah er sie vom Landungssteg aus mit viel Heiterkeit abdampfen.

Die fünf ausgesöhnten Detektive hatten einander hundert Details zu erklären. Der Sekretär zum Beispiel Syme, wie sie dazu gekommen wären, Masken aufzusetzen – nämlich nur, um dem vermeintlichen Feind als Mitverschwörer sich nähern zu können. Syme hingegen hatte zu explizieren, wieso sie mit solcher Windeseile durch ein zivilisiertes Land geflohen wären. Aber über all diesen Einzelheiten, die leicht auszulegen waren, türmte sich berghoch eine Sache, die sie nie und nimmer begriffen. Was bedeutete alles miteinander? Wenn sie sämtlich harmlose Schutzleute waren, wer war Sonntag? Wenn er die Welt nicht erstürmt hatte, mit wem in aller Welt wollte ers denn dann aufnehmen? Inspektor Ratcliffe war darum immer noch niedergeschlagen.

»Ich kann aus all den Plänen dieses ollen Sonntag ebensowenig klug werden wie ihr«, sagte er. »Aber mag er sonst sein was er will, so 'n ganz unbescholtener Zivilist ist er nicht. Donnerwetter noch eins! Könnt ihr euch an seine Visage erinnern?«

»Ich will Ihnen sogar zugeben«, antwortete Syme«, daß ich niemals imstande sein werde, mich ihrer nicht mehr zu erinnern.«

»Nun denn«, meinte der Sekretär, »ich meine, daß wir das alles bald haben werden. Morgen haben wir doch wieder Versammlung... Entschuldigen Sie, bitte«, sprach er, und lächelte sein entsetzliches Lächeln, »daß mir meine Sekretärobliegenheiten so in Fleisch und Blut übergegangen sind!

»Kann sein, daß Sie recht haben«, sprach der Professor nachdenklich. »Wir werden das bald alles sozusagen direkt vom Faß haben. Allerdings muß ich gestehen, daß es mir ein klein wenig eigen zumute sein dürfte, Sonntag geradaus zu fragen, wer er eigentlich ist.«

»Wieso?« fragte der Sekretär. »Aus Angst vor Bomben?«

»Nein«, meinte der Professor, »aus Angst, daß er mirs dann geradaus sagen möchte.«

»Wir wollen etwas zu trinken haben!« proponierte Dr. Bull nach einem Schweigen.

Diese ganze Tagereise zu Wasser und dann zu Lande waren sie höchst guter Dinge – hielten sich aber instinktiv alleweil zusammen. Dr. Bull, der stets noch der Optimist von der Partie gewesen war, tat sein möglichstes, die andern vier zu überzeugen, daß die ganze Gesellschaft von Victoria ab ein zweiräderiges Cabriolet nehmen könnte. Was indes als durchaus unangängig verworfen wurde; und man fuhr dann doch lieber in einem vierräderigen Fahrzeug – mit Dr. Bull, der laut sang, auf dem Kutschbock. Und die Reise endigte bei einem kleinen Hotel am Piccadilly-Circus, auf daß man es zu dem frühzeitigen Frühstück auf dem Leicester Square so nahe wie möglich hätte. Doch damit sollten diese Abenteuer dieses Tages nicht zu Ende sein. Dr. Bull, über den sonst einmütigen Vorschlag, zu Bett zu gehen, äußerst ungehalten, war gegen elf aus dem Hotel hinaus, um einige Schönheiten von London bei Nacht zu erleben und zu kosten. Zwanzig Minuten später indes war er wieder da und machte in der Vorhalle einen wahnsinnigen Skandal. Syme, der ihn erst zu besänftigen versuchte, mußte mit einem Mal aufhorchen –

»Und wenn ich Ihnen sage, daß ich ihn gesehen habe! sprach Dr. Bull mit gewaltiger Emphase.

»Wen?« fuhrs Syme heraus. »Doch nicht den Präsidenten?«

»Sagen wir die Hälfte«, sprach Dr. Bull und lachte ganz unnötig auf, »oder noch nicht einmal die Hälfte! Ich bringe ihn übrigens angeschleppt –«

»Jesus! *wen* denn angeschleppt?« fragte Syme, sehr ungeduldig.

»Den Haarmenschen!« sprach der andere und strahlte. »Der sich für so nen Haarigen ausgab – *Gogol*! Da is er –« und er bugsierte einen jungen Menschen vor sich her, der sich auf alle Arten sträubte und widersetzte – denselbigen jungen Mann, der vor fünf Tagen mit dünnem roten Haar und ganz blassen Angesichts zum Tempel des Hohen Rats hinausspazierte, der erste von allen Scheinanarchisten, der so demaskiert worden war.

»Was wollen Sie denn mit mir noch? So lassen Sie mich doch laufen –« schrie der. »Sie haben mich doch längst als Spitzel zum Teufel gejagt!«

»Wir sind alle miteinander bloß Spitzel!« flüsterte ihm Syme zu.

»Haja! Wir sind alle miteinander bloß Spitzel!« jauchzte Dr. Bull. »Komm, ich geb einen aus!« ...

Den andern Morgen marschierte das Bataillon der wiedervereinigten Sechs – kleinlaut, sagen wir – auf das Hotel auf dem Leicester Square zu.

»Komisch«, sprach Dr. Bull. »Da gehen unser sechs einen einzigen fragen, was er eigentlich will.«

»Ich glaub, es ist fast noch ein bißchen komischer!« sprach Syme. »Ich glaub, es gehen unser sechs einen einzigen fragen, was *wir* eigentlich wollen!«

Schweigend bogen sie auf den Platz ein. Und obschon das Hotel die gegenüberliegende Ecke bildete, sahen sie doch alle gleich den winzigen Balkon – mit einer Gestalt darauf, die viel zu ungeheuer dafür war. Die saß allein und hielt den Kopf gar tief und studierte fleißig eine Zeitung. Aber all die Ratsmitglieder, die da kamen, ihrem Präsidenten ein Ende zu bereiten, gingen quer über den Platz, als ob sie vom Himmel herab mit hundert Augen bewacht würden.

Erst hatten sie viel disputiert, wie es am politischsten zu machen wäre: ob sie den Gogol ohne Maske vorerst nicht auftreten lassen und die Exposition recht diplomatisch einfädeln sollten – oder ob sie Gogol gleich mitnehmen und sogleich die Bombenszene agieren sollten. Syme und Bull, die sehr fürs letztere waren, trugen den Sieg davon – aber der Sekretär, der fragte zuletzt noch, weshalb sie denn Sonntag so jäh attackieren wollten.

»Das ist doch sehr einfach«, versetzte Syme, »ich will ihn rasch attackieren, weil ich nämlich bange vor ihm bin.«

Und Syme schritt die dunkle Treppe schweigend voran, und dann traten sie all zusammen in das pralle Morgensonnenlicht heraus und vor das breitsonnige Lächeln Sonntags.

»Köstlich, köstlich!« sprach der. »Wie so entzückt, Sie all zusammen zu sehen! Was, ein exquisiter Tag heute! ... Ist der Zar tot?«

Der Sekretär, der just am weitesten vorn stand, brachte soviel wie möglich Würde auf und antwortete so trotzig wie nur möglich:

»Nein, mein verehrter Herr. Es gab keine ... Bombengeschäfte. Wir kommen mit ganz anderen Nachrichten als von solchen ... abscheulichen Eisenspekulationen.«

»Abscheuliche Eisenspekulationen ist gut«, wiederholte der Präsident. »Sie meinen doch Dr. Bulls abscheuliche ... Spekuliereisen?«

Der Sekretär fuhr für einen Moment zusammen – der Präsident hingegen wie in sanft verweisendem Tone fort:

»-türlich: Jeder hat *seine* Meinung und *seine* Augen. Aber etwas in Gegenwart des betreffenden Mannes selbst ohne weiteres abscheulich zu nennen –«

Dr. Bull riß seine Spekuliereisen herab und warf sie auf den Tisch.

»Meine Spekuliereisen waren gemein«, sprach er, »aber ich bins nicht. Sehen Sie mich dreist an!«

»Ich darf wohl sagen, daß das ein Gesicht ist, wies an einem zu wachsen pflegt«, sprach der Präsident. »In der Tat wächsts ja auch an Ihnen. Soll ich mich vielleicht mit den wilden Früchten am Baum des Lebens herumstreiten? Ich darf also wohl sagen, daß es an einem schönen, sonnigen ... Sonntag wachsen wird.«

»Wir haben jetzt keine Zeit für Drehwitze!« sagte der Sekretär und wollte wild werden. »Wir sind gekommen, um zu fragen, was all dies sein soll? Wer sind Sie? Was sind Sie? Wozu haben Sie uns alle miteinander hierhergelotst? Wissen Sie denn überhaupt, wer und was wir sind? Sind Sie so blödsinnig, daß Sie hier den Geriebenen, oder so gerieben, daß Sie hier den Blödsinnigen spielen wollen? Antworten Sie mir – ich sage Ihnen nur, antworten Sie mir!«

»Kandidaten«, murmelte Sonntag, »haben von 17 Fragen auf dem Papier nur 8 zu beantworten ... Wenn ich Ihnen schnell genug folgen konnte, so wünschten Sie von mir zu wissen, wer ich bin, und wer Sie sind, und wer ihr seid, und wer der Tisch ist, und was der Rat ist, und was überhaupt die ganze Welt ist. Gut – ich will den Schleier vom Geheimnis herabreißen. Sie wünschten zu wissen, wer ihr seid? Ihr seid eine Gruppe höchst wohlgesinnter, junger ... Esel.«

»Na – und Sie?« fragte Syme, und beugte sich weit vor, »was sind dann Sie?«

»Ich? Was ich bin?« brüllte der Präsident und wuchs mählich zu einer schier unglaublichen Höhe an. Stand wie eine enorme Woge auf, die sie im nächsten Augenblick alle zu begraben schien. »Sie wünschen zu wissen, was ich bin – ja? Bull, Sie sind ein Mann der Wissenschaft. Graben Sie, bitte in den Wurzeln jener Bäume da unten nach und künden Sie mir die Wahrheit über sie. Syme, Sie sind ein Dichter. Sehen Sie sich jene Morgenwolken dort oben an und singen Sie mir die Wahrheit über Morgenwolken. Ich aber sage euch, eher findet ihr die Wahrheit über den geringsten Baum und über die höchste Wolke, ehe ihr die Wahrheit über mich findet. Ihr werdet das Meer ergründet haben – und ich werde euch immer noch ein Rätsel sein. Ihr werdet wissen, was die Sterne sind, und aber nicht wissen, was ich bin. Seit Anfang der Welt hat alles auf mich Jagd gemacht so wie auf einen Wolf – Könige und Weise, Dichter und Gesetzgeber, alle Kirchen und alle Philosophien. Aber noch keiner hat mich erjagt. Und wenn ich mich stelle, dann werden die Sterne vom Himmel fallen. Und die Jagd auf mich hat schon manche ein schönes Stück Geld gekostet – und solls nun wieder!«

Und noch eh einer von ihnen ein Glied rühren konnte, hatte sich der Riesenmensch wie ein ungeheurer Orang-Utan über die Balustrade des Balkons geschwungen. Aber eh er sich fallen ließ, stützte er sich gegen einen Querbalken und beteuerte, mit seinem kolossalen Kinn noch über der Balustrade, feierlich:

»Das eine kann ich euch ja noch sagen. Ich bin der Mann vom zappendustern Raum – ich hab euch all zu Polizisten gemacht.«

Und ließ sich hinabfallen und fiel so wie ein Gummiball aufs Pflaster auf und schritt auf die Ecke von Alhambra zu – rief dort ein Cabriolet an und sprang hinein. Die sechs Detektive aber standen derweil wie vom Blitz getroffen – von seiner letzten Behauptung. Erst als sie ihn in jenem Cabriolet davonfahren sahen, kehrte Syme all sein Sinn für praktisches Zugreifen zurück und da sprang er auch schon gleichfalls über den Balkon hinab, daß du glaubtest, er würde sämtliche Knochen im Leibe brechen und lief und rief ein anderes Vehikel an.

Er und Bull sprangen in dieses Cabriolet, der Professor und der Inspektor in ein zweites, während der Sekretär und der einstige Gogol ein drittes requirierten und die Verfolgung des fliehenden Syme aufnahmen, der seinerseits den fliehenden Präsidenten verfolgte. Sonntag jagte in nordwestlicher Richtung von dannen, und sein Kutscher trieb augenscheinlich aus einem ganz ungewöhnlichen Beweggrund seinen Gaul zu geradezu halsbrecherischer Eile an. Aber

Syme verstand sich nun auf keinerlei Delikatessen mehr und sprang in die Höh und brüllte: »Haltet den Dieb, haltet den Dieb!«, daß bald eine Menge Menschen zu beiden Seiten des Wagens herlief und Schutzleute einschreiten und Fragen stellen wollten. Das alles blieb nicht ohne jeden Einfluß auf den Kutscher des Präsidenten, und er fing an, etwas schwankend zu werden und aus dem Galopp in einen Trab zurückzufallen. Und er begann durch die Klappe mit seinem Passagier ein vernünftiges Wörtchen zu reden – aber dabei ließ er seine Peitsche ein wenig allzusehr vorn über die Kutsche herabbaumeln. Was anders, als daß Sonntag sich vorbeugte, sie ergriff und dem Manne mit einem Ruck aus der Hand riß! – und dann aufstand im Wagen und nun selber auf das Rößlein einhieb und brüllte, daß sie bald wieder wie die Windsbraut die Straßen hinabfegten! Straße um Straße, Platz um Platz gings dahin ... wirbelnd ... und der Fahrgast hieb auf das Pferd ein und brüllte *hüh!* und der Kutscher riß an den Zügeln und sang *brr!* Und die andern drei Vehikel hetzten (so die Phrase bei Droschken erlaubt ist) wie keuchende Hunde nach, daß Läden und ganze Straßen nur so wie Pfeile vorbeischwirrten.

Mitten in der rasendsten Raserei drehte sich Sonntag auf dem Spritzbrett, auf dem er stand, um, steckte seinen großen, grinsenden Schädel mit dem im Wind fliegenden weißen Haar über das Cab heraus und schnitt seinen Verfolgern ein rechtes (aber in welchen Dimensionen! magst du dir denken) Gassenbubengesicht. Dann holte er mit seiner rechten Hand aus, schmiß Syme einen Knäuel Papier ins Gesicht und tauchte wieder unter. Der Adressat fing das Ding, wie er instinktiv parierte, glücklich auf und – es enthielt zwei verkrumpelte Fetzen. Der eine war an Syme selber adressiert (der andere an Dr. Bull) – und zwar hinter seinem (Symes) Namen fing eine sehr lange, und wie wohl zu fürchten stand, ironische Reihe Worte an. Dr. Bulls Adresse hingegen, die war beträchtlich länger als die Mitteilung selber, bestand diese doch nur aus diesen Worten:

*Alte Toppsau!*

»Was soll denn das bloß heißen? Das ist doch zu blödsinnig!« verwunderte sich Bull und starrte immer nur die Zeile an. »Und wie lautet Ihrs wohl, Syme?«

Die Botschaft an Syme war, wie gesagt, länger, und lautete also:

»Keiner würde es mehr bedauern als ich, wenn sich einer von der weißen Sekte in die Sektweiße einmischen würde. Ich hoffe indes, daß es dazu nicht kommt. Aber wo blieben in der letzten Zeit Ihre Galoschen? Die Sache ist zu dumm, besonders nach dem, was der Leihhausfritze dazu sagte.«

Währenddessen schien der Kutscher des Präsidenten wieder einige Kontrolle über sein Pferdchen erlangt zu haben, und die Verfolger rückten etwas dichter auf – – aber da gings mit einem Mal um die Ecke in die Edgeware Road hinein. Und in dieser Straße bestand irgendein Verkehrshindernis, das die Alliierten geradeswegs der göttlichen Vorsehung zuschrieben. Ja, der Verkehr aller Art mußte plötzlich links oder rechts abbiegen oder ganz anhalten – und da hörtest du die Straße herauf jenen unverkennbaren Alarm, der noch allemal – mit tödlicher Sicherheit die Feuerspritze verkündete – die in ein paar Sekunden denn auch unter metallischem Getöse anschwirrte. Aber so schnell (und so bahnfrei) sie hier vorbeiwollte – war Sonntag nicht noch schneller? Raus aus dem Cab! rauf auf die Spritze! und droben war er! ... und dahin war er! ... und du sahst durch den verschwindenden Lärm und auf immer größere Entfernung, wie er den erstaunten Spritzenmännern irgend etwas auf das Eindringlichste vorgestikulierte ...

»Ihm nach! Ihm nach!« heulte Syme. »So kann er nicht vom Weg mehr ab! Das ist doch über allen Zweifeln eine ... Feuerspritze!«

Also peitschten die drei Kutscher, die einen Moment lang verdutzt waren, neu auf ihre Rößlein ein und verringerten sichtlich wieder den Abstand zwischen ihnen und ihrer fast verschwundenen Beute. Der Präsident aber, der erkannte die zunehmende Nachbarschaft förmlich an, indem er sich nach dem rückwärtigen Ende seines Wagens verfügte, wiederholt sich verbeugte, Handküsse austeilte und schließlich eine zierliche gefaltete Nota dem Inspektor Ratcliffe zwischen sein Vorhemdchen warf. Der Empfänger entfaltete es nicht ohne Ungeduld – und las die Worte:

»Jetzt weicht, jetzt flieht! Die Wahrheit über Ihre Hosenstrecker – ätsch! – ist an den Tag gekommen! – EIN FREUND.«

Die Feuerspritze strebte derweil unentwegt dem Norden zu; in ein Viertel, das die Sechse nicht wiedererkannten. Wies aber nun ein hohes, von Bäumen überschattetes Gitter lang ging, war das Halbdutzend Freunde auf ein neues bestürzt und zugleich doch wieder froh: wie nämlich der Präsident von der Feuerspritze herabsprang (wenn du gleich nicht sehen konntest, ob ers nun aus Laune tat, oder ob ihn der wachsende Protest seiner unfreiwilligen Gastgeber dazu gezwungen hatte), genug – gleichviel – er sprang herab ... aber ach! eh die drei Cabs noch die Stelle erreichten, hatte Sonntag, wie eine große graue Katze, den hohen Zaun genommen – und verschwand hinter dem dunklen Grün ... wie in grüner Nacht.

Syme ließ wütend halten, sprang ab und kletterte gleichfalls übern Zaun. Als er aber erst mit einem Bein drüben war und seine Freunde ihm nachkamen, wandte er sich mit dem Gesicht noch einmal zu ihnen – und das schien ganz weiß durchs Grün her.

»Was kann das bloß für ein Ort sein?« fragte er. »Könnts nicht am Ende das Haus von diesem alten Teufel sein? Ich hörte einmal, daß er ein Haus hier im Norden hätte.«

»Desto besser«, erwiderte der Sekretär grimmig und stützte seinen Fuß auf eine Stütze auf, »dann werden wir ihn doch zu Hause finden.«

»Aber nein, nein, das ist es nicht«, sprach Syme und runzelte die Stirn. »Ich hör die fürchterlichsten Geräusche ... als ob Teufel durch wirklich teuflische Nasen lachen, rotzen, nießen und kotzen würden!«

»Das sind seine Hunde ... und die husten vielleicht«, sprach der Sekretär.

»Ich huste Ihnen gleich auch was!« schrie da Syme wütend. »Husten! Warum nicht gleich behaupten, daß seine Küchenschaben husten! Schnecken husten! Geranien husten! ... Haben Sie vielleicht jemals nen Hund so husten hören?«

Und er hielt die Hand auf. Und da erscholl aus dem Dickicht ein langes, brummendes Brüllen, das dir wie unter die Haut kriechen und dir alles Fleisch frieren machen wollte – ein langes durchdringendes Brüllen, das die Luft um dich herum hörbar schlagen machte.

»Die Hunde vom Sonntag werden schon keine gewöhnlichen Hunde sein«, meinte Gogol und schauderte.

Syme schwang sich endlich vollends über das Gatter. Und blieb aber noch einmal stehen und lauschte voller Ungeduld –

»Was? Hören Sie sich das an!« sprach er, »ist das ein Hund, was? Ist das von irgend jemandem ein Hund, was?«

Da erfüllte ein mißtönendes Schrillen ihre Ohren, das gerade wie ein Protest klang und wie aus irgendeiner jähen Qual laute Klage erhob. Und dem antwortete dann fern wie ein Echo etwas, das wie ein nasaler Trompetenton war.

»Sein Haus muß zur Hölle!« schrie der Sekretär, »und wenn es gleich die Hölle selber wär – ich geh hinein! « und er nahm den Zaun mit einem Satz.

Die andern nach ... Man arbeitete sich durch ein Gewirr von Busch- und Staudenwerk – und gelangte hernach auf einen gebahnten Weg. Nichts in Sicht; da schlug Dr. Bull plötzlich seine Hände zusammen.

»Schafsköppe!« schrie er, »aber das ist doch der Zoo!«

Und wie sie sich nun wild nach einer Spur ihres Ausreißers umsahen, kam ein Wärter in Uniform, gefolgt von einem Menschen in schlicht bürgerlichem Gewand, den Pfad dahergelaufen.

»Kam er hier vorbei?« japste der Wärter.

»Wer – hier?« fragte Syme.

»Der Elefant, Herrgott!« schrie der Wärter. »Ein Elefant ist wild geworden und ausgebrochen!«

»Mit einem alten Herrn auf dem Rücken ausgebrochen!« sagte der andere atemlos. »– einem armen alten Herrn mit weißem Haar!«

»Wie sah der arme alte Herr sonst noch aus?« forschte Syme – von einer plötzlichen Neugierde getrieben.

»Ein sehr großer und dicker, alter Herr ... lichtgrauen Anzug an ...« sagte der Wärter eifrig.

»Nun«, sagte Syme, »wenn es ein solcher alter Herr ist – nämlich, wenn Sie ganz sicher sind, daß es ein sehr großer, dicker, alter Herr ist – dann können Sie mir auf mein Wort glauben, dann geb ich Ihnen mein Ehrenwort, daß der Elefant ... nicht mit *ihm* davongelaufen ist. Sondern er ist mit dem *Elefanten* davongelaufen. Der Elefant ist nicht von Gott erschaffen, daß er mit ihm davon hätte laufen können, außer der Mann war mit solchem böswilligen Verlassen mehr als gutwillig einverstanden. Und ... Dunnerkiel, da is er!«

Und da konnte auch schon kein Zweifel mehr sein. Über den Grasrasen kam in einer Entfernung von 200 Yards etwa – eine kreischende, ganz nutzlos nachstolpernde Menschenmenge ihm auf den Fersen – ein riesiger grauer Elefant dahergerannt, mit einem Rüssel so steif wie das Bugspriet eines Schiffes und trompetend wie die Trompete zum jüngsten Gericht. Auf dem Rücken aber des brüllenden, trampelnden Viehs saß Präsident Sonntag mit der Würde eines

Sultans – nur daß er das Untier mit irgendeinem scharfen Gegenstand in seiner Hand zu einem wütenden Galopp anstachelte.

»Aufhalten, aufhalten!« brüllte das Publikum. »Der rennt sonst das Gatter ein!«

»Halten Sie einen Bergsturz auf, wenn Sie können!« schrie der Wärter. »Jawoll – – da wär er glücklich durchs Gatter durch!«

Und ein heilloses Krachen und ein unbändiger Schrei: – der riesige graue Elefant war aus dem Gatter des Zoologischen Gartens ausgebrochen und galoppierte nun die Albany Street wie ein neuer, schnellerer Omnibus hinunter.

»Allmächtiger Himmel!« schrie Bull, »ich hätte nie geglaubt, daß ein Elefant so sehr rennen könnte ... Ja, nun müssen wir also wieder eilends Taxameter fahren, wenn wir ihn einigermaßen im Auge behalten wollen ...«

Und sie stürmten durch das Loch hinaus, das ihnen der Elefant gemacht hatte – und Syme erlebte derweil ein schreiendes Panorama all der exotischen Tiere in den Käfigen, an denen sie vorüberrannten. Späterhin kams ihm direkt wunderlich vor, daß er all das so deutlich gesehen haben sollte. Er erinnerte sich dann insonders einiger Pelikane – und ihrer unnatürlich hängenden Gurgeln. Und wunderte sich, daß der Pelikan das Symbol der christlichen Liebe vorstellen sollte ... außer es wäre so gemeint: daß schon ein gut Teil Christenliebe dazu gehöre, so einen Pelikan überhaupt zu bewundern. Und erinnerte sich außerdem noch eines Nashornvogels, der nichts als ein ungeheurer gelber Schnabel war ... daran hinten irgendwie ein winziges Vögelchen hing. Das Ganze war von einer so blödsinnig lebhaften – ganz und gar unfaßlichen Sensation: Mutter Natur, ewig zu einem mysteriösen Jokus aufgelegt ... Hatte ihnen Sonntag nicht gesagt, eher würden sie ihn nicht begreifen, ehe sie die Sterne nicht begriffen hätten? Nun denn: Syme hätte sich höchlichst gewundert, wenn etwa die Erzengel den Nashornvogel begriffen hätten ...

Die sechs unseligen Detektive stürzten sich in Droschken – und fort gings, dem Elefanten nach, und hinein in all den Terror, den das Untier von Straße zu Straße bereitete. Diese ganze Zeit drehte sich Sonntag nicht ein einziges Mal nach ihnen um, sondern wies ihnen unverwandt all seine unmeßbare, unübersehbare Hinteransicht – was einen womöglich noch verrückter machen konnte als vorher seine Juxkarten. Indes, gerade wie sie in die Baker Street einbogen, sahst du, wie er etwas hoch, hoch in die Luft warf und es so wie einen Ball wieder auffangen wollte. Aber bei einem Rennen wie dieses war, fiel es erst just über der Droschke, in der Gogol saß, wieder herunter. Und in der Hoffnung, daß das vielleicht einen Anhaltspunkt oder irgendeinen Impuls enthalten könnte, hobs Gogol, halb im Weiterfahren, auf. Es war ausgerechnet an ihn adressiert und war fast ein richtiges Paket zu nennen. Bei näherer Prüfung erwies es sich jedoch als aus dreiunddreißig absolut wertlosen Papierfetzen bestehend, von denen einer in den andern gewickelt war. Und als die letzte Hülle abgepellt war, blieb als eigentlicher Inhalt ein kleiner Streifen Papier, darauf geschrieben stand:

»Die Welt, ich mein, müßt *rosenrot* sein!«

Und der Mann, der dir als Gogol vorgestellt ward, der sagte keinen Ton; aber seine Hände und Füße wurden ihm gerade so und werkten, als ob er ein Roß zu erneutem Galopp anspornen und peitschen würde.

Straße um Straße, Distrikt um Distrikt ließ dieses Monstrum von einem fliegenden Elefanten hinter sich. Und in jedem Fenster stand Kopf an Kopf. Und der gesamte Straßenverkehr mußte nach rechts oder links ausweichen. Und immer hinterdrein, durch all das entsetzte Publikum, die drei Droschken – daß es schließlich aussah, als gehörten die mit zu dem grotesken Festzug und als wärs etwa der marktschreierische Aufzug eines Zirkus ... Und das ging und ging immer noch in einem solch aberwitzigen Tempo, daß Syme mit einem Mal die Albert Hall in Kensington erblickte, als er vermeinte, er wäre noch lange in Paddington. Und die Pace des Viehs* wurde schließlich durch die leeren aristokratischen Straßen von South Kensington gar noch eine freiere und also wütendere ... und endlich gings da hinaus, wo das Riesenrad von Earls Court gen Himmel ragte. Und das Rad wurde immenser und immenser und wurde zuletzt gar wie die Himmelsachse selber und das himmlische Rad mit den unendlichen Sternen.

Das Vieh war mit Droschken nun einmal nicht einzuholen ... Sie verloren es, wies nun um ein paar Ecken herumging, immer mehr aus den Augen. Und als sie vor einem Eingang zur Earls Court Ex-

* *die Pace des Viehs:* das Tempo des Viehs

hibition anlangten, konnten sie noch dazu überhaupt nicht mehr weiter und mußten anhalten. Eine Riesen-Menschenmenge war da – und mitten drin ein riesiger Elefant, stöhnend und bebend, wie solch unförmige Kreaturen nun einmal tun. Aber der Präsident – – der war weg.

»Wo ist er hin?« schrie Syme, noch unterm Abspringen.

»Der Herr sind in die Ausstellung gegangen, Herr!« sprach ein Beamter – noch ganz verblüfft. Und setzte dann – immer noch wie vor den Kopf geschlagen, hinzu: »Ein urkomischer Herr. Bat mich, sein Reitpferd zu halten. Und gab mir noch dieses hier.«

Und hielt wie blödsinnig ein zusammengefaltetes Stück Papier hin – das die Aufschrift trug: »An den Sekretär des Zentral-Anarchistenrats.«

Der Sekretär riß es wutschäumend auf; und da stand folgendes zu lesen:

»Solangs dem Häring unter Binsen tut passen,
mögt ihr Herrn Sekretär grinsen lassen.
Nur sowie der Häring mit *fliegen* droht,
schlagt die Schreiberseele tot!

Bauernsprichwort.«

»Warum – o je! o je! –« fing der Sekretär an, »haben Sie denn den Mann hineingelassen? Oder kommen die Leute zu Ihrer Ausstellung da regelmäßig auf wildgewordenen Elefanten angeritten? Oder aber – –«

»Sehen Sie doch!« brüllte Syme mit einem Mal. »Sehen Sie da – da – da hinauf!«

»Wo hinauf?« brüllte der Sekretär zurück.

»Auf den Fesselballon!« schrie Syme und gestikulierte wie tobsüchtig.

»Warum zu allen Teufeln soll ich mir einen Fesselballon ansehen?« beschwor ihn der Sekretär. »Was ist an einem Fesselballon so Sonderbares?«

»Nichts«, versetzte Syme. »Außer er ist eben nicht mehr gefesselt!«

Sie sahen alle nach oben: und da schwebte und schwankte ein Ballon über der Ausstellung – an einem Seil – wie ein Kinderballon. Und eine Sekunde später fiel, zwei Sekunden lang, etwas herab, und zwar gerade auf die Droschke herab, und das war das Seil – – und der Ballon flog davon, so lustig wie eine Seifenblase.

»Zehntausend Teufel!« kreischte der Sekretär. »Er ist drinnen!« und er schüttelte die Fäuste gen Himmel.

»Gott sei meiner Seele gnädig!« sang der Professor in dem Greisenton, den er nimmer von seinem gebleichten Bart und seinem Pergamentgesicht zu trennen vermochte. »Gott sei meiner Seele gnädig! Mir war gerade, als ob etwas auf meinen Hut gefallen wäre – –«

Und er hob seine Zitterhand auf und holte von seiner Kopfbedeckung ein Stück zusammengefaltetes Papier herab, breitete es, höchst geistesabwesend auseinander und fand von treuliebender Hand geschrieben:

»Ihre Schönheit konnte mich nicht gleichgültig lassen. – KLEIN SCHNEEGLÖCKCHEN.«

Da war eine Stille erst. Und dann sprach Syme und kratzte sich am Barte:

»Ich fühle mich immer noch nicht besiegt. Das verwünschte Ding muß doch irgendwo mal wieder niederkommen! Auf! ihm nach!«

DAS VIERZEHNTE KAPITEL

# *Die sechs Philosophen*

Über Wiesengrün und durch Heckenblühn sollten es sich sechs bis an den Hemdkragen beschmutzte Detektive blutsauer werden lassen. An die fünf Meilen von London fern ... Der Optimist der Gesellschaft hatte zu Anfang gleich vorgeschlagen: den Ballon quer über South England in Droschken zu verfolgen. Aber er wurde nur zu bald davon überzeugt, daß der Ballon nicht die geringste Lust zeigte, sich irgendwie nach inferioren Straßen zu richten. Und ebenso die Droschkenkutscher nicht die mindeste Neigung verspürten, sich, was die Richtung anbelangte, ausschließlich einem hochfahrenden Ballon unterzuordnen. Demzufolge blieb unsern unermüdlichen, weil wahnsinnig erzürnten Wanderern nichts anderes übrig, als fein hübsch durch dick und dünn (durch finstres Dickicht und umgeackerte Felder) mitzugehen, bis jeder von ihnen derart aussah, daß man sie sehr wohl für allerschlimmste Vagabunden halten konnte. Jene grünen Hügel von Surrey erlebten den endgültigen Kollaps – den Schluß der Tragödie des wunderbaren, lichtgrauen Anzugs, in dem Syme von Saffron Park aus diese entsetzliche taglange Reise angetreten hatte. Seinen Seidenhut, den hatte ihm ein grober Ast bis über die Nase herunter eingetrieben; seine Rockschöße waren bis fast zur Schulter von widerspenstigen Dornen aufgerissen; und Englands Letten bedeckten ihn bis zum Hals herauf. Aber nichtsdestoweniger strebte er mit der Spitze seines gelben Bartes voran – in stummem wütendem Entschluß – und seine Augen hingen starr an dem segelnden Gasballon, der sich im Strahl der sinkenden Sonne bald wie eine Wolke bei Sonnenuntergang ausnahm ...

»Schließlich und endlich«, meinte er, »ja eigentlich ists überaus wundervoll!«

»Es ist einzigartig und seltsam wundervoll!« meinte der Professor. »Ich möchte nur, daß diese biesterische Gasblase da oben endlich die Platze bekäm!«*

* *die Platze bekommen:* sehr wütend werden

»Nein«, meinte Dr. Bull. »Das möchte ich nun wieder nicht. Ich möchte dem alten Knaben erst 'n bisken wehtun!«

»Wehtun!« meinte der rachgierige Professor. »Wehtun! Ja – aber nicht so sehr wehtun, als ich ihm wehtun möchte, wenn ich man bloß zu ihm hinaufkönnte. Klein Schneeglöckchen!«

»Nein, ich würde ihm nicht einmal wehtun«, meinte Dr. Bull.

»Was?« schrie der Sekretär voll Bitternis. »Glauben Sie am Ende gar die Geschichte, daß er der Mann im zappendustern Raum gewesen wäre? Im Hintern ists noch dusterer, würde Sonntag sagen.«

»Ich weiß nicht, ob ich es glaube oder nicht«, sprach Dr. Bull. »Aber das ist es auch gar nicht, was ich sagen wollte. Ich kann dem Ballon Sonntags nicht die Platze an den Hals wünschen, weil –«

»Na!« wurde Syme ungeduldig, »weil? na! weil?«

»Na, weil er eben so niedlich als Ballon an und für sich sein tut!« meinte Dr. Bull ganz verzweifelt. »Ich verstehe keine Silbe von dem, daß er etwa der gewesen sein soll, der uns all unsere blauen Karten gab. Wie soll denn das auch bloß zu verstehen sein? Na also ... Aber ich stehe nicht an, einem jeden zu sagen, ders hören will: daß ich für den Sonntag selber jederzeit und immer wieder Sympathien übrig hatte, so schuftig er auch sein mochte. Er war ein Baby, ins Riesenhafte übersetzt, aber er war ein Baby. Das verhinderte nicht, daß ich ihn wie die Hölle bekämpfte! Aber ... werde ich mich so klar machen können, wenn ich nun sage, daß ich ihn gern hatte, weil er so fett war ...?«

»Ich glaube nicht«, meinte der Sekretär.

»Ich habs, ich habs!« schrie Bull. »Es war, weil er so rund und so hell war. Gerade wie 'n ... gerade wie 'n Ballon. Wir denken von feisten Leuten zu schwer; aber er hätte eine Sylphide hingetanzt. Jetzt weiß ich, was ich meine. Mittelmäßige Kraft tut gern gewaltsam, höchste Kraft spielt sich. Das ist wie eins der ältesten Geistesspiele – was würde geschehen, wenn ein Elefant so wie ein Grashüpfer hoch in den Himmel springen könnte?«

»Unser Elefant«, sprach Syme und richtete den Blick nach oben, »der *ist* wie ein Grashüpfer hoch in den Himmel gesprungen!«

»So ist es auf irgendeine Art«, folgerte Bull, »warum ich mir nicht helfen kann und unsern lieben Sonntag gern haben muß. Nein, nein – es ist nicht, daß ich seine Stärke anhimmele. Und auch nichts dergleichen Blödsinniges. Das Ding da oben, das hat so was Heiteres – als obs bald mit guten Nachrichten herausplatzen würde. Jaa ...! Haben Sie so was nie gefühlt – an einem Frühlingstag? Nein ...? Sie wissen, Mutter Natur arbeitet mit verwünschten Tricks, aber so ein Tag beweist einem dann irgendwie, daß die Tricks von ganz gutmütiger Art sind. Ich hab die Bibel selber nie gelesen, aber jene Stelle, über die man lacht, die ist wortwörtlich wahr: ›Was hüpft ihr, hohe Hügel?‹ Hügel, die hüpfen – wenigstens bemühen sie sich ... Was hüpft mein Herz für Sonntag? ... wie kann ich euch das sagen? ... vielleicht weil er so 'n Urviech ist ...«

Dann war ein langes Schweigen. Und dann sprach der Sekretär in einem seltsam fließenden Ton:

»Sie kennen Sonntag überhaupt nicht. Vielleicht weil Sie besser sind als ich und die Hölle nicht kennen. Ich war ein wilder Kerl und ein wenig pathologisch von Haus aus. Der Mann, der in jenem undurchdringlich dunklen Raum sitzt und der uns alle miteinander erwählte, erwählte mich, weil ich ganz das verrückte Aussehen eines Verschwörers an mir hatte – weil mein Lächeln (Sie wissen) so gespalten erst auf- und dann niederging und weil meine Augen unheimlich blickten, auch wenn ich lächelte. Aber es muß etwas in mir gewesen sein, darauf die Nerven jener Anarchistenleute durchaus reagierten. Denn wie ich Sonntag zum erstenmal in meinem Leben sah, war er zu mir nicht von jener Lebendigkeit, die ihm euch gegenüber so locker saß, sondern von einer Größe und Gesättigtheit, die tief zutiefst in der Natur der Dinge gegeben sein mag. Ich fand ihn rauchend in einem Zimmer, drin Zwielicht herrschte, einem Zimmer von braunem blindem Dämmer, das noch unendlich viel bedrückender war als das geniale Ganzdunkel, in dem unser Meister lebt. Und da saß er denn auf einer Bank, ein ungeheurer Haufen Mensch, schummerig, und im Schummerigen verschwimmend. Und hörte auf all meine Worte und sprach keinen Ton, ja rührte sich nicht einmal. Ich explodierte in den leidenschaftlichsten Appellen – ich bombardierte nur so mit den oratorischsten Fragen! Dann – nach einer langen Stille – begann der Dingerich* zu erzittern, daß ich dachte, er erzitterte aus einer geheimen Krankheit. Er vibrierte wie eine abscheuliche, lebendig gewordene Gallerte. Es gemahnte mich an jede Zeile, die ich einst über die Urtierchen, die den Ursprung alles Lebens bilden, zusammengelesen hatte – über die niedrigst-

* *Dingerich:* unehrlicher Mensch (Erzgebirge)

stehenden Infusorien und über die Protoplasmen. Da war etwas wie die Urform aller Dinge, die formloseste und die schamloseste ... Ich sagte mir: da muß doch etwas sein, daß es einem solchen Monstrum derartig elendiglich ergehen kann. Und dann sah ich mit einem Mal: der bestialische Berg vor mir wackelte – – vor verhaltenem Lachen; und das Lachen – – galt mir. Glauben Sie, daß ich ihm das je verzeihen könnte? Sich von einem auslachen zu lassen, der viel gemeiner und rüpelhafter ist als man selber!«

»Ihr denkt zu aufgeregt und zu wild, ihr Burschen, gewiß!« fuhr da mit seinem klaren Organ Inspektor Ratcliffe dazwischen. »Präsident Sonntag ist fürchterlich, was den Intellekt anbelangt, aber ist doch rein körperlich keine solche Barnumiade*, als ihr aus ihm machen wollt. Mich empfing er in einem gewöhnlichen Bureau, in einem graukarierten Anzug, in hellem Tageslicht. Und sprach – wien anderer Mensch auch mit mir. Aber ich will euch sagen, was einem bei Sonntag eine Gänsehaut machen kann. Das Zimmer ist gefällig, sein Anzug ist gefällig – ein jedes Ding scheint hübsch in Ordnung zu sein; aber er selber ist ... geistesabwesend. Zuweilen gehen seine großen, lichten Augen wie blind. Stundenlang vergißt er, daß du da bist. Nun ist Geistesabwesenheit gerade etwas ziemlich Scheußliches bei einem schlechten Menschen. Einen verruchten Menschen stellen wir uns überaus auf der Hut und auf der Lauer vor. Allemal bereit zum Sprung. Wir können uns keinen verruchten Menschen vorstellen, der sich ehrlich und aufrichtig Träumereien hingäbe, denn wir dürfen uns von einem verruchten Menschen nicht vorstellen, daß er jemals allein mit sich selber wäre. Ein geistesabwesender Mensch scheint uns ein gutmütiger Mensch zu sein. Ein Mensch, der, wenn er dich zufällig gewahr wird, sich dann tausendmal bei dir entschuldigen wird. Aber was sagst du zu einem geistesabwesenden Menschen, der, wenn er dich zufällig gewahr wird, dich am liebsten erdolchen möchte? Hm? Das ist es, was deine Nerven hernimmt, Zerstreutheit gepaart mit Grausamkeit. Das haben Männer zuweilen erlebt, wenn sie durch wilde Wälder gingen und fühlten, daß die Bestien harmlos und unbarmherzig zugleich taten. Entweder – oder, um Gottes willen, ja ... Wie würde Ihnen das behagen: zehn geschlagene Stunden in einem Tête-à-Tête mit einem geistesabwesenden Tiger! – hä?«

* *Barnumiade:* Zirkusnummer, (billige) Show; nach dem Zirkus *Barnum*

»Und wie denken Sie über Sonntag? He, Gogol!« fragte Syme.

»Ich denke grundsätzlich nichts von Sonntag«, versetzte Gogol einfach. »Denn es ist doch nur, wie wenn ich am hellichten Mittag in die Sonne starre.«

»Gut. Das ist auch eine Ansicht«, sprach Syme gedankenvoll. »Und was sagen Sie, Professor?«

Der Professor ging gebeugten Hauptes und ließ seinen Stock am Boden nachschleifen. Und gab überhaupt keine Antwort.

»Schlafen Sie, Professor?« rief Syme ihn munter. »Sagen Sie uns, wie Sie über Sonntag denken!«

Endlich ließ sich der Professor auf seine schleppende Art vernehmen.

»Ich denke etwas«, sprach er, »das ich nicht klar ausdrücken kann. Oder vielmehr – ich denke etwas, das ich nicht einmal klar zu denken vermag. Aber es ist etwas wie dieses: Mein Vorleben war, wie Sie wissen, ein bißchen breit und unzusammenhängend. Nun – also – wenn ich so Sonntags Gesicht betrachtete, dachte ich, daß es ein wenig zu breit wäre, jedermann denkt das, aber ich dachte auch, daß es zu unzusammenhängend wäre. Das Gesicht war so in die Breite gehend, daß man sozusagen keinen Brennpunkt erhalten und daß man sich eben überhaupt kein Bild davon machen konnte. Das Auge war so weit von der Nase weg, daß es kein Auge mehr war. Der Mund war so für sich allein, daß man ihn sich eben ganz allein denken konnte. Ach, die ganze Sache ist viel zu schwierig, als daß ich sie zu explizieren vermöchte.«

Er hielt eine Weile inne. Immer dabei seinen Stock nachschleifend. Und fing dann wieder an:

»Denkt es euch folgendermaßen: Ich ging einen Weg in der Nacht und sah, wie eine Laterne und ein erleuchtetes Fenster und eine Wolke zusammen ein höchst vollständiges und nicht abzustreitendes Gesicht bildeten. Wie? Wenn irgendwem im Himmel oder auf Erden dieses Gesicht zugehören würde, würde ich ihn wiedererkennen ... Aber wie ich weiterging, fand ich: das war kein Gesicht – das Fenster war zehn Yards weit, die Laterne zehnmal hundert und die Wolke wie außer aller Welt. Nun gut, Sonntags Gesicht entfiel mir; das lief nach rechts und links davon, wie solche Bilder, die man sich macht, davonlaufen. Und sein Gesicht machte mich auf irgendeine Art zweifeln, obs überhaupt Gesichter gibt. Kann ich wissen, Bull, ob Ihr Gesicht ein Gesicht ist oder eine perspektivische Kombination? Vielleicht ist die eine rußige Scherbe Ihrer blödsinnigen Gläser ganz nah und die andere fünfzig Meilen weit entfernt. Oh, die Zweifel eines Materialisten sind keinen Pfifferling wert. Sonntag hat mich die letzten und schlimmsten Zweifel, die Zweifel eines Spiritualisten gelehrt. Ich bin ein Buddhist, – glaube ich. Und der Buddhismus, der ist kein Glaubensbekenntnis, der ist ein Zweifel nach dem andern. Armer lieber Bull! ich kann nicht glauben, daß Sie tatsächlich ein Gesicht haben! Mir fehlt tatsächlich alles Gesicht dazu, so was zu glauben.«

Symes Augen hingen fortgesetzt gespannt an jenem fahrenden Ball, der, gerötet im abendlichen Lichte, wie eine rosigere, reinere Welt aussah ...

»Ist Ihnen bei allen Beschreitungsversuchen«, sprach er, »nicht eine sehr kuriose Sache aufgefallen? Ein jeder von Ihnen fand Sonntag anders und ganz verschieden, aber ein jeder von Ihnen fand nur ein Ding, womit er ihn vergleichen konnte – das Universum selber. Bull findet ihn wie die Erde zur Frühlingszeit, Gogol wie die Sonne am hellichten Mittag. Der Sekretär wurde dabei an gestaltlose Protoplasmen erinnert, und der Inspektor an die Fährnis jungfräulicher Wälder. Der Professor meinte, er wäre wie eine wechselnde Landschaft ... Ist das nicht kurios? Noch kurioser aber scheint mir, daß ich meine Anschauung über den Präsidenten genau wie Sie ebenfalls – – ich meine, daß ich, wenn ich an Sonntag denke, an die ganze Welt denken muß ...«

»Machen Sie sich etwas Beine, Syme«, sprach Bull, »es ist doch von wegen dem Ballon!«

»Als ich Sonntag zum ersten Male sah«, sprach Syme bedächtig, »sah ich nur seinen Rücken. Und als ich seinen Rücken sah, wußte ich: das ist der schlimmste Mann von der Welt. Sein Genick, seine Schultern von einer Brutalität, wie von einem Gott der Affen. Sein Schädel ein Stoßschädel, wie nimmer von einem Menschen, wie immer nur von einem Stier. In der Tat, ich hatte auf den ersten Blick das schauderöse Gefühl: das war überhaupt kein Mensch – das war ein Tier in Menschenkleidern.«

»Immer noch mehr Beine, Syme!« sagte Bull.

»Und dann geschah das Seltsamste von allem. Ich hatte seinen Rücken von der Straße aus gesehen. (Wie er auf dem Balkon saß.) Dann kam ich zum Hotel herein, wie um ihn herum, und sah ihn nun erst von der anderen Seite, sein Gesicht im Sonnenlicht. Das Gesicht erschreckte mich, so wie einen jeden, aber nicht, weil es brutal – aber nicht, weil es teuflisch war. Im Gegenteil – erschreckte mich, weil es so wunderschön und weil es so gut war.«

»Syme!« rief der Sekretär. »Sie sind wohl krank?«

»Es war wie das Gesicht eines alten Erzengels, der gerechte Kritik übte über einen heroischen Kampf. Gelächter in seinen Augen, Lauterkeit und Sorge um seinen Mund. Es war dasselbige weiße Haar, es waren dieselben massiven und in Grau gewandeten Schultern, die ich von hinten gesehen hatte. Aber als ich ihn von hinten sah, wollte ich genau wissen, daß es ein Tier war, und als ich ihn von Angesicht zu Angesicht sah, wußte ich, er war ein Gott.«

»Pan«, sang der Professor wie im Traum, »war ein Gott und ein Tier.«

»Von da an und für allemal und immer und je«, fuhr Syme fort, und redete wie ein Mensch mit sich selber redet, »war das für mich das Mysterium Sonntags – und es ist dies auch das Mysterium der Welt. Sah ich den furchtbarlichen Rücken, war ich sicher, daß das edle Gesicht nur eine Maske wäre. Aber sah ich das Gesicht für Augenblicke nur, wußte ichs, daß der Rücken nur ein Witz sein konnte. Böse ist so böse, daß wir Gutes nur wieder für einen bösen Zufall halten. Gut ist so gut, daß wir für das Teuflischste noch eine gute Ausrede haben. Heute aber, wie ich Sonntag in der Droschke verfolgte und die ganze Zeit gerade hinter ihm war, setzte etwas allem die Krone auf.«

»Hatten Sie da noch übrige Zeit – zu denken?« fragte Ratcliffe.

»Zeit?« versetzte Syme, »Zeit genug zu einem abscheulichen Gedanken ... ich war plötzlich von der Idee besessen: sein blinder, blanker Hinterkopf – *das* wär eigentlich sein Gesicht, ein scheußliches augenloses Gesicht, das mich anstarrte! Und mir war gerade, als ob die Gestalt vor mir *verkehrt* liefe, mit dem Rücken voran *ärschlings* liefe – und dabei tanzte!«

»Furchtbarlich«, sprach Dr. Bull und schauderte.

»Furchtbarlich ist kein Ausdruck«, sprach Syme. »Es war der fürchterlichste Augenblick meines Lebens. Und dann – zehn Minuten hernach – wie er den Kopf zum Cab heraussteckte und uns eine Grimasse schnitt wie eine antike Dachrinnenschnauze, wußte ich: er war nur wie ein Papa, der mit seinen Sprößlingen Verstecken spielt.«

»Das Spiel dauert aber ziemlich lange«, sprach der Sekretär und besah höchst mißvergnügt seine kaputten Stiebel.

»Hört auf meine Stimme«, rief Syme mit außerordentlicher Emphase. »Soll ich euch das Geheimnis der ganzen Welt künden? Wir kennen eben nur den Rücken von der Welt. Wir sehen von jedem Ding gleichsam nur den Hintern – und darum sieht jedes Ding so brutal aus. Das ist kein Baum – denn das ist nur die Rückseite eines Baums. Und das ist keine Wolke – weil nur die Rückseite einer Wolke. Sehen Sie nicht, wie jedes Ding mit dem Kopf gebeugt und wie zum Stoß steht und sein Gesicht verbirgt? Wenn wir einmal bloß, bloß ein einziges Mal um so eine Vorderseite herum – –«

»Da!« scholl Bull sein Horn in Jammers Ton – »der Ballon geht nieder!«

Und das hättest du Syme eigentlich gar nicht sagen brauchen – denn wann hatte der jemals mit seinen Augen von dem Luftfahrzeug da droben abgelassen? Der sah sowieso, wie der große glühende Ball plötzlich taumelte, sich einmal noch im Himmel hoch um sich selber drehte und dann sank und hinter Bäumen wie eine Abendsonne niederging...

Der Mann mit Namen Gogol, der diese ganze beschwerliche Reise lang kaum ein Wort gesprochen hatte, sang plötzlich wie ein' arme Seel':

»Er ist tot!« sang er. »Und nun weiß ich, er war mein Freund – mein Freund aus der Dunkelkammer!«

»Tot!« lachte der Sekretär überlaut auf. »So leicht ist der nicht totzukriegen! Wenn der ja aus dem Kippkarren umgekippt ist, springt er jetzt schon wieder wie ein Fohlen auf der Weide und schlägt aus vor Übermut!«

»Daß ihm die Hufe singen!« sprach der Professor. »So tut ein Füllen – und so tat Pan!«

»Pan, Pan, Pan! Was haben Sie bloß mit Ihrem ewigen Pan?« sprach Dr. Bull aufgebracht. »Sie scheinen zu denken, daß Pan ein jedes Ding sei!

»Ist es auch«, versetzte der Professor, »im Griechischen. Pan ist alles.«

»Sie müssen nicht vergessen«, sprach der Sekretär gesenkten Blicks, »daß man auch panisch sagt.«

Syme stand und hörte keine Silbe von alldem.

»In dieser Richtung ging er nieder«, sagte er kurz. »Also drauflos!«

Und fügte mit einer unbeschreiblichen Geste dazu:

»Oh, wenn er uns all geprellt hätt, indem er umgekommen wär! Gleich säh ihm ja wohl so ein Schabernack!«

Und er schritt aus, mit einer neuen Energie aus – auf jene fernen Bäume zu. Und seine Flicken und Fetzen flatterten im Wind. Die andern folgten ihm mit wundgelaufenen Füßen und trauten der Sache nicht so recht. Aber fast ganz im gleichen Moment wurden alle gewahr: sie waren nicht allein auf der kleinen Wiese.

Über den Wasen her kam ein baumlanger Kerl ihnen entgegen, mit einer seltsam langen Stange wie mit einem Zepter hantierend. In einem feinen, aber altmodischen Anzug mit Kniehosen steckend, von einer Schattentönung zwischen blau, violett und grau, wie gewisse Abschattierungen in einem Wald. Sein Haar weißlich-grau – und auf den ersten Blick, den du auf die Kniehosen und das Haar wohl zu gleichen Teilen verteilen mußtest, wie gepudert aussehend. Er kam ganz gemächlich daher; aber der Silberfrost auf seinem Haupt, der machte, daß er dennoch wie ein Waldgeist aussah.

»Meine Herren«, sprach er, »mein Meister läßt einen Wagen ganz dicht bei auf dem Weg auf Sie warten.«

»Wer ist das – Ihr Meister?« fragte Syme und stand ganz still.

»Man sagte mir, Sie wüßten schon seinen Namen«, sprach der Mann ehrerbietig.

Da war ein Schweigen. Und dann fragte der Sekretär:

»Wo ist der Wagen?«

»Nur einen Augenblick von hier«, sprach der Unbekannte. »Mein Meister ist diesen Moment nach Haus gekommen.«

Syme blickte links und rechts über den grünen Fleck hin, auf dem er stand. Die Hecken waren gewöhnliche Hecken; die Bäume schienen wenigstens gewöhnliche Bäume; und doch wurd ihm zumute, als stünde er mit einem Mal mitten in einem Feenland.

Er maß den mysteriösen Ambassadeur von Kopf bis zu den Füßen und konnte nichts an ihm entdecken, außer daß des Mannes Kleid genau von der Farbe violetter Schatten war und des Mannes Gesicht von der Farbe roten und braunen und goldenen Himmels.

»Zeigen Sie uns die Stelle«, sprach Syme kurz angebunden – und ohne ein Wort machte der Mann in Violett kehrt und schritt auf ein

Loch in der Hecke zu, durch das mit einem Mal dann ein weißer Weg hell durchschimmerte.

Wie die sechs Wanderer zu diesem Loch herauskamen, war der weiße Weg durch etwas versperrt, das wie eine lange Reihe Wagen aussah, eine Reihe von jenen Wagen, dazu unbedingt ein Haus gehören mußte wie ein Haus in Park Lane. Längs der Wagenreihe eine glänzende Dienerreihe, alle in jener grau-blau-violetten Uniform steckend und alle von einem gewissen Prunk und einer Würde, als wären sie nicht bloß Bediente irgendeines Gentleman, sondern Offiziale und Ambassadeure eines großen Königs ... Es warteten ihrer nicht weniger als sechs Fuhrwerke, für einen jeden der zerlumpten, kläglich heruntergekommenen Bande eins. Und all die Wartenden (wie in Hoftracht) trugen Degen; und wie da ein jeder der Sechse nun in seinen Wagen krabbelte, zogen sie die Dinger auch noch und salutierten damit, daß es nur so blitzte ...

»Was kann das bloß alles bedeuten?« fragte Bull im Fortgehen von Syme. »Ists ein neuer Trick von Sonntag?«

»Ich weiß nicht«, sagte Syme und ließ sich matt in die Polster seiner Equipage fallen, »wenn ja, dann ists aber einer von denen, die Sie meinten ... Sie wissen, einer von den gutmütigen – gutgemeinten ...«

Die sechs Abenteurer hatten sich (so denke wohl nicht nur ich) durch genug Abenteuer schon durchgeschlagen ... aber keins von allen hatte ihnen so jeden Boden unter den Füßen weggerissen wie dies letzte, das aus lauter Luxus zusammengesetzt schien. Sie waren gegen die gröbsten Grob- und Roheiten abgehärtet worden; aber wie sie nun auf einmal mit Glacéhandschuhen angefaßt wurden, wars aus und vorbei mit aller Haltung. Sie konnten sich kaum noch darüber Rechenschaft geben, was die Equipagen sein sollten; es war ihnen genug, zu wissen, daß die Equipagen – Equipagen waren, und zwar Equipagen mit Polsterkissen. Sie konnten sich nicht denken, wer der alte Mann war, der sie angeführt hatte; und es war ihnen genug, zu wissen, daß er sie zu Equipagen angeführt hatte ...

Syme fuhr unter wogenden Baumschatten hin – in äußerster Selbstvergessenheit. Es war typisch für ihn: solange es etwas für ihn zu tun gegeben hatte, war sein bärtiges Kinn wild vorwärts gerichtet gewesen; sowie nun aber die Leitung des Geschäfts – sozusagen – in andere Hände übergegangen war, lag er – zusammengebrochen – in den Polstern.

Sehr allmählich und sehr vage konstatierte er, welche prächtigen Wege seine Karosse ihn karossierte. Erst gings durch ein steinern Tor... und da war wohl irgendwo ein Park... dann gings bequemlich einen Hügel hinan... und obwohl der rechts wie links bewaldet war, war alles doch methodischer bewaldet als ein Wald... Dann wuchs aus ihm, so wie ein Mensch sacht aus heilsamem Schlaf zu neuem Leben und Tagwerk erwächst, ein Vergnügen an jedem Ding. Er fühlte, daß die Hecken waren, was Hecken nun einmal sein sollen: lebendige Wälle... daß eine Hecke wie eine Armee Männer ist, diszipliniert, aber um viel mehr lebensvoller. Er unterschied hohe Ulmen hinter den Hecken... und stellte sich undeutlich vor, wie lustige Jungens dran hinaufklettern würden. Dann gings mit einem Mal um eine Ecke... und er erschaute zufrieden – wie eine lange, niedrige Wolke bei Sonnenuntergang – ein langes, niedriges Haus, mild im milden Licht des Abends. All die sechs Freunde tauschten Vermutungen, Wahrnehmungen und Vergleiche untereinander aus – und es waren oft gerade einander entgegengesetzte Vermutungen, Wahrnehmungen und Vergleiche; aber in dem einen Punkt stimmten sie seltsamlich überein: ein jeder fühlte sich durch den Ort auf irgendeine unsagbare Weise an seine eigene Knabenzeit erinnert. Und es war weder gerade diese Ulmenspitze noch jene Wegbiegung, weder gerade dieser Obstgartenausschnitt, noch jene Fensterform... und doch erklärte ein jeder von ihnen, sich an diesen Platz erinnern zu können aus einer Zeit noch, aus der er sich nicht einmal seiner Mutter erinnern konnte...

Wie die Wagen schließlich zu einem breiten, niedrigen, höhligen Torweg hineinrollten, trat ein anderer Mann in ganz derselbigen Uniform – nur mit einem Silberstern auf der graublau-violetten Rockbrust – an sie heran. Und diese eindrucksvolle Persönlichkeit sprach zu dem verwirrten Syme:

»Erquickungen warten auf Sie auf Ihrem Zimmer.«

Syme – immer noch wie in mesmerischem* Schlaf vor nichts als Verwunderung – stieg die breiten eichenen Stiegen hinter dem sehr ergebensten Bedienten hinan und gelangte in eine glänzende Flucht von Appartements, die alle speziell für ihn bestimmt schienen. Mit

* *mesmerisch:* nach dem deutschen Arzt Franz A. Mesmer (1734-1815), der die Lehre von der Heilkraft des Magnetismus entwickelte, aus der die Hypnosetherapie hervorging

dem gewöhnlichen Instinkt seiner Menschenklasse, seine Krawatte zurechtzurichten und das Haar zu glätten, trat er vor einen hohen Spiegel hin; und da sah er erst, wie entsetzlich er aussah: – Blut rann ihm übers Gesicht, wo ihn der Ast getroffen hatte, sein Haar stand auf wie gelbe Enden verdorrten Grases, seine Kleider hingen in langen, wehenden Fetzen vom Leibe. Mit einem Mal kam ihm das ganze Rätsel wieder zu Bewußtsein, woher er bloß das alles hätte und wie er aus all dem wieder hinauskäme. Aber da trat auch schon ein Mensch in Blau ein, der gewißlich sein Kammerdiener sein wollte, und sagte höchst feierlich:

»Ich habe Ihnen Ihre Kleider herausgelegt, mein Herr.«

»Kleider, Kleider, Kleider!« meinte Syme mit bitterm Grinsen, »ich hab doch keine Kleider außer diesen!« und er hob zwei lange schmale Streifen seines einstigen Gehrocks wie entzückende Girlanden hoch und machte eine Bewegung, als ob er im nächsten Augenblick wie eine Balleteuse herumwirbeln wollte.

»Mein gnädiger Herr bittet mich, Ihnen zu sagen«, sprach der Aufwärter, »daß ein Phantasiekostümball zur Nacht sein soll, und daß er möchte, daß Sie das Kostüm dazu anlegen, das ich Ihnen herausgelegt habe. Mittlerweile, mein Herr, ist da eine Flasche Burgunder und etwas kalter Fasan, von dem mein gnädiger Herr hofft, daß Sie es nicht refüsieren werden, da doch noch ein paar Stunden bis zum Abendessen sind.«

»Kalter Fasan ist was Gutes«, meinte Syme nachdenklich, »und Burgunder ist ein schnell alle werdendes Gutes. Aber offen und ehrlich gestanden verlangt michs nach keinem von beiden so sehr wie danach, endlich zu erfahren, was all dies zum Teufel bedeuten soll und was für ein Kostüm Sie für mich herausgelegt haben. Wo ist es, – wo ist es?«

Der Bediente holte von etwas wie einer Ottomane einen langen pfauenblauen Faltenwurf herbei, eine Art Domino, dessen Vorderseite eine große goldene Sonne verherrlichte und der reichlich mit flammenden Sternen und allerhand unterschiedlichen Mondsicheln verziert war.

»Sie sollen als Donnerstag angezogen sein, mein Herr«, meinte der Kammerdiener irgendwie ausgesprochen höflich.

»Als Donnerstag angezogen!« meinte Syme unter tiefem Nachdenken. »Für das Kostüm kann ich mich nicht so recht erwärmen – –«

»O doch, mein Herr, o doch!« erwärmte sich der andere; »das Donnerstag-Kostüm wird Ihnen im Gegenteil fast heiß machen! Es geht Ihnen bis zum Kinn!«

»Ja, bis zum Hals heraus – eh – herauf, wollte ich sagen ...« Und Syme seufzte. »Ich verstehe nichts von allem ... Gestatten Sie mir wenigstens die eine Frage noch: wieso ich als Donnerstag ausgerechnet in einem grünen Nachthemd mit Sonne, Mond und Sternen herumspazieren soll.

Solche Dinge scheinen an andern Tagen auch. Ich erinnere mich jetzt genau, daß ich den Mond am letzten Dienstag sah.«

»Bitt um Verzeihung«, hauchte der Kammerdiener, »aber so stehts in der Bibel!« Und mit einem ergebensten, strammstehenden Finger deutete er auf eine Stelle im ersten Kapitel der Genesis ... Syme las mit Verwunderung ... Da stand, daß am vierten Tag Gott machte zwei große Lichter, ein großes Licht, das den Tag regiere, und ein kleines Licht, das die Nacht regiere, dazu auch Sterne usw. usw. ... (selbstverständlich alles vom christlichen Sonntag aus gerechnet) ...

»Das wird immer wunderlicher und absunderlicher«, sprach Syme, und ließ sich in einen Stuhl fallen. »Wer sind denn nu eigentlich die Leute, die einen mit kaltem Fasan, Burgunder, grünen Nachthemden und Bibelzitaten verproviantieren? Verproviantieren die einen mit allem und jedem? Hä?«

»Mit allem und jedem ... gewiß, mein Herr!« sprach der Aufwärter allen Ernstes. »Darf ich Ihnen Ihr Kostüm anziehen helfen?«

»Ach ja, hüpfen wir in die Balltoilette hinein! Und Sie machen die Sache dann hinter mir zu – wie?«

Aber obgleich er sich bemühte, diese Mummerei recht schlecht zu machen, fühlte er mit einem Mal eine seltsame Leichtigkeit und Natürlichkeit in all seinen Bewegungen, sowie die blau und goldene Gewandung an ihm herabfloß. Und als er gar erfuhr, daß er ein Schwert zu tragen hatte, erlebte er all seine Knabenträume neu. Wie er aus dem Gemach heraustrat, warf er mit einer großen Gebärde ein Faltenende über seine Schulter ... und sein Schwert, das stand ihm treu zur Seite ... und überhaupt schnitt er auf wie ein Troubadour. Denn solche Vermummungen vermummen nicht, sondern enthüllen ...

DAS FÜNFZEHNTE KAPITEL

# *Der Anklagende*

Wie Syme den Korridor entlang schlenderte, stand der Sekretär auf einem Treppenabsatz. Der Mann hatte noch nie so nobel ausgesehn. Er war in eine lange Robe drapiert, von sternenloser Nacht – und die Mitte hinab ging ein Band oder breiter Streifen aus purem Weiß, wie ein Lichtschaft. Das Ganze hatte etwas von einem starren Meßgewand. Und Syme hatte gar nicht nötig, in seinem Gedächtnis etwa lange Bibelforschungen anzustellen: das war der erste Schöpfungstag, die Erschaffung des Lichtes aus dem Dunkel, die Scheidung des Lichtes von der Finsternis. Die strenge Gewandung allein suggerierte dieses Symbol genug. Und Syme fühlte auch, wie so vollkommen dies Muster Lichtweiß und Nachtschwarz die Seele des blassen und rauhen Sekretärs ausdrückte, mit all seiner unmenschlichen Wahrheitsliebe und seinem eiskalten Wahnsinn, das beides ihn die Anarchisten so leicht hassen und bekriegen machte und zugleich ihn selber so leichtlich für einen von ihnen ausgab. Syme war auch kaum sehr überrascht zu bemerken: wie inmitten all des Behagens und all der Gastfreiheit ihrer neuen Umgebung die Augen dieses Mannes immer noch trotzig, abschreckend und grausam blickten. Nicht der süße Duft von Bier, noch das süße Duften aus irgendeinem Obstgarten konnte machen, daß der Sekretär aufhörte, immer wieder die unerbittlichsten Fragen zu stellen …

Freilich, wenn Syme sich selber hätte sehen können, hätte er ebenfalls zum erstenmal nichts als – – sich selber gesehen. Denn wenn der Sekretär der Philosoph war, der das Licht in seiner Urgestalt und in sonst gar keiner andern – der das Licht als Licht an sich wollte, war Syme der Dichter, der es immer irgendwie in einer besondern Gestalt – der es in Sonne und Sterne zersplittert liebte. Der Philosoph mag zuweilen das Unendliche lieben; der Dichter liebt alleweil das Endliche. Für den Dichter ist der große Moment nicht die Erschaffung des Lichts, sondern die Erschaffung von Sonne und Mond …

Wie sie zusammen die breiten Stufen hinabstiegen, holte sie Ratcliffe ein – in Frühlingsgrün wie ein Jägersmann gekleidet, und als Muster darauf ein grüner Kranz von Bäumen. Denn er stellte den dritten Tag vor, an dem Erde und alle grünen Dinge erschaffen wurden, und sein breites, sensibles Gesicht mit seinem nicht unfreundlichen Zynismus stand ihm gut genug dazu.

Und dann wurden sie durch einen zweiten, breiten und niedrigen Torweg auf einen sehr weiten alten Englischen Garten hinausgeführt, voll von Fackeln und Freudenfeuern, in deren gebrochenem Licht ein großer Karneval Volks in bunten Narrenkleidern tanzte. Syme wars, als ob jedwede Form in der Natur in irgendeiner verrückten Imitation vorhanden wäre. Da war ein Mann, und der war als eine Windmühle mit enormen Flügeln angezogen, und ein anderer als Elefant und ein dritter als Ballon. (Die zwei letzten, die schienen zusammen ihre letzten traumhaften Abenteuer zu verulken.) Und dann sah Syme (und er erbebte seltsam, wie ers sah), daß ein Tänzer als ein riesiger Nashornvogel maskiert war, mit einem Schnabel zweimal so groß als der ganze Mann selber – als jener seltsame Vogel, der ihn als lebendige Frage in seinen Traum hinein gequält hatte, während er den langen Pfad im Zoologischen Garten dahinraste. Indes, da waren noch tausend andere solche Dinge. Da war ein tanzender Laternenpfahl, ein tanzender Apfelbaum, ein tanzendes Schiff. Du hättest meinen mögen, wie daß eine unwiderstehliche Weise eines verrückten Musikanten all die alltäglichen Dinge vom Feld und von der Straße eine ewige Gigue zu tanzen zwang. Und lang nachher, wie Syme längst in den mittleren Jahren war, konnte er niemals einen von diesen besonderen Gegenständen ansehen – einen Laternenpfahl, Apfelbaum oder eine Windmühle – ohne zu denken, daß das ein Teilnehmer von jener Maskerade wäre …

Auf einer Seite der von Tänzern vollen und übervollen Parklichtung war eine Art grüne Bank, quasi die Terrasse eines solchen altmodischen Gartens.

Auf dieser, in einer Art Halbmond, standen sieben Stühle, die sieben Thronsessel der sieben Tage der Woche. Gogol und Dr. Bull saßen bereits auf ihren Plätzen; der Professor aber war eben daran, seinen Sitz zu erklettern. Gogol, oder Dienstag, – dessen Einfalt war wohl symbolisiert durch ein Gewand, das ›den Unterschied zwischen den Wassern‹ darstellte, von Kopf bis zu den Füßen auf der einen Seite Silber, auf der andern Seite Grau. Der Professor, dessen Tag ja jener war, an dem die Vögel und die Fische – die kunstloseren Lebensformen – erschaffen wurden, trug ein dunkelpurpurn Gewand, mit zappelnden, glotzäugigen Fischen und übertrieben tropischen Vögeln darauf, so recht die Vereinigung in ihm von unerforschlicher Verträumtheit und Zweifelsucht. Dr. Bull, der letzte Schöpfungstag, trug ein Kleid mit heraldischen Tieren in Rot und Gold, und einen hüpfenden, tollenden Adam auf dem Kopf. Der suhlte sich mit einem breiten Lächeln in seinem Stuhl, ganz und gar das Bild: ein Optimist in seinem Element.

Einer nach dem andern stiegen die Herren die Rasenbank hinan und nahmen Platz in ihren wunderlichen Sesseln. Und immer, wenn einer niedersaß, erscholl enthusiastisches Gebrüll aus dem Faschingstreiben herauf, so brüllend, wie ein Volk seinen König empfängt. Becherklang und Fackelschwingen ... und befiederte Hüte flogen hoch in die Luft. Die Männer, für die diese Throne reserviert waren, waren mit seltenem Lorbeer gekrönt ... Nur der Stuhl in der Mitte war noch leer.

Syme saß zur Linken des mittleren Stuhls, der Sekretär zur Rechten. Und der Sekretär blickte über den leeren Thron hinweg zu Syme herüber und sprach mit zusammengepreßten Lippen:

»Wir wissen eigentlich immer noch nicht, ob er nicht auf einem Rasen – doch tot liegt!«

Kaum daß Syme diese Worte noch recht vernommen, sah er das Meer menschlicher Gesichter vor ihm in einer schrecklichen Schöne sich erregen, als ob die Himmel über ihm sich aufgetan hätten. Aber es war nur Sonntag gewesen, der wie ein Schatten an all ihnen vorübergeglitten war – und nun auch schon auf dem mittelsten Sitze saß. Er war ganz und gar in pures, gewaltiges Weiß gekleidet; und sein Haar züngelte wie eine silberne Flamme ihm aus der Stirn.

Eine lange Zeit – fast stundenlang schiens schwang sich und stampfte jene ungeheure Menschheitsmaskerade vor ihnen zu einer triumphierenden Marschmusik. Und jedes tanzende Paar schien ein Roman für sich. Ob nun eine Nymphe mit einem Briefkasten oder ein Bauernmädchen mit dem Mond tanzte, es war immer irgendwie so absurd wie ›Alice in Wonderland‹ und doch so tiefsinnig und zärtlich wie eine Herzensgeschichte. Einmal indes muß auch das Dichteste sich lichten. Paare verschwanden auf irgendwelchen Gartenwegen oder landeten schließlich taumelnd an jenem Ende der Baulichkeiten, wo in riesigen Töpfen, so groß wie Fischkessel, dampfend heiße und duftende Feuerzangenbowlen aus Altbier oder Wein ihrer warteten. Über all dem prasselte auf einem schwarzen Gerüst auf dem Dach des Hauses in einem eisernen Korb ein Riesenfreudenfeuer, das meilenweit ins Land hineinleuchten mußte. Das fraß riesige Brandmale in die Gesichter fernster, grauer oder brauner Forsten und erhitzte und durchglühte den schwarzkristallenen Atem der hohen Nacht. Aber auch dies alles sollte sich einst austrennen und mählich verglosen; immer dichter gruppierte sichs um die großen Kessel oder verlief sich lachend und plappernd in die inneren Gänge des alten Hauses. Bald sahst du nur noch zehn Zauderer im Garten, bald nur noch vier. Und endlich rannte der letzte verirrte lustige Schmauser und Clown ins Haus, nach seinen Kollegen schreiend; und das Feuer verlosch, und niedrige und grelle Sterne entzündeten sich. Und die sieben seltsamen Männer waren allein, wie sieben Steinstatuen auf ihren steinernen Sesseln ... und keiner von ihnen hatte ein Wort gesprochen.

Schienens damit auch gar nicht so eilig zu haben. Und hörten lieber schweigend dem Gesumme von Insekten zu und wie fern ein Vogel sang ... Und dann hub Sonntag an zu sprechen. Aber das war ganz und gar nicht, als ob eine Unterhaltung erst anfinge; das klang gerade – wie mitten aus einer lang schon geführten Unterhaltung heraus.

»Essen und trinken wollen wir später«, sprach er. »Jetzt wollen wir ein wenig nur so beisammen sein ... wir, die wir einander so schlecht geliebt und so lang bekämpft haben. Wie ein jahrhundertelanger heroischer Krieg scheint mir alles, bei dem ihr alle und jederzeit Helden wart – ein Epos nach dem andern, eine Ilias nach der andern, und ihr wart immer Brüder im Streit. Obs neulich erst war, denn die Zeit zählt nichts, oder zu Anfang der Welt, ich schickte euch aus in den Kampf. Ich saß in nächtlichem Raum, darinnen nicht ein geschaffenes Ding lebte, und euch war ich nichts als Laut, der Tapferkeit befahl und übernatürliche Kräfte und Tugenden. Ihr vernahmt die Stimme aus dem Dunkel und vernahmt sie nie wieder. Die liebe Sonne, die leugnete sie; Himmel und Erde leugnete sie; alle menschliche Weisheit leugnete sie. Und als ich euch in Tageshelle begegnete – da verleugnete ich mich selber.«

Syme sprang halb von seinem Sitz auf... Sonst aber schwieg alles und regte sich nicht.

Und jener Inkomprehensible fuhr fort:

»Aber ihr wart Männer. Ihr wahrtet euer Verschwiegenstes – eure Ehre, und ob auch die ganze Welt mit Torturen auf euch einrückte, sie euch herauszureißen. Ich weiß, wie nah ihr der Hölle waret. Ich weiß, wie du, o Donnerstag, dein Schwert mit König Satan kreuztest, und wie du, mein Mittwoch, in der hoffnungslosesten Stunde meinen Namen nanntest.«

Ein unendliches Schweigen war in dem Garten voller Sternenlicht... Aber dann drehte sich der schwarzbrauige Sekretär – unversöhnbar – auf seinem Stuhl nach Sonntag und sprach mißtönend:

»Und wer und was bist du?«

»Ich bin der Sabbat«, sprach der andere voll unendlicher Ruhe. »Ich bin Gottesfriede.«

Der Sekretär sprang auf. Seine kostbare Robe gar sehr unter seinen Händen zerknitternd.

»Ich weiß wohl, was Sie meinen«, schrie er, »aber just darum kann ich Ihnen nicht verzeihn. Ich weiß, daß Sie die Zufriedenheit sind, der Optimismus, die allerletzte Aussöhnung, wie man das auch nennt. Nun wohl – aber ich bin nicht ausgesöhnt. Wenn Sie der Mann in dem dunklen Zimmer waren, warum waren Sie dann zugleich Sonntag – das Ärgernis des Sonnenlichts? Wenn Sie von Anbeginn unser Vater und unser Freund waren, warum waren Sie zugleich unser größter Feind? Wir weinten, wir flohen vor Schrecken; Schwerter durchbohrten unsere Seelen – und Sie sind der Friede Gottes! GOTTES Zorn kann ich IHM vergeben, obwohl ganze Völker durch die Schale des Zorns ertranken. Aber GOTTES Frieden vergeb ich IHM nie!«

Sonntag antwortete mit keinem Hauch. Der drehte sein steinern Antlitz nur langsam gen Syme um, und darinnen witterte es wie eine Frage.

»Nein«, sprach Syme, »so wild kann ich nicht fühlen. Was bin ich Ihnen im Gegenteil dankbar, nicht allein für den Burgunder und den kalten Fasan und den ganzen Empfang und die ganze köstliche Bewirtung überhaupt, sondern auch für so manches Ausreißen, das wirklich fein war, und so manches offene Gefecht. Aber – – wissen möcht ich gerne! Meine Seele und mein Herz sind so glücklich und still wie dieser alte Garten, nur meine Vernunft empört sich und jammert laut. Wissen möcht ich halt zu gerne noch – wissen!«

Sonntag sah Ratcliffe an. Und der sprach mit klarer Stimme:

»Es scheint zu *albern*, daß Sie auf beiden Seiten gestanden und sich selber bekämpft haben sollen!«

Bull sprach:

»Ich verstehe *nichts*, aber ich bin *selig*. Und die Wahrheit zu gestehen: mich schläferts mit weißer Decke, wie es in jenem Liede heißt – –«

»Und ich hinwiederum bin *nicht* selig«, sprach der Professor, den Kopf in den Händen, »*weil* ich nichts verstehe. Sie ließen mich ein wenig zu nah aller Hölle tappen.«

Und dann sprach Gogol mit der Einfachheit eines Kindes:

»Ich möchte nur wissen, warum man mir so übel mitgespielt hat.«

Noch sprach Sonntag nichts. Noch saß er nur sein mächtiges Kinn in die Hand gestützt und in die Ferne starrend ... Dann aber sprach er:

»Ich hab euere Klagen der Reih nach angehört. Aber hier, dünkt mich, kommt ein anderer Kläger, Verklager und Anklagender. Und des Klage sollen wir auch hören.«

Das ersterbende Feuer in der großen Pechpfanne lohte ein letztes Mal auf – wie glühend Gold – und warf einen Schein übers dunkle Gras hin. Und auf diesem feurigen Band schritten tiefschwarz die Beine einer schwarz gekleideten Gestalt her. Ein feiner eng anschließender Anzug mit Kniehosen schien das, einer von jenen, wie ihn all die Dienerschaft des Hauses trug – nur daß er nicht blau war, sondern von einem absoluten Schwarz. Und die Gestalt, die in diesem Anzug steckte, trug, wie die Dienerschaft, etwas wie einen Degen zur Seite ... Doch erst wie dieser Jemand in den Halbmondkreis der Sieben eintrat und sein Antlitz erhob, den andern ins Gesicht zu schauen, sah Syme mit zu Boden werfender Deutlichkeit: dieses breite, fast affenhafte Jemandsgesicht gehörte niemand anderm als seinem alten Freunde Gregory mit seinem roten Haar und seinem unverschämten Lächeln.

»Gregory!« japste Syme, und fuhr wieder einmal halb von seinem Sitz auf. »Aber – aber das ist der wahre Anarchist!«

»Sehr richtig«, sprach Gregory mit großer gefährlicher Zurückhaltung, »ich bin der *wahre* Anarchist.«

»Nun ward aber ein Tag«, murmelte Bull – der tatsächlich eingeschlafen schien, »daß Gottes Kinder vor ihren Gott hintraten – und Satan war ebenfalls unter ihnen …«

»Sehr – sehr richtig!« sprach Gregory, und musterte und maß all die Umsitzenden. »Ich bin ein Zerstörer. Ich würde die Welt zerstören, wenn ich könnte.«

Tief aus der Erde stand ein Pathos auf und fuhr ein in Syme, also daß er plötzlich und ungestüm ausbrach:

»O höchstunglücklicher Mann! Versuch doch, glücklich zu sein! Du hast doch das rote Haar deiner Schwester!«

»Mein rotes Haar soll, wie rotes Feuer, die Welt ansengen und versengen!« schrie Gregory. »Ich dachte, ich haßte ein jedes Ding mehr als gewöhnliche Menschen je ein Ding hassen können. Und nun seh ich: ich haßte kein Ding so sehr als ich Sie – Sie – Sie hasse!«

»Ich habe Sie niemals gehaßt, lieber Gregory!« sprach Syme sehr traurig.

Da donnerte aus diesem Unbegreiflichen allgewaltiger letzter Donner hervor: »Ha!« schrie es. »Ihr habt niemals gehaßt, weil ihr nie gelebt habt! Ich weiß, was ihr allzusammen seid, vom ersten bis zum letzten – ihr seid die Leute, die die Gewalt haben! Ihr seid die Polizei – die großen, fetten, lächelnden Männer in Blau und mit Uniformknöpfen! Ihr seid das Gesetz und ihr wart nie noch gebrochen! Aber ist wo eine freie, lebende Seele, die es nicht gelüsten sollte, euch zu brechen, nur weil ihr niemals gebrochen wart? Wir Revolutionäre quatschen alle Unsinn über Unsinn zusammen – wie daß Regierung ein Verbrechen sei, ein solches und ein solches … Einfach blödsinnig! Das einzige Verbrechen der Regierung ist, daß sie regiert. Die unverzeihliche Sünde der höchsten Gewalt ist, daß sie die höchste ist. Ich fluche euch nicht, weil ihr grausam seid. Ich fluche euch nicht (obwohl ich möchte), daß ihr gütig seid. Ich fluche euch darum, daß ihr sicher seid! Ihr sitzt in euern steinernen Sesseln und seid nie aus ihnen aufgestanden. Ihr seid die sieben Engel des Himmels – und ihr habt noch keine unruhige Minute gehabt. Oh – Oh, ich könnte euch alles und jedes verzeihen, ihr, die ihr die ganze Menschheit beherrscht, wenn ich mit einmal gewiß wüßte, daß ihr eine einzige Stunde einmal so in Seelenängsten und Todeskämpfen gerungen habt wie ich – –«

Syme sprang auf. Zitternd vom Kopf bis zu den Füßen –

»Ich sehe ein jedes Ding«, schrie er, »ein jedes Ding, das ist. Warum bekriegt ein Ding das andere Ding auf der Erde? Warum kämpft jedes kleine Ding in der Welt gegen die Welt selber? Warum streitet jede Fliege gegen das ganze Universum?

Warum streitet jeder Löwenzahn gegen das ganze Universum? Aus demselbigen Grund, aus dem ich in dem schrecklichen Rat der Tage allein stand! So daß jedes Ding, das dem Gesetz gehorcht, die Gloriole und die Isolation eines Anarchisten verdient. So daß jedermann, der für die Ordnung ficht, ein so braver und guter Mann wie jeder Dynamitheld genannt zu werden verdient. Also daß die Satanslüge in den Schlund dieses Gotteslästerers zurückfahren muß, also daß wir durch Tränen mannigfach und durch Torturen das Recht uns erworben haben, zu diesem Mann zu sagen ›Du lügst!‹ ... Es ist keine Angst und es ist kein Tod, damit wir nicht gerungen hätten, also daß wir gegen diesen Kläger die Widerklage erheben können: ›Wir haben so sehr gelitten wie du!‹

Es ist nicht wahr, daß wir niemals gebrochen worden sind. Wir sind durchs Rad gebrochen worden. Es ist nicht wahr, daß wir nie von diesen Sesseln heruntergestiegen sind. Wir sind bis vor die Tore der Hölle hinabgestiegen. Wir beklagten und bejammerten unvergeßliches Elend – in demselbigen Augenblick noch, da dieser Unverschämte auftrat, uns um unseres Glückes willen zu verklagen. Ich weise den Schimpf zurück: wir waren nicht glücklich! Ich stehe ein für einen jeden der großen Hüter des Gesetzes, die da verklagt sind. Und nun – –«

Und er richtete seine Augen auf das große Gesicht Sonntags, das seltsam lächelte. »Hast du –« schrie er mit schrecklichem Ton, »hast du jemals gelitten?«

Und wie er es anstarrte, wuchs das große Gesicht zu einer scheußlichen Größe an und wurde immer noch größer und größer – größer sogar als die kolossale Memnonmaske, die ihn als Kind aufschreien machte. Und wurde schließlich so groß, daß es den ganzen Himmel füllte und alles unter Dunkelheit setzte. Und gerade eh die Dunkelheit ihm die Augen und alles Gehirn aushackte, hörte er eine Stimme – fernher – und die sang einen Gemeinplatz, den er irgendwo schon gehört hatte: »Vermagst du aus dem Kelch zu trinken, aus dem ich trinke?«

***

Wenn Menschen in Büchern aus einer Vision aufwachen, finden sie sich gewöhnlich dann an einem Ort, an dem sie eingeschlafen sind; gähnen in einem Stuhl oder stehen wie mit zerschlagenen Gliedern von einer Wiese auf. Die Erfahrung, die Syme machen sollte, die war aber psychologisch viel seltsamer, wenn anders die Dinge all, die er erlebt hatte, irdisch genommen, irgendwie unreale waren. Denn während er sich später jederzeit genau erinnern konnte, daß er vor dem Gesicht Sonntags in Ohnmacht gefallen war, konnte er sich niemals erinnern, wie er in all das hineingeraten sein könnte. Er wußte nur (erfuhr es langsam und auf ganz natürliche Weise): er war mit einem angenehmen und unterhaltlichen Kollegen einen ländlichen Weg entlang gegangen. Und dieser Kollege war selber ein Akteur in diesem soeben beendigten Drama gewesen – der rothaarige Dichter Gregory. Sie gingen wie zwei alte Freunde und waren vielleicht in der Mitte ihrer Unterhaltung ein wenig ins Triviale gekommen. Aber Syme fühlte eine unnatürliche Schwungkraft und Heiterkeit durch seinen ganzen Leib hindurch und sein Verstand war ihm kristallen klar: daß er sich über jedes Ding, das er sprach oder tat, unendlich erhaben fühlte. Ihm war, als wäre er im Besitz von einigen unglaublich guten Neuigkeiten, daß ihm jedes andere Ding eine Trivialität, wenn auch eine anbetungswürdige Trivialität war …

Ein Dämmern überfiel jedes Ding, in Farben, die heiter und zaghaft zugleich waren. Gerade wie wenn Natur einen ersten Versuch in Gelb und ein erstes Experiment in Rosa machte. Eine Brise wehte so rein und süß, daß du nicht denken konntest: sie käme vom Himmel geweht. Sondern es war dir vielmehr, als ob sie *in* den Himmel wehte … Und Syme war wirklich erstaunt, wie er mit einem Mal zu beiden Seiten des Wegs die roten irregulären Gebäude von Saffron Park aufstehen sah. Er hatte keine Ahnung gehabt, daß er so nah an London wäre … Und er schlug instinktiv nun einen weißen Weg ein – – frühe Vögel hüpften und sangen – – und fand sich mit einem vor einem Gartenzaun. Und da erblickte er die Schwester von Gregory, das Mädchen mit dem goldroten Haar, die Flieder vor dem Frühstück pflückte – mit all der großen, unbewußten Würde eines Mädchens.

ENDE!

Editorische Notiz:

Die Rechtschreibung der deutschen Erstausgabe von 1910
wurde für die vorliegende Ausgabe behutsam angeglichen.
Für heutige Leser schwer verständliche Ausdrücke
werden in den *-Anmerkungen kurz erklärt.

## Lesen Sie weiter! Wagenbachs *andere* Taschenbücher

Jane Bowles Einfache Freuden

*Erzählungen*

Jane Bowles' Frauen sind deplazierte Träumer, die nichts aufgegeben haben von ihren Wünschen. Halsstarrig riskieren sie Kopf und Kragen oder zumindest ihren guten Ruf.

*»Jane Bowles, eine amüsiert genaue Beobachterin von Personen und Milieus, ist ganz ohne Zweifel eine Meisterin des Skurrilen.«* Kyra Stromberg

Aus dem Amerikanischen von Adelheid Dormagen

WAT 431. 176 Seiten

Jane Bowles Zwei sehr ernsthafte Damen

*Roman*

Was zwei exzentrischen Damen passiert, wenn sie vom ordentlichen Weg abkommen und ihren verborgenen Wünschen und Begierden nachgehen.

*»Mein Lieblingsbuch.«* Tennessee Williams

Aus dem Amerikanischen von Adelheid Dormagen

WAT 416. 264 Seiten

Carlo Emilio Gadda Die Erkenntnis des Schmerzes

*Roman*

Gonzalo lebt mit seiner Mutter in einem halbfeudalen Landhaus. Er hat es auf ihren Besitz abgesehen, und als sie tot aufgefunden wird, gerät der Sohn in Verdacht.

Deutsch von Toni Kienlechner. Mit einem Nachwort von Hans Magnus Enzensberger

WAT 371. 336 Seiten

Carlo Emilio Gadda Die gräßliche Bescherung in der Via Merulana

*Roman*

Das Hauptwerk des ›Vaters der modernen italienischen Literatur‹ und einer der mustergültigen Romane der Moderne – zugleich ein verwirrender, bis zur letzten Seite spannender Kriminalfall.

*»Ein römischer Kriminalroman und zugleich ein Werk von weltliterarischem Format.«* Hans Magnus Enzensberger

Aus dem Italienischen von Toni Kienlechner

WAT 329. 352 Seiten

Satirisch-Futuristisches von Stefano Benni bei Wagenbach

Stefano Benni Baol

Die magischen Abenteuer einer fieberhaften Samstagnacht

*Roman*

Eine bitterböse Satire auf die Medien- und Konsumgesellschaft, deren schwarzer Humor und zynische Phantasie uns das Lachen gleich wieder austreibt.

*»Das Buch hat viele Höhepunkte, wie z. B. Grapa-tax' Rede – ein rhetorisches Meisterstück nach shakespearischem Vorbild.«* Ruth Fühner, Frankfurter Rundschau

Aus dem Italienischen von Jochen Koch

WAT 390. 208 Seiten

Stefano Benni Die Bar auf dem Meeresgrund

*Unterwassergeschichten*

In einer Bar auf dem Meeresgrund treffen sich Geschichtenerzähler aus der ganzen Welt und spinnen ihr abenteuerliches Seemannsgarn.

*»Benni ist ein Vulkan!«* Filippo La Porta, La Nuova Narrativa

Aus dem Italienischen von Pieke Biermann

WAT 344. 208 Seiten

Stefano Benni Komische erschrockene Krieger

*Roman*

»Alles ist einmal zu Ende. Die Mannschaftsaufstellungen ändern sich, die Klingelknöpfe der Haustüren auch. Papas werden weiß, Mamas wasserstoffsuperblond.«

Aus dem Italienischen von Pieke Biermann

WAT 366. 224 Seiten

Stefano Benni Terra!

*Roman*

»Terra!« ist Krimi und Märchen, Fabel und Comic, Abenteuer und Science-fiction-Roman, Fantasy und politische Satire in einem – ein echtes Lesevergnügen.

*»Ein brillantes Feuerwerk blitzgescheiter witziger Einfälle.«*

Aus dem Italienischen von Pieke Biermann

WAT 427. 432 Seiten

Sprachwitzig-Freches von Raymond Queneau bei Wagenbach

Raymond Queneau Die blauen Blumen
*Roman*
Wie gewohnt setzt sich der Sprachvirtuose Queneau auch über jede herkömmliche Logik hinweg und schreibt einen hinreißend amüsanten Roman über das Thema Identität.
*»Queneau schreibt in einer wunderbaren, bei den Surrealisten geschulten Sprache.«* Die Presse
Aus dem Französischen von Eugen Helmlé
WAT 423. 192 Seiten

Raymond Queneau Intimes Tagebuch der Sally Mara
Die intimen Aufzeichnungen der kurz vor ihrer Volljährigkeit stehenden Sally Mara – frei von unanständigen Gedanken, aber ständig in pikanten Situationen. Frivol und komisch wie kein anderes Buch Queneaus.
*»Eines dieser scheinbar unscheinbaren Bücher, die in Wirklichkeit ungeheuer reich sind an feinstem Humor und sprachlicher Virtuosität.«* K. Ferentschick, Radio Orange
Aus dem Französischen von Eugen Helmlé
WAT 394. 240 Seiten

Raymond Queneau Man ist immer zu gut zu den Frauen
*Roman*
Wie ein Postfräulein bei einem Aufstand den Sieg davonträgt.
*»Queneau zeigt in seiner witzigen Sprache, wie schnell sich ein hübsches junges Mädchen als verflixtes Luder entpuppen kann.«* Die Presse
Aus dem Französischen von Eugen Helmlé
WAT 409. 144 Seiten

Wenn Sie mehr über den Verlag und seine Bücher wissen wollen, schreiben Sie uns eine Postkarte (mit Anschrift und ggf. e-mail). Wir schicken Ihnen gern die *Zwiebel,* unseren Westentaschenalmanach mit Lesetexten aus unseren Büchern, Photos und Nachrichten aus dem Verlagskontor.
*Kostenlos, auf Lebenszeit!*

Verlag Klaus Wagenbach Emser Straße 40/41 10719 Berlin